AF532657

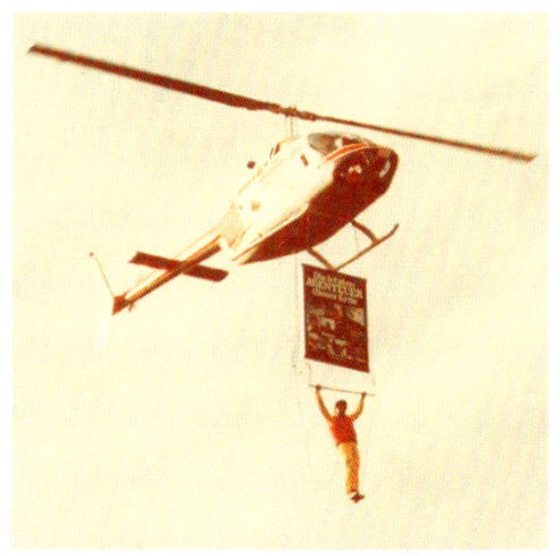

Peter Hick

Stuntman, Winnetou und Störtebeker

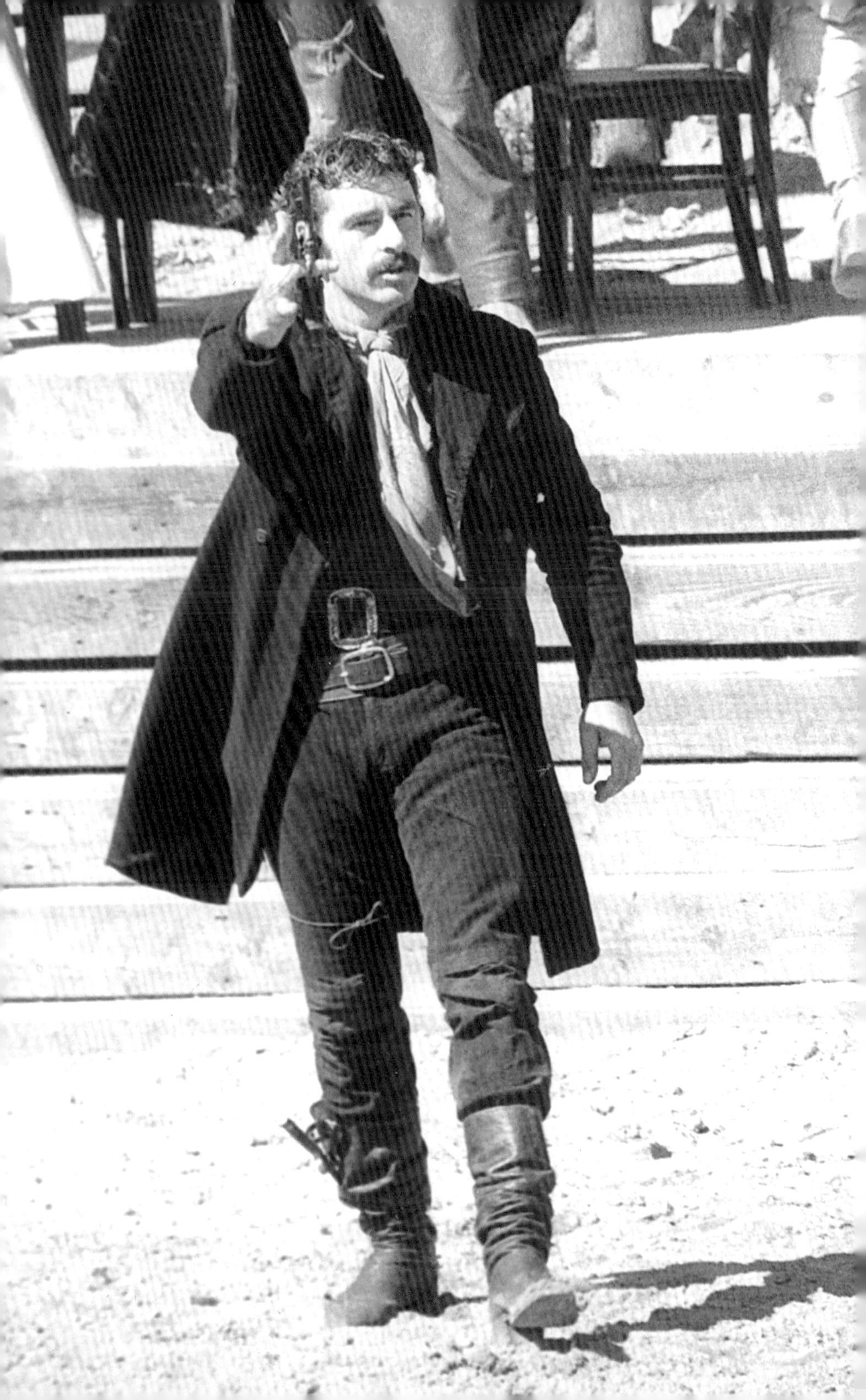

Peter Hick

Stuntman, Winnetou und Störtebeker

EINE BIOGRAFIE

aufgeschrieben von
Jens-Uwe Berndt

HINSTORFF

Mit * versehene Begriffe werden im Anhang (S. 270 f.) erklärt.

Bildnachweis

Archiv Familie Hick – Seiten 1, 92, 123, 124, 135, 137, 140, 153, 156, 159 (2), 163, 177 (2), 178, 196, 201

Hans-Peter Bartling – Seiten 113, 127, 128, 131, 132, 145,

Thomas Grundner – großes Bild Cover

Jens Koehler – kleines Bild Cover, Seiten 10, 185, 228, 233, 255, 262, 266, 269

Erik Rüffler für »Rüffler & Blum« – Seiten 2, 125

Abbildung Seite 1: Werbeveranstaltung für das Buch »Die letzten Abenteuer dieser Erde«, 80er-Jahre

Seite 2: Als Rattler bei den Karl-May-Spielen 1982

Liebe Leserin, lieber Leser! Wie hat Ihnen die Lektüre gefallen?
Bitte bewerten Sie uns im Internet.

Die Deutsche Bibliothek verzeichnet diese Publikation in der Deutschen Nationalbibliografie; detaillierte bibliografische Daten sind im Internet über www.dnb.de abrufbar.

Hinstorff Verlag GmbH, Rostock 2022
Lagerstraße 7, 18055 Rostock
Tel. 0381/4969-0
www.hinstorff.de

1. Auflage 2022
Herstellung: Hinstorff Verlag GmbH
Lektorat: Thomas Gallien
Druck und Bindung: Grafisches Centrum Cuno GmbH & Co. KG
ISBN: 978-3-356-02432-6

Bei Erdöl

Eine Biografie? Unsinn. Was soll an meinem Leben so spannend sein, dass jemand anderes sich dafür interessieren könnte?

Nein, ich bin nicht per se gegen Biografien. Ich lese sie sogar recht gern – dann jedoch über Leute wie Helmut Kohl, die die Geschicke einer ganzen Nation beeinflussten, denen unzählige große Persönlichkeiten begegneten. Wer will aber schon geschildert bekommen, was ich als Polizist verkleidet auf den Straßen von Paris erlebte? Oder wie bulgarische Grenzer mir eine Kalaschnikow an den Kopf hielten? Ich war immer überzeugt davon, dass ich mich zu einer Biografie niemals hinreißen lassen würde - und jetzt gibt es sie doch.

Wo beginnt eigentlich jenes Leben, das für eine Biografie von Interesse ist? Zur Welt kommen, zur Schule gehen, pubertieren, Lehre, erste Liebe … das passiert unentwegt und unzählige Male. Egal an welchem Ort, egal unter welcher Gesellschaftsordnung. Natürlich macht dabei jeder unterschiedliche und vor allem seine eigenen Erfahrungen. Und vermutlich ist einiges davon sogar wert, für die Nachwelt festgehalten zu werden. Trotzdem sind Kindheit und Jugend bis zu jenem Tag, an dem man für jede seiner Handlungen allein haftet, durch andere bestimmt. Viele verlassen diese ausgetretenen Pfade nie, lassen sich lenken, sind geradezu froh, wenn da immer jemand ist, der ihnen ein ordentliches Stück an Verantwortung abnimmt. Manche biegen allerdings ab und beschreiten eine Straße, die sie in eine Welt fernab jeder Gleichförmigkeit, Anpassung oder Tristesse führt. Sie suchen nach Freiheit.

Ich glaube, dass ich schon als Kind und in meiner frühen Jugend Momente hatte, in denen ich mich in solchen Seitenstraßen umgesehen habe. Abgebogen bin ich allerdings erst, als es zu meinem ersten Stunt kam. Das war 1970 bei »Erdöl«.

»Erdöl« klingt ein bisschen wie ein Code, ist aber lediglich die verknappte Bezeichnung für jene Betriebe, die in der DDR für die Erkundung und Förderung von Erdöl und Erdgas verantwortlich waren. Ich arbeitete zu jener Zeit im VEB* Erdöl und Erdgas Mittenwalde. Wir bohrten gerade in Vogelsang, einem Kaff in der Nähe von Frankfurt / Oder an der polnischen Grenze. Ich war damals Tiefbohrtechniker. Aber die Berufsbezeichnung spielte keine Rolle, man sagte einfach: »Du arbeitest bei Erdöl.« Auf der Anlage bei Vogelsang war ich Schichtführer.

Wenn man nach Erdöl oder Gas bohrte, drang man so lange in den Boden ein, bis der Bohrer auf einen festen Untergrund stieß. Um das durchbohrte Erdreich zu stabilisieren, wurden Rohre eingelassen, die eine Spezialfirma unter großem Aufwand mit Zement umschloss. Dieser Arbeitsschritt versetzte einen in die Lage, das nächstdünnere Gestänge durch das Rohr zu führen, um weiterbohren zu können. Bei uns hatte die Zementierung allerdings das Loch verstopft. Ein Fiasko, denn jetzt trieben wir den Bohrer erst einmal nicht tiefer in die Erde, sondern bohrten nur auf Beton.

Da man damals zur gleichen Zeit an der Westgrenze bei Salzwedel gerade Erdgas gefunden hatte, wurde bis auf meine Schicht die gesamte Mannschaft abgezogen. Der Betrieb brauchte die Arbeiter dort dringender, denn im Westen wie im Osten bohrten zahlreiche Anlagen, die alle denselben Speicher anzapften. Meine Leute und ich sollten über den Winter die Anlage in Vogelsang in Gang halten. Wir waren an die zehn Mann, die sich die Schichten teilten.

Zeit der Störche

Im Frühjahr 1970 kam die DEFA* mit einem Filmteam zu uns. Es drehte gerade »Zeit der Störche«. Die Hauptrolle spielte Winfried Glatzeder, der einen Bohrarbeiter darstellte. In einer Szene kam die weibliche Hauptfigur – gespielt von Heidemarie Wenzel – mit einer Schulklasse auf die Bohranlage, um sich die Funktionsweise erklären zu lassen. Glatzeder führte die Besucher herum, bis auf die Bohrplattform, die circa sechs Meter über dem Erdboden lag und die man über eine Treppe erreichte. Dabei muss Regisseur Siegfried Kühn darüber nachgedacht haben, wie es wohl den Turmsteigern erging, die jedes Mal in luftige Höhen von rund 30 Metern hinaufmussten.

»Wie kommt ihr eigentlich von dort oben schnell wieder runter?«, fragte er mich. »Denn wenn ihr bei jedem Abstieg die Leiter nehmt, dauert das ja ewig.«

Ich erklärte ihm, dass ich ein Signal an den Schichtführer geben würde, den Drehtisch, der alles antrieb, zu stoppen. Danach klettere ich über das Sicherheitsgeländer und rutsche am Bohrgestänge hinab. In einer halben Minute war man mit dieser Methode unten auf der Plattform und ersparte sich so den langen Weg über die 25 Meter hohe Leiter.

»Kann ich das mal sehen?«, fragte Kühn.

Ich stieg auf den Bohrturm, überwand die Sicherheitsbarriere und rutschte am Gestänge runter. Kühn war begeistert.

Der Regisseur beorderte das Drehteam nach oben, das von dieser Idee gar nichts hielt, hatte es mit all der Technik doch mächtig zu schleppen. Oben angekommen, wurde dem Kameramann sofort schlecht, denn wir hatten an dem Tag ziemlichen Wind, das Gestänge klapperte, der Turm schwankte leicht. Fünf Zentimeter vielleicht, aber er bewegte sich.

Winfried Glatzeder stand vor dem Geländer und blickte durch die Gitterroste in die Tiefe.

»Ne, ich klettere hier nicht rüber«, sagte er.

Und so wandte Kühn sich mir zu und sagte:

»Peter, das doubelst du.«

Ich meinte »Einverstanden«, wusste aber gar nicht, was doubeln ist.

Da ich eine ebenso dunkle Matte auf dem Kopf hatte wie Glatzeder, musste mit meinen Haaren nichts weiter angestellt werden. Ich erhielt also die gleichen Klamotten wie er und bekam seinen Helm aufgesetzt.

»Wenn wir dir das Signal geben, steigst du über das Geländer, rutschst hinunter, und wenn du unten ankommst, gehst du seitlich weg, ohne in die Kamera zu gucken«, erläuterte Kühn. »Und bezahlt bekommst du das natürlich auch. Wir rechnen eine Kaskade* ab. Das sind 200 Mark.«

›Ach, das ist ja toll‹, dachte ich, stieg erneut hinauf und rutschte runter. Unten angekommen, meinte der Regisseur: »Das war prima. Wir machen das nochmal.«

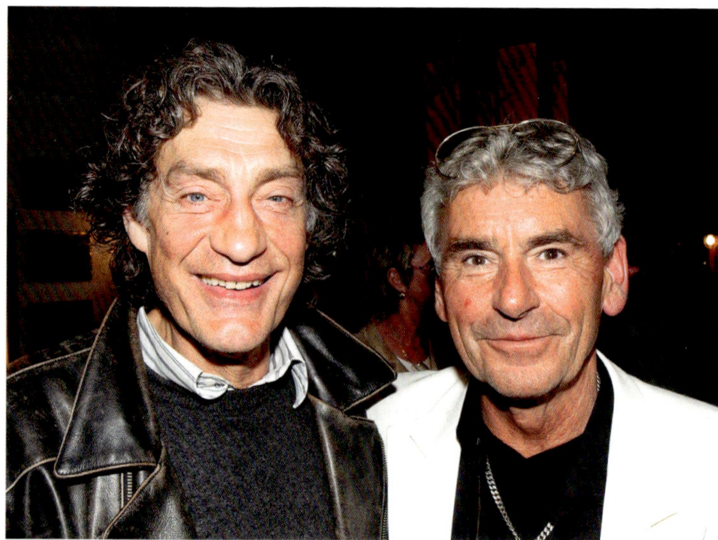

Viele Jahre nach »Zeit der Störche«: Wiederbegegnung mit Winfried Glatzeder

Erst dachte ich, ich hätte einen Fehler gemacht, aber Siegfried Kühn sagte, solche Szenen würden aus Sicherheitsgründen immer zweimal gedreht.

»Wir bezahlen das auch.«

Also rutschte ich noch einmal hinab und kam diesmal dabei in eine spiralförmige Bewegung. Das gefiel den DEFA-Leuten noch besser, weshalb ich das Ganze ein weiteres Mal wiederholen musste. Und schon hatte ich innerhalb einer Stunde 600 Mark verdient. Dafür musste ein Arbeiter in der DDR damals einen ganzen Monat ackern.

Die Summe erhöhte sich in den nächsten Tagen schließlich auf 1 200 Mark – mein Monatsbruttolohn als Schichtleiter –, weil ich Glatzeder noch ein zweites Mal doubelte. Dabei ging es um den Abgang von der Bohrplattform. Um von dieser herunterzukommen, benutzte ich oft nicht die Treppe, sondern schwang mich mit einem Spillseil über den Rand. Wichtig war es, im richtigen Moment loszulassen, um sicher auf dem Boden zum Stehen zu kommen. Das wollte Glatzeder selbst machen. Ihn verließ aber gleich beim ersten Versuch unterwegs der Mut. Er krallte sich an dem Seil fest, schwang zurück und schlug mit dem Kreuz unten in das Stahlgestänge. Also durfte ich wieder ran.

Nach den Dreharbeiten sagte Produktionsleiter Horst Dau zu mir, dass die DEFA immer gute Kaskadeure suchen würde. Wenn ich also Interesse hätte, könnte ich in Babelsberg gern mal vorsprechen.

»Zeit der Störche« kam im September 1971 in die Kinos. Ohne meine Stunt-Szenen! »In sozialistischen Betrieben werden die Arbeitsschutzbestimmungen eingehalten«, war die Begründung. Aktionen wie die meinen würden ein schlechtes Vorbild darstellen.

Trotz des Angebots des Produktionsleiters packte ich nicht meine Sachen, um mich künftig als Kaskadeur beim Film zu verdingen. Der Gedanke kam mir gar nicht. Die Arbeit bei Erdöl erfüllte mich und so konzentrierte ich mich weiter ganz auf diesen Job – in dem sich 1972 eine neue Perspektive auftat. Im Zuge der eingeleiteten Verstaatlichung der westlichen Öl-Raffinerien im Irak startete Saddam Hussein eine Initiative zur weiteren Suche nach Erdölquellen. Dazu brauchte er qualifizierte Leute, weshalb die DDR dort Arbeiter hinschickte. Und da ich mit meinen 25 Jahren ein junger, dynamischer Schichtführer war, kam die Betriebsführung auf mich zu: »Peter, du suchst dir jetzt ein Kollektiv raus, mit dem du als Jugendbrigade in den Irak gehen kannst.«

Ich stellte eine schlagkräftige Truppe zusammen. Dabei hatte ich ganz unterschiedliche Präferenzen: Wer konnte zupacken? Mit wem konnte man einen drauf machen? Mit wem hielt man es am besten aus? Als es dann so weit war, durften alle von mir Auserwählten in den Irak. Nur ich nicht, weil ich Verwandtschaft ersten Grades im Westen hatte. Ich war stinksauer.

Es war okay

Meine Familie stammt aus dem Sudetenland. Dort wurden meine beiden Brüder und meine Schwester geboren. Ihren Mann verlor meine Mutter schon in den ersten drei Kriegsmonaten, als er als vermisst gemeldet wurde. Meinen Vater lernte sie 1944 kennen, als die Rote Armee einzog. Er war sowjetischer Major und hatte bei meiner Mutter Quartier bezogen. Pjotr Spiridonov … so hieß er. Ein Einwandererkind, denn die Familie seines Vaters – ein Fischer – war 1906 von der Insel Kreta nach Odessa gekommen. Ich bin also zu einem gewissen Prozentsatz Grieche.

Mein Vater hatte in der Sowjetunion Tiermedizin studiert und war deshalb als Tierarzt für Berittene Einheiten zur Roten Armee gekommen. Diese Truppe suchte im Hinterland nach versprengten deutschen Soldaten. Das brachte eine längere Stationierung mit sich – und so lebte meine Mutter mit meinem Vater ungefähr zwei Jahre zusammen.

Walter, mein ältester Bruder, uns trennten fast zwei Jahrzehnte, geriet damals bei Hannover in Gefangenschaft, aus der ihm die Flucht gelang. Er ging nach Hamburg, weil dort Geschwister meiner Mutter lebten. In der Hafenstadt siedelte er sich an, wurde Chefmonteur einer Fabrik, die Stahlkonservierungstechnik herstellte, und reiste in dieser Funktion irgendwann um die halbe Welt – von der Sowjetunion über Brasilien nach Polen bis sonst wohin. Eigentlich wäre dieses Detail nicht von Belang, allerdings war er als mein Westverwandter der ausschlaggebende Punkt, dass mir in der DDR einige Türen verschlossen blieben.

Zur Welt kam auch ich noch in unserer alten Heimat, in Kriegern – ein Ort, der auf halber Strecke zwischen Pilsen und Chemnitz liegt. Die Vertreibung der Sudetendeutschen verschlug unsere Familie nach Thüringen. Als wir im August 1946 in einen Güterzug verfrachtet wurden, war ich drei Monate alt. Wir landeten bei einem Bauern in einem winzigen Dorf namens Engerda, ungefähr 20 Kilometer von Rudolstadt entfernt. Meine Mutter, die als junges Mädchen nähen gelernt hatte, besorgte sich schon bald eine Nähmaschine und zauberte für Essen oder ein bisschen Geld aus den abgewetzten Klamotten des Bauern noch Tragbares hervor. So wurde aus einer alten Jacke des Hausherrn, von der noch sieben Teile gut waren, eine Joppe für den 14-jährigen Sohn. Nebenbei arbeitete sie in der Forst. Meistens Bäume pflanzen. Dafür bekam sie 80 Mark im Monat. Als kleiner Stippie ging ich manchmal mit.

Wenn ich gefragt werde, ob ich eine behütete Kindheit hatte, sage ich gern, »sie war für mich okay«. Mit behütet verbinde ich Sorglosigkeit – davon waren wir damals weit entfernt. Aber es ging. Mit vier, fünf Jahren hatte ich Kumpels im Dorf, mit denen ich ständig unterwegs war. Die überall im Ort angelegten Vorgärten mit ihren Zuckererbsen und Pflaumenbäumen wurden von uns gnadenlos geplündert. Wir gingen dabei sogar strategisch vor. Einer aus unserer Clique war der Sohn eines ansässigen Bauern, und dieser wusste genau, wo es was zu holen gab und wie gefährlich der jeweilige Eigentümer war oder wie aufmerksam er seine potenzielle Ernte bewachte.

Als kurze Zeit später das Chemiefaserwerk in Schwarza, in dem Dederon- und Perlon-Stoffe hergestellt wurden, nach Leuten suchte, zogen wir dorthin. Meine Mutter wurde in der Spinnerei angelernt, wo sie deutlich mehr verdiente als bisher. Da wir aber erst einmal nichts hatten – weder Schrank noch Bett –, kam ich für ein paar Monate in ein Kinderheim. Meine Schwester lernte derweil in einer Krankenhausküche Köchin und mein zweiter Bruder war bei einem Stellmacher untergekommen. Das bekam ihm aber gesundheitlich nicht, sodass er auf eine MTS* wechselte und sich dort zum Maschinenschlosser ausbilden ließ.

In den Monaten im Heim besuchte mich meine Mutter regelmäßig. Da ihr dieser Zustand überhaupt nicht behagte, richtete sie schon bald die Wohnung ein. Als dann endlich ein Tisch, zwei Stühle, Schrank und Bett vorhanden waren, zog ich wieder zu ihr und wurde ein Schlüsselkind. Meine Mutter musste morgens um 6 Uhr aus dem Haus, der Kindergarten ging aber erst um 7 los. Also ging ich allein dorthin. Während der Schulzeit war es genauso: Morgens allein los und abends, wenn sie Spätschicht hatte, bereitete ich mir mein Abendessen zu. Schlecht habe ich mich dabei nie gefühlt. Es war für mich normal, mir den Alltag bis zu einem gewissen Grad selbstständig zu organisieren. Vielleicht hielt mich diese Lebensweise davon ab, Mist zu bauen. Jedenfalls war ich kein abenteuerlicher Typ. Und mit Sport hatte ich eigentlich auch nicht so viel am Hut. Jedenfalls, was Vereinssport betraf.

Aber irgendwann zu Weihnachten bekam ich einen Ball geschenkt und fing an, Fußball zu spielen. Erst immer gegen die Hauswand, dann kam Jonglieren hinzu, und mit acht Jahren schloss ich mich der Schülermannschaft von Chemie Schwarza an.

Zweimal die Woche war Training. An den Wochenenden gab es ab und an Turniere, und siehe da – wie errangen den Kreismeistertitel. Es folgten die Junioren, wo wir richtig gut gewesen sind. Der Trägerbetrieb pumpte in die Mannschaft ordentlich Geld, weshalb wir schließlich Junioren Sonderklasse spielen konnten. Und wenn die Senioren auf Turnieren gegeneinander antraten, haben wir so etwas wie Vorspiele gemacht. Support quasi. Wie es heutzutage in der Rockmusik Vorbands vor dem Hauptact tun.

Mit den wichtigeren Spielklassen erhöhte sich der Trainingsaufwand auf fünfmal die Woche. Von der Schule und danach vom Lehrbetrieb – ich ließ mich zum Betriebsschlosser ausbilden – wurden wir nachmittags freigestellt. Die Wochenenden bestanden jetzt meist aus Punktspielen oder anderen Leistungsvergleichen, weshalb wir viel umherreisten. Manchmal mit dem Zug, meist aber mit einem vereinseigenen Robur-Bus*. Und je nach Entfernung oder Turnierbeginn fuhren wir zuweilen schon am Sonnabend los, was uns abends Kultur bescherte. Berliner Ensemble, Weimarer Theater …

Reiten und vom Pferd fallen

Kein abenteuerlicher Typ. Kein Sportfanatiker. Liest sich ein bisschen so, als hätte aus diesem Burschen nicht jener Bohrarbeiter werden können, der da an einem Bohrgestänge 30 Meter in die Tiefe rutschte – was selbst die meisten meiner Kollegen viel zu riskant fanden. Von 50 Arbeitern auf solch einer Anlage hat das bestenfalls einer gemacht. Wenn ich heute nach den Gedanken und Empfindungen krame, die mich zu jener Zeit bewegten, finde ich nichts, das wie die Suche nach einem Kick aussieht. Für mich war das einfach normal. Zuallererst sah ich den langen Abstieg. Und um diesen zu vermeiden, bot sich das Bohrgestänge als Rutsche an. Ein logischer Schluss. Für mich zumindest.

Und so trieb es mich 1973 eindeutig nicht zur DEFA, weil ich in der risikobehafteten Arbeit eines Kaskadeurs meine Berufung gesehen hätte. Vielmehr saß mir die Enttäuschung über die verwehrte Chance auf eine spannende Herausforderung im Irak im Nacken.

Ich erinnerte mich also an das Angebot des Produktionsleiters von »Zeit der Störche« und suchte ihn auf. Horst Dau erkannte mich sofort wieder und meinte: »Ach, das ist gut, dass du kommst, ich habe einen Job für dich in Usbekistan. In drei Tagen geht ein Flieger nach Samarkand, wo wir ›Ulzana‹ drehen.«

»Und was soll ich da machen?«

»Na reiten und vom Pferd fallen …«

»Ich habe noch nie auf einem Pferd gesessen«, entgegnete ich. »Das mit dem Runterfallen kommt dann sicher von selbst, aber ob das am Ende so gut aussehen wird …? Und außerdem stehe ich noch in einem Beschäftigungsverhältnis.«

»Dann musst du kündigen.«

Am Ende flog ich nicht mit, da man aus mir binnen drei Tagen keinen verwegenen Reiter machen konnte, der wie ein Apache über die Prärie fegte. Vielmehr organisierte Dau für mich Reitunterricht beim DEFA-Chefkaskadeur Wilfried Zander, als der mit dem Drehstab drei Wochen später aus Usbekistan zurückkehrte.

Zeitlich bekam ich das gut auf die Reihe. Bei Erdöl gab es einen Zyklus: 14 Tage arbeiten, sechs Tage Erholung. Und da meine Ehe sowieso am Ende war – auf dieses spezielle Kapitel meines Lebens komme ich noch zu sprechen –, ich somit keine Verpflichtungen hatte, bin ich in meiner freien Zeit nach Stahnsdorf gefahren, wo Willi Zander in einer von der Kirche erworbenen Villa mit seiner Freundin Beate lebte. Von dort aus ging es nach Teltow. Hier hatte Willi einen Stall, in dem seine 15 Pferde standen, die er eigentlich gar nicht hätte haben dürfen. 15 Pferde! Der pure Kapitalismus. Die DEFA wusste zwar von seinem Reitbetrieb, sagte aber nichts, da für Drehs ständig gut funktionierende Pferde benötigt wurden.

Willis Monopolstellung hatte ihre Wurzeln im Dreh zum ersten DEFA-Indianerfilm »Söhne der großen Bärin« in Jugoslawien. Eines Tages hatten sich dabei die gesamten Kaskadeure auf ihre Pferde gesetzt und waren rüber nach Italien geritten. Auf Schlag hatte die DDR keine Kaskadeure mehr. Nun kam Willi Zander ins Spiel.

Er war damals schon zweimal DDR-Juniorenmeister im Military-Reiten gewesen. In dieser Sportart muss man ein Pferd extrem gut beherrschen können. Darüber hinaus war er ein wüst aussehender Typ – ein bisschen wild, mit langen rostroten Haaren. Er bekam den Auftrag, für die DEFA eine Reitertruppe zusammenzustellen. Es blieb aber natürlich nicht beim Einstudieren von Reitkünsten. Schnell machten sie auch andere Sachen – Schlägereien etwa, spektakuläre Stürze. Mit denen trainierte ich nun in Teltow. Und da sich vieles auf die Anforderungen an Indianerfilmen ausrichtete, lernte ich Reiten, Messerwerfen oder den Umgang mit der Bullenpeitsche.

Irgendwann hatte Willis Freundin Erbarmen mit mir. Immer nur im Stall, zum Waschen ausschließlich kaltes Wasser, keine

Kochgelegenheit … Sie boten mir an, in den Seitenflügel ihrer Villa zu ziehen, wenn ich diesen ausbauen würde. Willi unterstützte mich bei der Materialbeschaffung. Im Obergeschoss richtete ich mir einen großen Wohnraum mit Kochnische ein, unten wurden Dusche und Toilette platziert.

Willi hatte einen Hang zu Dingen aus der Gründerzeit. Allerdings zu den hochwertigen. Beschafft hatte er sich das meiste während der Dreharbeiten, die er jedes Mal nutzte, um bei in der Nähe des Drehorts lebenden Bauern herumzustöbern. Wenn ihn etwas interessierte, bot er einen Kauf an und war auf diese Weise zu exzellenten Exemplaren gekommen. Als ich dann bei der DEFA arbeitete, unternahmen wir diese Stöber-Touren gemeinsam, sodass auch ich zu meiner Einrichtung kam. Ich peppte meine Stücke auf, flieste mir das Bad, legte Lammfelle in die Stube und hatte am Ende eine gemütliche Wohnung.

Das Haus von Willi Zander war sehr schick, hatte in der gegenüberliegenden Nachbarschaft den Potsdamer Friedhof und war von einem fast 3000 Quadratmeter großen Grundstück mit einem dichten Kiefernbestand umgeben. Es lag an einer sogenannten stillen Seitenstraße, die direkt an den Teltow-Kanal führte, und der war schon ein Teil der Grenze zu West-Berlin.

Der Vorbesitzer des Anwesens, ein Grabdenkmalgestalter, hatte sowohl an der Villa als auch auf dem Grundstück seine Spuren hinterlassen und alles sehr feudal gestaltet. Vorm Haus stand zum Beispiel eine Lampe in Form eines gewaltigen Herkules, der mit einer Hand die Erdkugel in die Höhe stemmte. Der Eingangsbereich war von steinernen Säulen gesäumt, in die Wächter mit Schwertern eingearbeitet waren. Innen ging es so weiter: Marmorkamin, Marmorbad mit einer riesigen Wanne für mindestens zwei Personen. Das einzig Hässliche stellte der alte DDR-Badeofen dar. Um die Wanne voll zu bekommen, brauchtest du locker zwei Stunden Vorbereitungszeit, weil der Ofen zweimal angeheizt werden musste.

Till Eulenspiegel

Dann endlich sollte ich bei meinem ersten Filmprojekt mitmachen. »Till Eulenspiegel« stand auf dem Plan. Zuerst musste ich bei »Erdöl« kündigen. Allerdings – und damit hatte ich nicht gerechnet – wollten die mich gar nicht gehen lassen. Also schrieb der Technische Leiter der DEFA, Dr. Golde, in einem Brief an die Mittenwalder Betriebsführung, dass Peter Hick »im Rahmen eines sozialistischen Filmvorhabens« benötigt werde. Man ließ mich ziehen.

Die Dreharbeiten zu »Till Eulenspiegel« zogen sich sehr hin. Ich erinnere mich zum Beispiel gut an eine längere Drehzeit am Blauen See bei Hüttenrode im Harz. Der hat seinen Namen tatsächlich von seiner kobaltblauen Farbe und war im Zuge von Bergarbeiten entstanden. Darin gibt es weder Getier noch Fische, vermutlich wegen seines Überschusses an Calcium. Den gingen sich alle immer nur angucken, niemand traute sich, hineinzuspringen. Die gesamte Drehzeit über hatten wir blauen Himmel mit weißen Wolken – jeden Tag. Und plötzlich gab es einen Wetterwechsel, verschwanden die Wolken. Beim Film entstehen dann leicht Anschlussfehler. In der ersten Szene reitet jemand vor einer Bergkulisse, darüber ein Himmel mit dicken weißen Wolken, und in der nächsten Kameraeinstellung sind die alle weg. Also warteten alle auf Wolken.

Wir Kaskadeure reisten jeden Tag an, verluden die Pferde in Quedlinburg, fuhren dann durch mehrere Orte hinauf in die Berge, um am Drehort erst einmal Volleyball zu spielen. Damit beschäftigten wir uns bis zum Mittag, und um 14 Uhr wurde beschlossen, dass Drehschluss war. Dann luden wir wieder alles auf und fuhren zurück in unsere Unterkünfte.

Das ging so drei Wochen. Und da wir pro Tag ein Grundgehalt von 120 Mark hatten, bekamen wir die Wartezeit sogar bezahlt.

»Till Eulenspiegel« war eine Riesenproduktion. Wir, die Stuntleute, hatten viele Aufgaben. Ich spielte sogar ein paar kleine Rollen. Zum Beispiel bei den Marktszenen auf der Albrechtsburg Meißen. Dort waren massenweise Buden aufgebaut, 400 oder 500 Kleindarsteller bevölkerten die Fläche. Und während einer deftigen Prügelei gab ich einen jungen Bauern, der drei Leute in eine Bude schmeißen musste. Einer von denen gehörte einem Judo-Club an – und der meinte, er müsse ganz beflissen sein. Immer, wenn ich ihn in die Kulisse gefeuert hatte, kam er sofort wieder rausgeschossen. Beim dritten Mal erhöhte ich den Schwung, rief ihm hinterher: »Bleib endlich drin« – und brachte die ganze Konstruktion zum Einsturz, damit er nicht wieder rauskriechen konnte.

Da es sich aber um eine Massenprügelei handelte, musste ich weiter aktiv bleiben. Willi Zander tobte zu Pferd in der Menge herum. Er kam auf mich zu und rief »Nimm mich, nimm mich!«, und so riss ich ihn auch noch aus dem Sattel.

Willi hatte wegen seines verwegenen Aussehens und den markanten Zügen oft kleinere Rollen und war deshalb ziemlich viel im Bild.

Wenngleich solche Kloppereien einer gewissen Kraftanstrengung bedurften – Herausforderungen waren das nicht. Die zeigten sich in anderen Momenten. Und zwar, als ich Winfried Glatzeder – der den Till Eulenspiegel verkörperte – in einer Szene doubelte, in der er von Bütteln gestellt und umzingelt worden war. Eulenspiegel saß also auf einem Schimmel, stach diesen nieder, drehte das auf dem Boden liegende Pferd auf den Rücken, stellte sich zwischen die vier in den Himmel ragenden Beine und rief: »Ich stehe unter dem Schutz der heiligen vier Säulen der Kirche.« Die Büttel waren verwirrt und ließen von ihm ab.

Für diese Szene war extra ein Schimmel vom Schlachthof geholt worden. Und ich sollte das Pferd mit einem Messerstich in den Hals töten. Das war der Wunsch von Regisseur Rainer Simon – dem wir Kaskadeure uns aber geschlossen verweigerten. Also musste auf einen Trick zurückgegriffen werden, sodass ich mit einem Messer zustach, bei dem sich die Klinge in den Griff schob und dabei eine Blutblase öffnete.

Zuerst musste das Pferd allerdings zu Fall gebracht werden. Dafür wurden an den Vorderhufen Longen angebracht. Das sind Lederriemen, circa drei Zentimeter breit, in die ein Metallring eingearbeitet war. Vom rechten und linken Bein führte jeweils ein Stahlseil nach oben zum Reiter. War das Pferd im Galopp und hatte es gerade die Vorderbeine unterm Bauch, brauchte der Reiter die Seile nur festhalten, das Tier konnte die Beine nicht mehr nach vorn bringen, um sich abzufangen und stürzte spektakulär zu Boden. Dabei musste man den Kopf des Pferdes zur Seite ziehen, damit es auf der Schulter landete. So konnte garantiert werden, dass es sich nichts tat. Ich kann mich nicht erinnern, dass sich ein von uns gerittenes Pferd jemals verletzt hätte.

Den beim Schlachthof erworbenen Schimmel bekam ich aber nicht umgerissen, weshalb wir die Seile derart verlängerten, dass zwei andere Kaskadeure in fünf Metern Entfernung dem Pferd die Beine wegziehen konnten. Ich stach dann mit meinem imaginären Messer zu. Kaum lag der Schimmel, kam der angeforderte Tierarzt hinzu und tötete das Pferd mit dem Bolzenschussgerät.

Wir Menschen neigen ja dazu, in das Verhalten von Tieren Züge hineinzuinterpretieren, die unseren ähnlich sind. Dieser Schimmel bot dafür reichlich Anlass. Allein, dass er sich partout nicht umreißen lassen wollte, wirkte wie ein Kampf ums Überleben. Der Tierarzt hatte ihm daraufhin eine Art Betäubungsmittel injiziert, um ihn gefügiger beziehungsweise phlegmatischer zu machen. Das Pferd muss aber noch so gesund gewesen sein, hatte so ein starkes Herz, dass die gesamte Dröhnung ohne Wirkung blieb. Auch das mag eine Reaktion auf die Furcht vor dem nahen Tod gewesen sein.

Der Umgang mit Tieren beim Film in den Sechzigern und Siebzigern war prinzipiell empathieloser als heute. Als Russen zusammen mit Italienern zum Beispiel »Waterloo« gedreht haben, der 1970 in die Kinos kam, gab es Kampfszenen mit unglaublichen Menschenmassen. Dabei wurden die Pferdestürze nicht mit Longen, sondern mit Erdankern provoziert. Die Seile an den Vorderbeinen hielten nicht die Reiter in ihren Händen, sondern waren über 50 bis 60 Meter mit einem Erdanker verbunden. Dann ritten 30 Pferde auf die gegnerischen Stellungen zu, aus denen eine Gewehrsalve abgefeuert wurde, woraufhin die ersten zehn Pferde zusammenbrechen sollten. Diese Stürze manipulierte aber in dem Moment nicht der Reiter, sondern die Seile waren einfach zu Ende. Und egal, ob das jeweilige Tier die Vorderbeine unterm Bauch hatte oder diese gerade nach vorn gestreckt waren – es wurde wie vom Schlag getroffen umgerissen. Zum Teil gingen die Pferde auf verheerende Weise zu Boden, überschlugen sich, knallten ins Kreuz, aufs Gesicht … Sicher haben sich einige von ihnen das Genick gebrochen, die Beine sowieso. Das hat damals keine Rolle gespielt – und kann heute nicht einmal mehr ansatzweise so gemacht werden.

Bei »Till Eulenspiegel« haben wir als Kaskadeure sehr vielschichtig unser Geld verdient. Da war zum einen die Arbeit als Laiendarsteller und als Double der Stars, zum anderen verdingten wir uns als Taxifahrer, indem wir die Schauspieler zwischen Drehort und Hotels hin und her fuhren. Die DEFA hatte weder Autos noch Chauffeure, weshalb wir mit dieser Aufgabe betraut wurden. 75 Mark gab es dafür schon mal jeden Tag per se. Dann konnten wir Kilometergeld abrechnen, das sich aus einer Pauschale für 100 Kilometer plus der tatsächlich gefahrenen Strecke zusammensetzte, womit man es noch einmal auf bis zu 120 Mark brachte. Außerdem teilten wir uns Nachtwachen bei den Pferden ein, wofür es ebenfalls Geld gab. Und da wir täglich unsere Gagenscheine ausfüllten, kamen manchmal 500 bis 600 Mark pro Tag zusammen. Irgendwann hattet man so viel Geld, dass man gar nicht wusste, wohin damit. Also rollte man die Scheine zusammen, wickelte einen Gummi herum und versteckte sie.

Als »Till Eulenspiegel« abgedreht war, wurde der Film erst einmal geblockt. Er kam nicht sofort in die Kinos, weil Verantwortliche aus dem Kulturbetrieb Szenen entdeckt hatten, die gegenüber der Klasse der Arbeiter und Bauern angeblich abwertend gewesen sein sollen. Die mussten tatsächlich nachgedreht werden. Welche das waren, weiß ich nicht. Vielleicht die, in denen zügellose Gelage gefeiert wurden.

Allerdings war die originale Version des Films ohnehin ziemlich derb. Auch Sex gab es reichlich zu sehen. Da rannte zum Beispiel bei einer Szene in der Burg der Ritter Kunz, gespielt von Franciszek Pieczka, der übrigens den Gustlik bei »Vier Panzersoldaten und ein Hund« verkörpert hatte – der rannte also auf dieser Burgruine mit Feuer, Fressen und Saufen einer Magd hinterher, die irgendwie auf einer Hanglage ausrutschte und die Schräge hinabsauste – direkt auf die Kamera zu. Dabei stülpte sich ihr Rock hoch, unter dem sie nichts weiter trug. Der Kameramann war perplex. Obwohl die Szene einfach so passierte – warum die Darstellerin auch immer nackt unter ihrem Kostüm war –, blieb sie im Film, woraufhin die Chefs bei der DEFA bei der ersten Vorführung Kopf standen. Eine Großaufnahme direkt zwischen den Schenkeln …

Angst ist reine Kopfsache

Ich war als Jugendlicher alles andere als ein Mädchentyp. Viel zu kurz, so ein »kleines dickes Müller«. Mit 18 Jahren war ich immer noch nur 1,64 Meter groß. Dafür aber fußballtechnisch begabt. Ich habe bei uns im Verein den Rekord im Jonglieren gehalten: viereinhalb Stunden. Mit dem Ball konnte ich alles machen, links wie rechts schießen. Und das war damals schon eine gewisse Ausnahme. Ich hatte auch Tests bei der Juniorennationalmannschaft, bin dann aber doch nicht genommen worden. Sicher war ich nicht der Schnellste, aber trotzdem glaube ich, dass mir vor allem meine Westverwandtschaft ersten Grades im Weg stand. Die Verantwortlichen werden sich gesagt haben: »Der wird sowieso nie ein Reisekader.«

Wieso ich so lange so klein blieb, oder wieso ich dann plötzlich noch einmal gewachsen bin, bleibt ein Rätsel der Natur. Damals bekamen wir schon Schokolade, Bananen und Tabletten und ähnliches Zeug, aber welche Rolle das bei meiner Art zu wachsen spielte? Es bleibt reine Spekulation.

Ich war gerade 18 geworden, da brach ich während eines Punktspiels mitten auf dem Platz zusammen. Im Krankenhaus diagnostizierten sie eine verschleppte Gelbsucht und verordneten mir drei Monate Schonzeit. Striktes Sportverbot. Und auf einmal fing ich an zu wachsen, so dass ich mit meinen Knochen nicht mehr wusste, wohin.

Für die Leute, die mich kannten, war das sehr verwirrend. Wie für eine Schulkumpeline, die mich ein, zwei Jahre später in Guben besuchte. Als ich die Tür öffnete, schaute sie mir auf die Brust, weil auf der Höhe sonst eigentlich mein Kopf gewesen war.

Am Ende kam ich dann auf 1,84 Meter und war viel schneller als vorher, was mir die besten Voraussetzungen für eine weitergehende Fußballkarriere bot. So landete ich beim Verein Vorwärts Cottbus, der in der DDR-Liga spielte, über der es nur noch die Oberliga gab. Aber schon in der zweiten Begegnung, die ich bestritt, hatte einer der gegnerischen Mannschaft ein steifes Bein gemacht, wodurch ich mir den Mittelfußknochen brach. In einer Zeit, in der es besser ist, du bleibst am Ball, wenn du etwas ganz Bestimmtes erreichen willst, kannst du schnell das Interesse verlieren, wenn du ausgebremst wirst. Ich hatte damals auch meine erste Freundin, legte mir eine 350er Jawa* zu, und im Beruf wurde im Schichtbetrieb gearbeitet. Ich entschied mich, das mit dem Fußball sein zu lassen.

Viel Energie floss ab sofort in meine Motorräder. Die hatte ich mir ordentlich »aufgeziegelt« – Magura-Lenker, Büffeltank, schneller gemacht. Meine Fußrasten musste ich mir hochbiegen, weil ich Schräglagen gefahren bin, wie sie beim Motorradrennen üblich sind. Da sagte schon mal der eine oder andere: »Peter, irgendwie fährst du zu schnell.« Ich empfand diese Art zu fahren aber gar nicht als besonders risikoreich. Ich hatte mich einfach daran gewöhnt. Und ich tat es auch nicht für andere. Es ging mir nicht darum, als verwegen zu gelten, denn diesen rasanten Stil pflegte ich auch, wenn ich ganz allein unterwegs war.

Es sind immer die anderen, die nach der Ursache für meine spätere Berufswahl forschen. Wann fing das an? Hast du den Kick gesucht? War es jugendlicher Leichtsinn? Solange man im Rampenlicht steht, könnte man meinen, man würde seine Antworten auf diese Fragen nach einem bestimmten Publikum ausrichten. Dem ist aber nicht so. Und ich weiß heute für mich, dass es kein Kick war, der mich damals einige Dinge riskanter angehen ließ. Ich hatte einfach Spaß dabei.

Ich denke da an unseren Fünf-Meter-Turm im Schwimmbad. Oben die Plattform war aus Beton, links und rechts gab es auf Höhe von drei Metern zwei hölzerne Sprungbretter. Und unten dann das Ein-Meter-Brett. Wenn wir Turmhaschen gespielt haben, bei dem man sich nach oben jagt, ins Wasser springt und wieder hinaufhetzt, bin ich von der Plattform auf eines der Drei-Meter-

Bretter gesprungen, das dann solch einen Schwung entwickelte, dass es einen fast bis ans Ende des Beckenrands katapultierte. Ich habe zwei, drei Bretter vernichtet, was dem Bademeister nicht gefallen hat. Da sie aber mit einer Gummimatte umwickelt waren, kam einem das Holz beim Zerbersten nicht hinterhergeflogen, was Verletzungen verhinderte.

Später bin ich auch nicht deshalb im Stunt-Geschäft geblieben, weil ich womöglich den Adrenalinrausch benötigt hätte. Vielmehr war es die Chance, mein Geld mit etwas zu verdienen, das mir leichtfiel und das ich am besten konnte.

Arnim Dahl, eine deutsche Legende unter den Stunt-Männern, sagte einmal in einem Interview, als er gefragt wurde, was er vor einem Stunt denke: »Ob ich auch ja eine frische Unterhose anhabe.«

Das war ihm wichtig, weil er sich häufig verletzte und oft ins Krankenhaus kam. Er hatte bei sich zu Hause ein Skelett stehen, bei dem an jedem Knochen, den er sich schon einmal gebrochen hatte, Zettel klebten, auf denen Film und Datum vermerkt waren. Und dann meinte er noch: »Und trotz der Blessuren ist der Beruf angenehm: Lieber fünf Minuten Angst, als einen ganzen Monat arbeiten.«

Das sagt eine Menge. Allerdings: Angst hatte ich nie. Angst ist reine Kopfsache. Und es kommt immer darauf an, wie man sich auf seinen Job vorbereitet. Außerdem war ich schon in einer Zeit Stuntman, in der man wie in Amerika nach einem Crash aus dem Auto stieg, den Daumen hob und sagte: »Alles easy.«

Die Bösewichter müssen dran

Meine erste größere Rolle hatte ich 1974 in dem Bauernkriegsepos »Die Bösewichter müssen dran«. Und wenn ich von einer »größeren« Rolle spreche, dann meine ich eine »größere« und keine wer weiß wie große. Aber es hat gereicht, dass ich mit in der Besetzungsliste auftauchte. Mit dabei waren Klaus-Peter Thiele, der spielte einen Guten, Rolf Hoppe, der spielte einen Oberguten, den Anführer der Bauern. Rolf Römer verkörperte den bösen Gegner, und die Rolle des ganz fiesen Büttels war mit Helmut Schreiber besetzt. Den musste ich doubeln. Schreiber hatte am zweiten Drehtag eine einsame Galoppade zu machen und kam auf einem unwegsamen Karstboden mit seinem Pferd ins Straucheln. Dabei riss der Steigbügelriemen, er verlor die Balance und stürzte aus dem Sattel. Die Folge war ein angebrochener Rückenwirbel.

Nach einer Krisensitzung legte der Drehstab fest, dass ich die Rolle übernehmen sollte. Ich meinte: »In Ordnung, ihr wisst aber, dass ich kein richtiger Schauspieler bin.«

»Wir streichen ein paar Textpassagen, dafür kannst du aus der Rolle noch ein paar Action-Momente herausholen«, bekam ich zur Antwort.

Und so hatte ich auf einen Schlag 25 Drehtage.

Jeden Morgen saß ich eine Stunde in der Maske und wurde hässlich gemacht. Ich bekam eine fahle Haut, mir wurden Eiterpusteln geschminkt – ich war ja ein Böser. Für die Haut war das nicht so gut. Mit dem Mastix in der Visage schwitzt du, und dann juckt das, und dann ist das entzündet, und nach drei, vier Tagen hast du auf dieses Zeug keine Lust mehr. Aber ich bekam eine gute Hautcreme, und damit habe ich es dann doch irgendwie überstanden.

Finanziell war der Bauernkrieg für mich eine Wonne. Ich erinnere mich noch an einen Tag, an dem ich 4000 Mark verdient habe. Das hatte mit einer Menge Treppenstürzen zu tun, die als Gag eingebaut waren. Demnach flüchteten ein paar Büttel aus einem Haus, an dessen Türschwelle einer stand, der ihnen mit einem Dreschflegel die Beine weg haute. Dadurch stürzten sie die Treppe hinab und blieben unten liegen. Und während sich dort ein Haufen ohnmächtiger Landsknechte bildete, stand ein anderer Bauer daneben und machte mit Kreide Striche an einer Tafel. Ich habe keine Ahnung, wie oft ich an diesem Tag Treppenstürze gemacht habe. Kurz danach folgte der Sprung von einem Balkon aus acht Metern Höhe auf ein Plateau und von dort noch einmal drei Meter runter auf die Pflasterstraße, wo Rolf Hoppe mit seinen Bauern heransprengte und dann mit dem Schwert auf mich eindrang. Und schließlich gehörte zu diesem Tag noch eine Abseilarie, bei der ich aus einem Festungsturm ungefähr 25 Meter in die Tiefe rutschen musste.

Ich kletterte aus einem Burgfenster und ergriff das Seil. Für den Stunt hatte ich offiziell Lederhandschuhe bekommen, die auch danach aussahen. In Wirklichkeit bestanden sie jedoch nur aus Kunststoff, was ich schmerzlich erfahren sollte. Bei meinem Rutsch nach unten wurden die Dinger heiß, rissen auf und auf den letzten fünf Metern fegte das Hanfseil durch meine ungeschützten Hände. Es schnitt sich tief ins Fleisch, was sich anfühlte, als hielte ich meine Handflächen in ein offenes Feuer. Als ich unten aufschlug, knallte ich zu Boden und blieb bewusstlos liegen. Vielleicht war ich ein, zwei Minuten weg, als ich hörte:

»Peter, alles gut?«

»Ja«, entgegnete ich.

»Deine Beine, alles gut damit?«

»Ja.«

»Peter, du warst eben so schnell – du bist uns aus dem Bild gerutscht. Wir müssen das nochmal machen.«

»Alles klar«, sagte ich. »Aber irgendjemand besorgt mir jetzt richtige Lederhandschuhe.«

Mir wurden die Hände verbunden, die wirklich schlimm aussahen, derweil fuhr jemand von der Burg die 25 bis 30 Kilometer nach Karl-Marx-Stadt* in einen Exquisit*, um mir dort echte Lederhandschuhe zu kaufen. Als ich die dann hatte, bin ich an dem Seil noch einmal runtergerutscht.

Abends im Hotel habe ich mir ein festliches Essen zur Nacht gegönnt. Damals aß ich gerne Schildkrötensuppe. Und eine Mokkatasse voll kostete 3,60 Mark – richtig viel Geld für ostdeutsche Verhältnisse. Zur Kellnerin meinte ich dann, dass ich gern eine große Terrine voll Schildkrötensuppe hätte. Dazu drei tiefe Teller für mich und meine zwei Kollegen, die mich begleiteten.

»Oh, ich weiß gar nicht, wie viele Büchsen wir da reinmachen müssen«, sagte sie. »Da muss ich erst einmal in die Küche gehen.«

Als sie eine Weile später zurückkam, meinte sie: »Entschuldigung, aber die Terrine voller Schildkrötensuppe würde 209 Mark kosten.«

»Ja, das ist in Ordnung«, entgegnete ich. »Bringen Sie sie, schön heiß. Und dann bringen Sie uns noch diese kleinen Sieblöffel mit, damit wir das Fleisch herausfischen können.«

Als sie dann mit der Schüssel kam, folgte ihr das gesamte Personal der Küche, das sehen wollte, welcher Idiot sich da für 200 Mark Suppe bestellt hatte.

Genosse, Sie waren ein bisschen schnell

Wir Kaskadeure fuhren alle Wolga. Willi hatte zusätzlich noch einen Schiguli, der richtig schön schnell war, den nutzte er meistens.

Ich hatte mir noch vor »Till Eulenspiegel« bei der Deutschen Handelszentrale* einen alten Wolga Kombi in einem matten Olivgrün gekauft. 9800 Mark ohne Aufpreis. Er gehörte zu einem Fuhrpark aussortierter Pkw, in dem sich unter anderem ausgediente NVA- und Polizei-Autos oder beschlagnahmte Fahrzeuge befanden. Die standen auf einem abgeschirmten Gelände hinter einem hohen Sichtschutzzaun. Als wir dort ankamen, fiel mir zuerst ein gelber 3er-BMW mit schwarzem Cabrio-Dach auf. Für 45000 Ost. Ich schlich um das Auto herum, als ich Willi schreien hörte: »Du sollst Pferde transportieren und keine Weiber aufreißen. Hier stehen deine Autos.«

So habe ich mir dann eben den Wolga Kombi zugelegt. Auch der fiel ein bisschen aus dem Rahmen, denn Wolga Kombi gab es in der DDR nicht oft. Nur die Farbe gefiel mir nicht, weshalb ich zum Lackierer marschierte, um das Auto in Metallic-Blau umspritzen zu lassen. »Metallic?«, fragte der Lackierer. »So etwas gibt es hier doch gar nicht zu kaufen.«

»Nicht schlimm«, antwortete ich. »Ich habe einen Bruder im Westen. Die Farbe lasse ich mir schicken.«

»Fünf Kilo«, schätzte der Lackierer. »Wenn du die gleiche Menge an Farbe noch für mich ranschaffst, dann musst du mit dem Lackieren nicht drei Monate warten. Dann mache ich dir auch noch eine Hohlraumversiegelung.«

Drei Tage später kam ich aus dem Babelsberger Studio, fuhr in Richtung Stahnsdorf. Vor einem Parkplatz stand ein Verkehrspolizist mit Kelle, dahinter ein Peterwagen*, und alle herausgewunkenen Autos wurden zur Kontrolle über den Parkplatz geleitet. Als ich mit meinem Wolga näher kam, trat der Polizist zur Seite, schwang seine Kelle und machte eine Grußerweisung.

Ich fuhr weiter zu Willi Zander, hatte mich kurzfristig dazu entschlossen, noch einmal meinen Bruder anzurufen, was ich bei Willi tun wollte, da er der Einzige aus meinem Bekannten- und Kollegenkreis war, der ein Telefon besaß.

»Hast du schon den Lack gekauft?«, fragte ich Walter am anderen Ende der Leitung. Der dachte jetzt, ich würde drängeln.

»Oh, entschuldige, das habe ich noch gar nicht gemacht«, sagte er fast kleinlaut.

»Prima«, rief ich. »Ich brauche den Lack nicht mehr. Ich behalte meine Farbe so, wie sie ist.«

Danach geriet ich mit dem Auto bestimmt in drei, vier Kontrollen. Und dann kam man da als DEFA-Stuntman daher in Lederhose, Stiefel, Lammfelljacke – cowboytechnologisch angezogen – und zeigte seinen Ausweis vor. Nichts deutete darauf hin, dass man zu den Staatsorganen gehören oder gar bei der Stasi sein könnte – und trotzdem wurde ich nur mit »Genosse« angeredet. Vielleicht vermuteten die Polizisten, ich würde undercover arbeiten.

»Genosse, Sie waren ein bisschen schnell«, hieß es zum Beispiel freundlich. »Fahren Sie bitte etwas zurückhaltender.«

»Hach, Sie wissen doch, wie das geht mit den Vorgesetzten ...«, antwortete ich.

»Jaja, das können wir uns schon denken.« Es folgte eine Grußerweisung und der Hinweis, dass 30 Kilometer weiter die nächste Geschwindigkeitskontrolle stattfinden würde.

»Wo wollen Sie denn noch hin, Genosse?«

Ich nannte irgendein Ziel.

»Vorsicht am Geraer Berg, da wird auch gemessen. Achten Sie darauf, dass Sie dort gesittet durchfahren.«

Allerdings durfte man mit dem Wolga nicht lange über 120 Stundenkilometer fahren, sonst musste man gleich in die Werkstatt, um die Ventile einstellen zu lassen. Außerdem fuhren wir rustikales Russenbenzin, das wir von einem Offizier der Sowjetarmee für 50 Pfennige bezogen.

Der Rest ist für Sie

Wenn du an den Punkt kommst, an dem du im Geld schwimmst – vor allem als junger Mensch –, entwickelt sich schnell eine Art Dekadenz. Manche betreiben das bewusst und maßlos. Bei mir drang es unterschwellig durch. Die Schildkrötensuppenaktion gehörte da sicher dazu. Was ich auf jeden Fall empfand: elitär zu sein.

Wie an einem Sonnabend in Potsdam – ich wohnte ja im nahen Stahnsdorf –, als ich vom Drehschluss nach Hause fuhr. Damals wurden sonnabends spätestens ab Mittag alle Läden dichtgemacht und die Bürgersteige hochgeklappt. Aber da ich drei Wochen nicht mehr in der Wohnung gewesen war, hatte ich praktisch nichts zu essen. Der Kühlschrank war leer. Abgeschlampert, wie ich aussah, ging ich ins Interhotel und bestellte mir etwas zu essen.

Als die Kellnerin zum Abkassieren kam, fragte ich: »Kann ich für morgen früh ein paar Brötchen haben, etwas Butter, Aufstrich?«

Die Dame schaute mich mit großen Augen an: »Denken Sie, wir sind ein Imbiss?«

Darauf holte ich eine der Geldscheinrollen aus der Tasche, zog einen Hunni unter dem Gummi hervor und schob ihn ihr zu.

»Langt das?«, fragte ich. »Der Rest ist für Sie.«

»Also wenn Sie hier mal einen Platz brauchen, hier haben Sie meine Telefonnummer. Sie müssen nicht warten.«

Wenn ich dort später einkehren wollte, rief ich vorher an, um einen Tisch zu reservieren. An der Restauranttür standen die Leute Schlange, meist so um die 30 Personen. Und dann rief jemand von der Rezeption: »Ist denn der Herr Hick schon da?«

Ich hob ganz hinten die Hand und vorn hieß es: »Herr Hick, kommen Sie bitte durch.«

Und dann bin ich an den Wartenden vorbei und habe mich durchaus bevorzugt gefühlt. Man wusste einfach, dass man mit Geld auch in der DDR richtig viel bewegen konnte.

Diese Situationen zeigten aber auch eine gewisse Idiotie. Wieso sollte ich da draußen anstehen? Und vor allem, wofür? Das Restaurant war so gut wie leer. Die Interhotel-Leute erzeugten künstlich eine Knappheit, die gar nicht vorhanden war. An der Tür hätte höchstens jemand stehen können, um die Gäste schnell auf freie Plätze zu verweisen. So wie es heute passiert. Drei Tische sind meinetwegen reserviert und der Rest ist frei. Damals habe ich mir gedacht, du untergräbst einfach mal ein bisschen die Ordnung.

Eines Tages hatten wir – Willi, Andreas Albert, ein weiterer Kaskadeur, und ich – die Nachricht bekommen, dass es im Exquisit französische Jeans aus hellem Waschleder geben solle. Eine Hose kostete 750 Mark, jeder von uns fand eine passende. Danach gingen wir zum Abendbrot und Willi war der Erste. Er saß da mit seinen hellen Jeans und wartete. Ich kam dazu und hatte mir das Teil natürlich auch sofort angezogen. Dann folgte Andreas, gleichfalls neu eingekleidet, worauf Willi sagte: »Ich gehe mich wieder umziehen.«

Wir aßen damals viel. Die Körper verlangten Energie und die wiederum verbrauchten wir schnell. Wie immer bestellten wir mehrere Gänge, wozu auch eine Runde Gulasch gehörte. Bei Andreas stand der Gulasch-Teller ziemlich nah am Rand des Tisches, und während er mit seinem Besteck hantierte, war er wohl gegen den Teller gestoßen, so dass der samt Inhalt auf seiner nagelneuen Jeans landete.

»Ich geh mich mal umziehen«, meinte er.

»Ich komm mit«, rief Willi. »Dann kann ich mir meine ja wieder anziehen.«

Als beide zurückkamen, sagte Andreas, er bekäme die rötlichbraune Verfärbung nicht mehr aus der Hose gerieben. Das war sicher erst einmal bedauerlich, Ideen für eine Reinigung hatten wir aber auch nach intensiver Debatte keine.

Zwei Tage später ging Andreas Albert runter in die Küche und bestellte sich einen Eimer Gulasch. Darin weichte er die Leder-Jeans zwei Tage ein, wusch sie noch einmal ordentlich durch und trug das total fleckige Beinkleid fortan als Arbeitshose.

Willst du nach Texas?

Als Jugendlicher reifte in mir für eine geraume Zeit der Wunsch, zur See zu fahren. Ich hatte einen Kumpel vom Fußball, der bei der Handelsmarine lernte, von Auslandsreisen zurückkam und von der tollen Arbeit an Bord schwärmte. Das führte dazu, dass ich mich auch dort bewarb. Die Reaktion war: Ich solle erst einmal etwas für den Staat tun, bevor mich die Marine in ihre Reihen aufnehmen könne. Denn die Stellen dort waren sehr begehrt. Also verpflichtete ich mich 1968 für sechs Jahre NVA, am liebsten Fallschirmjäger.

Bei der Musterung registrierten sie meine Verwandtschaft ersten Grades im Westen und lehnten die Längerverpflichtung schon mal ab. Lediglich drei Jahre seien möglich, hieß es. Bei den Luftstreitkräften. Weil ich Schlosser gelernt hatte. Und dort könnte ich dann Maschinist für Triebwerkzellen werden. Das fand ich insofern spannend, als dass ich mir ausmalte, unter Umständen nach der Fahne im Flugzeugwerk Dresden anfangen zu können. Neben der interessanten Arbeit hielten sie dort gut bezahlte Stellen vor.

Ich absolvierte meine Grundausbildung und wurde in eine entsprechende Einheit verlegt. Mit dem Einräumen des Spinds war ich noch gar nicht richtig fertig, als mich der Kompaniechef, ein Hauptmann, zu sich befahl.

»Passen Sie auf, Hick«, sagte der. »Das mit Ihnen wird hier nichts. Ich lese gerade Ihre Kaderakte – Sie haben einen Bruder im Westen. Wenn Sie irgendwann einmal einen Schlüssel oder ein Werkzeug im Flugzeug vergessen, sind Sie möglicherweise dran wegen Sabotage. Dann stehen Sie mit einem Bein im Gefängnis und ich gleich mit, weil ich Sie da reingelassen habe. Sie packen freundlicherweise wieder Ihre Sachen und gehen zurück.«

Zurück in der Ausbildungskompanie, schlug man mir vor, die drei Jahre als Funker runterzureißen.

»Nö«, sagte ich. »Mit den Kopfhörern auf den Ohren und das ständige Piepsen – das ist nichts für mich.«

Alternativen schien es nicht zu geben, weshalb ich mein Entpflichtungsgesuch schrieb. Erst in diesem Moment kamen sie zu mir und sprachen von einem völlig neuen Jägerleitsystem aus der Sowjetunion, das stationär eingebaut werden müsse. Dafür sollte ich auf die Unteroffiziersschule gehen, um an dem System Wostock ausgebildet zu werden. Diesmal dachte ich, ich könnte die neuen Erkenntnisse nutzen, um nach der Armee – die Marine hatte ich mir abgeschminkt – als Fernsehmechaniker zu arbeiten.

Ich wurde nach Kamenz geschickt, wo ich schon nach drei Wochen merkte, dass das mit meinen Vorstellungen überhaupt nichts zu tun hatte. Deshalb versuchte ich, dort wieder wegzukommen. Die beste Möglichkeit sah ich darin, nichts zu wissen. Nach dem Motto: Der ist zu doof für den Job.

Nahm man mich während der Unterrichtseinheiten ran, zuckte ich mit den Schultern und hatte keine Ahnung. Dummerweise bekam der Ausbildungsoffizier – von mir unbemerkt – mit, wie ich einem anderen Unteroffizierschüler eben jene Dinge erklärte, die ich kurz vorher im Unterricht noch nicht gewusst hatte.

»Hick!«, rief er. »Das ist eine Unverschämtheit.« Also musste ich zum Kompaniechef. Und der machte eine Ansage: »So kommen Sie aus der Nummer hier nicht raus. Nur damit Sie klare Bilder sehen.«

Also schloss ich die Ausbildung ab und kam nach Kolkwitz, ein paar Kilometer westlich von Cottbus. Dort wurde ein atomsicherer Bunker gebaut, vier Etagen unter der Erde. Das Wostock-System karrten sie auf Kraz*-Lkw heran. In jeden Anhänger waren locker 20 Tonnen Technik verbaut. Die mussten wir herausholen, im Bunker einbauen und zum Laufen bringen – angeleitet von einem Unterleutnant, der frisch aus der Sowjetunion gekommen war und der genau wusste, wie alles funktionierte. Er machte unsere Truppe von sechs bis acht Leuten damit vertraut.

Ein halbes Jahr waren wir dort draußen mutterseelenallein. Auch völlig ohne Wachmannschaft. Zwar gab es einen Drahtzaun um das Gelände und einen Torposten, aber sonst benahmen wir uns wie im Zeltlager. Die meiste Zeit arbeiteten wir am Einbau der Technik, hin und wieder gingen wir raus in die Pilze oder trieben Sport, bis eines Tages Fahrzeuge der Amerikanischen Militärmission auftauchten. Aus einem Riesenstraßenkreuzer fuhr ein Teleskop aus und fotografierte Stück für Stück unsere gesamte Baugrube.

Natürlich machten wir Meldung – und binnen weniger Wochen bekamen wir einen 5 000-Volt-Hochsicherheitszaun, dann einen zweiten Zaun dahinter, und uns wurde ein Wachkommando zugeordnet …

Die Soldaten der Militärmissionen konnten sich außer in den Sperrzonen frei bewegen und haben dabei so einiges ausgekundschaftet.

Ich hatte ein paar Jahre später noch einmal eine Begegnung mit Vertretern der Amerikanischen Militärmission. Das war 1974 während eines Nachdrehs in Saarmund bei Potsdam. Rolf Römer wollte unbedingt mein Pferd reiten, stürzte aber unglücklich und brach sich ein Bein. Ausgerechnet auf einem Hubschrauberlandepunkt, der aus Beton war, hatte er mit dem Pferd drehen wollen, das dann jedoch wegrutschte. Mit seinem ganzen Gewicht knallte ihm das Tier aufs Bein. Er blieb liegen, das Pferd rannte weg, die anderen vom Drehstab kümmerten sich sorgenvoll um Rolf und ich machte mich auf, das Tier einzufangen. In der Nähe war die Autobahn. Das hätte sehr gefährlich werden können.

Allerdings galoppierte es durch einen Kiefernwald, wie ich an den frischen Spuren erkennen konnte. Nach fünf, sechs Kilometern kam ich in ein Kaff, in dem ich das Pferd auf einem Gehöft fand. Dort hielt ein Bauer das schweißnasse Tier am Zügel und übergab es mir. Da ich die zurückgelegte Strecke nicht mehr genau in Erinnerung hatte, schlug ich den Weg nach Teltow ein, um es dort gleich in den Stall zu bringen. Das waren vielleicht 10 oder 15 Kilometer. Und weil ich gemütlich reiten wollte, sagte ich mir, dass das Pferd bei Ankunft garantiert wieder trocken sein würde. Mein Auto mit Anhänger, das noch am Drehort stand, würden vermutlich die anderen mitbringen. Und wenn nicht, konnte ich es mir dann am Abend immer noch holen.

Also ritt ich die Straße entlang, wie so oft in Lederklamotten, als neben mir ein Cabrio anhielt. Ein Riesen-Chevi. Darin saßen zwei Schwarze und ein Weißer in Uniformen der US-Army.

»Ey, Cowboy«, meinte einer. »Willst du nach Texas?«

»Was will ich jetzt in Texas?«

»Naja, wenn du jetzt vom Pferd steigst und bei uns in den Kofferraum kletterst, dann nehmen wir dich mit.«

Das war damals jene Zeit, in der ich mir schon Gedanken darüber gemacht hatte, in den Westen zu gehen. Deshalb überlegte ich kurz.

›Du kannst aber hier jetzt nicht das Pferd an einen Baum binden‹, dachte ich. ›Das kannst du Willi nicht antun.‹

Ich hatte auch nichts eingesteckt. Keinen Ausweis, kein Geld, nichts. Und so entgegnete ich: »Das ist zwar nett, aber geht nicht.«

Und dann sind sie wieder gefahren.

Diese Missionsfahrzeuge wurden nicht kontrolliert. Ich wäre an jenem Tag problemlos in den Westen gekommen.

Hol deine Messer

Meine erste Frau stammte aus dem Ostseebad Zingst. In Guben hatte sie Weberin gelernt, war dann ins Chemiefaserwerk in die Forschung gegangen. Wir hatten uns praktisch auf Arbeit kennengelernt. Bildhübsch, aber keine Frau für mich. Sie wollte tanzen gehen und das Leben genießen, ich machte Überstunden und wollte erst einmal Geld verdienen. Es hat sich einfach nicht gefügt. Mit ihr hatte ich zwei Kinder. Trotzdem hielt die Ehe nicht lange, und während ich in Karl-Marx-Stadt den Bauernkriegsfilm drehte, hatten wir unseren Scheidungstermin in der Wilhelm-Pieck-Stadt Guben. Wir bekundeten beide, dass wir uns unbedingt scheiden lassen wollten, und wuschen keine dreckige Wäsche. Das Gericht zog sich an jenem Tag um 11 Uhr zur Beratung zurück und verkündete uns nach 20 Minuten, dass die Entscheidung am Nachmittag gegen 16 Uhr mitgeteilt werden sollte. Das war mir eindeutig zu lang. Ich wollte zurück zu den Dreharbeiten und nicht mit meiner Ex den Nachmittag verbringen. Die Gerichtsentscheidung sah ich als pro forma an – es war ja alles geklärt: Sie behielt alles und ich nahm ein paar Klamotten und mein Tonbandgerät mit.

Auf gut 30 Bändern hatte ich über die Jahre damit Westmusik aufgenommen, die beim Freiheitssender 904 und dem Soldatensender* gelaufen war. Das waren DDR-Sender, die in den Westen Musik abstrahlten und Politik machten. Auf diesen Kanälen wurde praktisch alles gespielt, was gerade aktuell war. Ich hatte ein Tesla-Gerät*, das ich noch ziemlich lange behalten sollte.

Erst später erfuhr ich, dass wir gar nicht geschieden worden waren. Noch spielte das allerdings keine Rolle.

Mein Privatleben veränderte sich seit der Trennung und dem Abschied von Erdöl. Ich genoss die Freiheit der Eigenverantwortlichkeit, war niemandem Rechenschaft schuldig, musste mich mit keinem abstimmen, was ich wann und wo außerhalb meiner Arbeitszeit tun würde. Es gab keine Sorgen und Probleme einer Partnerin zu berücksichtigen, Einschränkungen durch die Betreuung von Kindern fiel weg … Man kann sich auf seine angenommene Aufgabe fokussieren, so man motiviert ist und einen eigenen Antrieb besitzt.

Ich hatte in diesen Jahren die eine oder andere Freundin. Aber eine Beziehung zu führen, war bei meiner Unrast ziemlich schwierig. Mein damaliges Privatleben gibt nicht viel her, will man aufregende Details entdecken.

Mit Willi Zander und seiner Frau Beate bin ich viel ausgegangen. Am Wochenende zum Beispiel in die »Bratpfanne«, das war der Studentenclub der Filmhochschule Potsdam. Und als wir einmal im Sommer auf den Beginn der Dreharbeiten zu einem Film mit Sergiu Nicolaescu warteten, die immer wieder verschoben wurden, schipperten wir bei großer Hitze mit Willis Motorboot auf einen Potsdamer See, fuhren Wasser-Ski ohne Ende, kehrten irgendwo zum Essen ein, alberten rum. Abends sind wir in den Stall, haben uns um die Pferde gekümmert, zusammengesessen, gequatscht. Manchmal kam irgendein Schauspieler hinzu, manchmal nicht … die Zeit verging einfach.

Oft habe ich an und mit mir selbst gearbeitet, jeden Tag locker eine Stunde mit der Bullenpeitsche geübt oder Messer geworfen. Später ging ich so gut mit den Messern um, dass ich auf eine Entfernung von fünf Metern einem Kollegen bei einem Live-Auftritt das Messer direkt neben den Hals setzen konnte. Für diese Art von Sicherheit war es aber notwendig, wirklich jeden Tag die Wurftechnik zu trainieren.

Mit der Messerwerferei habe ich einmal richtig Geld verdient, als Rumänen bei uns in Kooperation mit der DEFA einen Film drehten. Einer von der Filmcrew kam zu uns Stuntleuten und rief:

»Peter, hol deine Messer, hol deine Messer.« Und die waren etwas Besonderes. Denn da es keine Wurfmesser zu kaufen gab, hatte ich mir aus alten deutschen Bajonetten Messer schleifen lassen. Sie waren an der Seite nicht scharf, da ich sie dort mit dem Daumen dirigierte, dafür aber sehr spitz.

Der Rumäne faltete einen West-Hunni zweimal, sodass er nur noch viertelgroß war, und heftete ihn mit einer Reißzwecke an eine Stalltür. Für einen Zehner Ost konnte man dann dreimal nach diesem Geldschein werfen. Wenn du getroffen hattest, gehörte der Hunni dir, trafst du nicht, verdiente er bei je drei Würfen zehn Ostmark. Von der rumänischen Crew waren schon zwei mit im Spiel, die das Ding jedoch beim besten Willen nicht erwischten.

Den ersten Hunni holte ich mit dem dritten Wurf, den zweiten gleich mit dem ersten. Da hatte ich für zwei Ost-Zehner zwei West-Hunderter bekommen. Besser ging es nicht.

Der Reise wird nicht stattgegeben

Meine Mutter hatte mir als Kind immer zu verstehen gegeben, dass der Staat für einen sorge. Das bestätigte sich mir während meiner Zeit als Fußballer. Und in den Jahren bis zur Armee hatte ich eine positive Einstellung zur DDR. Sicher, das ein oder andere fehlte zwar. Man lernte aber schnell, sich durch Beziehungen das zu besorgen, woran Mangel bestand.

Als ich zum Beispiel in Guben auf Montage war, hatten wir auf dem Werksgelände einen Kiosk, der allein für die Monteure eingerichtet war und in dem es Dinge gab, die der Normalbürger nicht kaufen konnte – unter anderem Gurken, Tomaten, Äpfel, auch mal Bananen, Apfelsinen, ungarische Salami und Ölsardinen. Dort ging ich dann mit meinem Netz einkaufen. Ich hatte gerade Tomaten und Apfelsinen erstanden, als ich in die Fleischerei kam.

»Entschuldigung, haben Sie vielleicht Lachsschinken?«, fragte ich.

Da schaute die Verkäuferin auf mein Netz und meinte: »Haben Sie vielleicht Tomaten und Apfelsinen?«

»Ja«, meinte ich zögerlich.

»Na, dann können wir doch tauschen.«

Ich habe meine sechs Tomaten und fünf Apfelsinen abgegeben und bekam dafür einen Nussschinken und noch ein bisschen mehr dazu.

Von da an bin ich immer dort einkaufen gegangen.

»Brauchen Sie auch grüne Gurken?«

»Ja, gern, Herr Hick.«

»Ich bin der Peter.«

»Wir haben auch etwas Kalbsleber. Soll es diesmal Kalbsleber sein?«

»Ja, gern.«

So bin ich immer mit meinem Obst und Gemüse rein und mit einem Fleisch-und-Wurst-Paket unterm Arm wieder raus.

In der Kaufhalle gab es lediglich fette Dauerwurst, maximal Jagdwurst.

Manche würden das Durchmogeln nennen. Es war aber die Art, wie man aus Erfahrungen und Erlebnissen lernte, mit dem Leben zurechtzukommen. Trotzdem stand ich der DDR nicht negativ gegenüber. Es hatte sich nichts Anstößiges ereignet, das mich auf Konfrontationskurs gebracht hätte. Für mich war damals das Glas immer halb voll, nicht halb leer.

Meine Unzufriedenheit entwickelte sich erst, als ich immer wieder gegen eine Wand lief. Bei der Armee musste ich zum Beispiel erfahren, dass die Dinge so, wie ich sie mir ausgemalt hatte, einfach nicht funktionieren wollten. Wegen meines Bruders kam ich nicht dorthin, wo ich gern hingekommen wäre, konnte mich nicht einmal weiterqualifizieren, nur weil ich Verwandtschaft ersten Grades im Westen hatte. Desgleichen, als ich bei Erdöl arbeitete und dann doch nicht in den Irak durfte.

Als wir den Bauernkrieg drehten, kam Martin Eckermann zu mir. Er, der bei »Wege übers Land« Regie geführt hatte und Nationalpreisträger war, reiste extra aus Berlin an, um mit mir zu sprechen.

»Hick, ich hörte, Sie arbeiten auch Szenen aus, entwickeln Action-Sequenzen«, meinte er zu mir. »Ich kann Sie gut gebrauchen für einen Film, der spielt zu 60 Prozent in Schweden. Es gibt in dem Streifen drei Traumvisionen, in denen zum Beispiel jemand über die Wagondächer eines fahrenden Zuges läuft oder Indianer ein Fort angreifen. Sie können dann mitfahren und das vor Ort realisieren.«

Ich schrieb die Szenen – und als das Team nach Schweden fuhr, war ich nicht dabei.

Auf Nachfrage wurde wieder etwas von Westverwandtschaft gemunkelt, zudem sei die Ehe nicht in Ordnung. Ob der wohl wiederkäme, nähme man ihn mit nach Schweden?

Stück für Stück hat das meine Sichtweise geprägt und verändert.

Schließlich kam es richtig heftig, als meine Schwester meinen Bruder in Hamburg zur Silberhochzeit besuchen wollte.

Meine Schwester war geschieden, hatte zwei Kinder, arbeitete in einer Messwarte, bei der im Zuge der Dederon-Produktion der gesamte Herstellungsprozess gesteuert und überwacht wurde. Sie war nicht nur treue Staatsbürgerin, sondern auch Parteimitglied. Zu jener Zeit hatte meine Mutter schon das Rentenalter erreicht. Gemeinsam gingen wir zur Polizei und stellten eine Besuchsantrag für vier Tage in Hamburg. Zwei Tage vor Reisebeginn wollten wir uns die Entscheidung verkünden lassen

Wir kamen in ein Büro, in dem ein Oberleutnant saß oder ein Hauptmann – und der sagte: »Für Ihre Mutter ist die Reise genehmigt. Für Sie und Ihre Schwester ist sie abgelehnt.«

Meine Schwester brach in Tränen aus, draußen vor der Polizei weinte sie noch mehr. Sie war vollkommen verzweifelt, meinte, sie würde aus der Partei austreten.

»Walter kann uns jedes Mal besuchen, wenn er von Berufs wegen hier ist«, schimpfte sie. »Der war schon fünfmal bei mir und weiß, wie meine Wohnung aussieht, und wenn ich nur einmal dorthin möchte …«

Ich ging nochmal zurück und fragte: »Können Sie mir freundlicherweise sagen, warum die Reiseanträge von mir und meiner Schwester abgelehnt worden sind?«

»Zu unserer und Ihrer Sicherheit.«

»Denken Sie, dass uns im Westen jemand wegfängt?«, fragte ich. »Hören Sie! Ich bleibe hier. Aber meine Schwester – die ist in der Partei, die hat zwei Kinder hier. Die kommt garantiert wieder. Sie möchte nur einmal dort gewesen sein. Sie möchte einfach das Gefühl haben, als Genossin respektvoll behandelt zu werden. Ich bürge für sie.«

»Da kann ich Ihnen nicht helfen«, entgegnete er.

»Gut«, sagte ich. »Dann fahre ich jetzt zur Bezirksleitung nach Cottbus und hinterfrage das in der zuständigen Abteilung.«

Als ich dort ankam, wusste der Pförtner schon Bescheid. Ich wurde von einer Majorin des Inneren in Zivil empfangen. Eine nette, freundliche, bisschen kleine, üppige Frau, der ich das Problem kurz schilderte.

Sie hörte sich das an und sagte zu mir, in einer Stunde käme sie wieder, um mir eine Antwort zu geben. Das tat sie dann auch und verkündete:

»Der Reise für Ihre Schwester wird nicht stattgegeben.«

»Gut, dann fahre ich jetzt zum Staatsrat nach Berlin«, entgegnete ich verärgert.

»Das würde ich an Ihrer Stelle nicht machen. Die Silberhochzeit ist in zwei Tagen. In dieser Zeit wird man Ihr Anliegen in Berlin nicht bearbeitet haben. Danach gibt es keinen triftigen Grund mehr, warum Sie in die Bundesrepublik reisen sollten. Sie erzeugen mit Ihrem Antrag nur böses Blut. Ich kann es Ihnen nur so raten, wie ich es jetzt gerade gesagt habe.«

Als ich zur Tür raus war, dachte ich: ›Peter, jetzt haust du in den Westen ab.‹

Das war mein Schlüsselerlebnis. Das führte zu meinem inneren Umschwung. Ich fühlte mich wie ein Mensch zweiter Klasse, über den andere bestimmen konnten, wo er hinreisen durfte und wo nicht. Mit diesem Misstrauen, dieser Gängelei zog sich dieser Staat Gegner heran, die vorher gar keine waren.

Ich hatte die DDR in der zehnten Klasse und in der Lehre richtiggehend verteidigt. Natürlich hatte es schon damals kleine Vorfälle gegeben, die erschütterten, allerdings nicht meine grundlegend positive Sicht auf das System. Zum Beispiel die Sache mit der West-Jeans.

Ich hatte von meinem Bruder eine Lee geschickt bekommen, mit der ich am nächsten Tag – natürlich stolz – in die Berufsschule ging. In der offiziellen DDR herrschte jedoch die Meinung vor, dass alle Westartikel den Aufbau des Sozialismus störten. Ob eine Schallplatte, eine Zeitung oder eben eine Jeans – der Staat schritt dagegen ein. Also mahnte mich der Lehrer in der ersten Pause: »Peter, du gehst jetzt nach Hause und ziehst dir eine andere Hose an.«

Ich ging heim, schilderte die Angelegenheit meiner Mutter – und die meinte: »Du behältst die Hose an und ich komme mit dir in die Schule.«

Beim Direktor redete sie Klartext: »Passen Sie auf! Ich arbeite in Schicht und ich verdiene nicht so viel. Ich bin dankbar dafür, dass mein großer Sohn Walter aus dem Westen meinem kleineren Sohn Peter aus dem Osten eine ordentliche Hose gekauft hat. So geht das nicht: Unsere Spinnmaschinen werden mit Westöl von Shell geschmiert, und meinem Sohn wollen Sie das Tragen einer West-Jeans verbieten?«

Seitens der Schule hieß es dann: »Wir sehen darüber hinweg«, und ich durfte dort weiter die Hosc tragen.

Solche Dinge führten auf den ersten Blick nicht dazu, sich gegen die DDR zu stellen. Aber es war die Summe dieser kleinen Ereignisse, die unterschwellig dazu beitrug, dass man die Nase voll hatte. Man traf immer wieder auf diese Büttel in der zweiten Ebene, die im vorauseilenden Gehorsam den Leuten das Leben schwer machten.

Sie arbeiten nicht?

Bei der DEFA war ich nur vier Jahre. Mehr als sieben oder acht Filme habe ich nicht gemacht. Dafür war man aber immer recht lange für eine Produktion verpflichtet. Neben »Till Eulenspiegel« und dem Bauernkrieg-Epos erinnere ich mich an »Unterm Birnbaum« von 1973, »Mord im Märkischen Viertel« von 1974/1975 und den Indianerfilm »Blutsbrüder« mit Gojko Mitic und Dean Reed, der 1975 in den Kinos lief. Aber da war ich schon im Knast.

Autostunts, wie sie in den Westfilmen Usus waren, gab es bei der DEFA nicht. Das hätte das Volk, das acht oder zehn Jahre auf einen Trabi warten musste, nicht verstanden. In der DDR gingen die Leute vom Film in eine Werkstatt und suchten nach einem Wagen, der entsprechend der zu drehenden Szene einen schweren Unfallschaden hatte. Dann wurde das gleiche, intakte Modell in der identischen Farbe besorgt, mit dem man alle Voreinstellungen und das Ausweichmanöver auf Zelluloid bannte. Da durften im Maximalfall ein wenig die Reifen quietschen. Die Pyrotechniker machten noch ein wenig Rauch im Motorraum. Im Umschnitt sah man dann das Unfallauto mit qualmendem Motor am Baum stehen. Die Crash-Geräusche wurden später im Studio drübergelegt. Beim Dreh sollte jedenfalls mit dem intakten Fahrzeug kein Risiko eingegangen werden.

Wir lebten deshalb bei der DEFA überwiegend vom historischen Film, von der Reiterei, von Pferde- und Treppenstürzen, von Schlägereien.

Trotzdem verdienten wir im Verhältnis zum Normalbürger immens viel Geld, hatten zudem vergleichsweise weitaus mehr Freizeit. Vielleicht bin ich deshalb ins Blickfeld der Behörden geraten. Denn der Staat war immer auf der Suche nach »Assis« – Menschen, die einen sogenannten asozialen Lebenswandel hatten, sprich keinem sauber geregelten Arbeitsalltag nachgingen. Mein

Ticket als Freiberufler hatte ich damals noch nicht, als eines Tages früh um halb acht zwei Herrn von der Stasi in meiner Tür in Stahnsdorf standen.

»Ach«, meinte einer der Herren. »Sie arbeiten nicht?«

»Richtig«, entgegnete ich. »Der nächste Film geht erst in circa drei Wochen los.«

»Aha, und wovon leben Sie?«

»Da können Sie sich gern bei der DEFA erkundigen, dort sind meine Gagenscheine vollständig vorhanden.«

Ich griff hinter den Kranzaufsatz meines Gründerschranks und holte zwei Rollen mit Geldscheinen hervor.

»Das sind 15 000 Mark«, sagte ich. »Langt das für drei Wochen zum Leben? Denn dann verdiene ich wieder Geld.«

»Ähm, ja – das langt wohl.«

Mit einem »Schönen Tag noch« verschwanden die beiden wieder. Allerdings musste ich mir für mein Geld ein neues Versteck suchen und habe die Scheine unten im Erdgeschoss in meiner kleinen Dusche eingebaut.

Wir mieden damals alle die Bank. Willi hatte sein Geld im Pferdestall in Teltow und legte immer 5 000 Mark unters Telefon, um jederzeit flüssig zu sein. Er verdiente bestens. Allein mit seinen Pferden.

Für jedes Tier, das er mit Sattel zur Verfügung stellte, gab es pro Tag 75 Mark von der DEFA. Und wenn er mal eben 20 Pferde im Einsatz hatte, brachte das an einem Drehtag 1 500 Mark. Sobald ein Pferd aus dem Stall ging, wurde es bezahlt, und das durchaus auch mal drei Monate am Stück.

Während viele gutverdienende Schauspieler dem »künstlerischen« Schlapperlook frönten, trug Willi zur Jeans maßgeschneiderte Hemden, die Schuhe waren aus dem Exquisit. Er legte Wert auf einen Stil, der westlich wirkte. Zudem besaß er dieses schicke Haus, heute würde man es als Anwesen bezeichnen. Und er liebte

Meißener Porzellan. Er hatte das Geld und die Beziehungen, es unter der Hand günstiger einzukaufen. Selbst auf die Gartenpfosten stellte er Übertöpfe aus Meißener Porzellan – was allerdings gehörig in die Hose ging. Denn die Jungs aus der Nachbarschaft haben mit Steinen darauf Zielwerfen gemacht.

Mit einem Schweißbrenner

Mit Willi habe ich mich mehrfach darüber unterhalten, was dafür spräche, in den Westen zu gehen. Ihm ging es zwar gut, aber auch er hatte schon während ein paar Wochen U-Haft unschöne Bekanntschaft mit der DDR-Politik gemacht. Beständig genervt war er darüber hinaus von der Verlogenheit des Systems. Auf der einen Seite waren seine Pferde für die DEFA unentbehrlich, auf der anderen durfte er sie aber nicht legal als seinen Besitz führen. Hinzu kam Willis Freundin Beate – genannt Berta –, die mit uns auf gleicher Linie lag. Wir redeten viel über eine mögliche Flucht und dachten über Wege nach, auf denen man verschwinden könnte.

Willi hatte eine erste konstruktive Idee. Er wusste, dass sich ein großer Kanalisationsstrang von den Wiesen bei seinem Pferdestall bis zum Teltowkanal zog, und kannte den Einstieg, den man im Zuge des Mauerbaus 1961 mit einem großen Haufen Steinen zugeschüttet hatte. Inzwischen war daraus ein großer Erdhügel geworden, auf dem Büsche wuchsen. Um uns den mal ein wenig genauer anzuschauen, setzten wir uns für einen Ausritt auf unsere Pferde und legten ausgerechnet dort in den Büschen eine Pause ein.

Tagsüber drehten wir sozialistischen Film, und bei Einbruch der Dunkelheit marschierten wir mit Spitzhacke, Schaufel und Taschenlampen bewaffnet zum Hügel. Wir mussten keine große Sorge haben, dass uns jemand begegnete. Die Umgebung bestand aus weiten, flachen Wiesen, die von keinem romantischen Spazierweg gekreuzt wurden. Und außerdem hockte der brave DDR-Bürger nach getanem Tageswerk vor der Glotze.

Wir legten ein Loch für den Einstieg frei, sodass man einigermaßen bequem hineinklettern konnte. Es war einfacher als gedacht. Die Röhre, die ursprünglich zur Entwässerung der Feuchtwiesen gedient hatte, maß im Durchmesser ungefähr 1,60 Meter, und es lag gar nicht so viel Geröll vor der Öffnung. In der Mitte floss nur ein Rinnsal sauberes Wiesenwasser. Besser ging es kaum.

Wir packten zusammen und machten uns auf den Rückweg, die Lage zu besprechen. Erneut begegnete uns niemand. Trotzdem warteten wir gut eine Woche, um zu sehen, ob unsere Erkundungstour jemandem aufgefallen sein könnte. Aber nichts geschah. Wer sollte sich auch für einen Erdhügel auf sauren, feuchten Wiesen interessieren.

Es wurde also Zeit, Nägel mit Köpfen zu machen. Ich zog mir alte Klamotten an, und Willi fuhr mich in den Stall nach Teltow. Von dort aus lief ich allein los. Am Mann hatte ich lediglich eine Taschenlampe. Alles ging ohne Probleme. Trotzdem stieg meine innere Anspannung. Ich lauschte und versuchte mit meinen Blicken die Nacht zu durchdringen. Vorsicht war das oberste Gebot.

Ich stieg in die Röhre. Nun musste ich mich gebückt fortbewegen, was nach ein, zwei Kilometern leicht anstrengend wurde. Allmählich nahmen die Verkehrsgeräusche zu, die zu mir herunterdrangen – ein Zeichen, dass ich mich dem Stadtgebiet von Teltow näherte. Dann tauchten die ersten relativ hoch angebrachten Zuläufe auf, aus denen manchmal ein Schwall Abwasser herangerauscht kam. Gott sei Dank war das immer schon ziemlich zeitig zu hören, was mir die Möglichkeit gab, auszuweichen. Abgeduscht zu werden, wäre ziemlich ekelhaft gewesen.

Als ich den ersten Abzweig erreichte, war mir natürlich nicht klar, wohin ich abbiegen musste. Ich wusste von Willi nur, dass eine der Röhren direkt am Teltowkanal herauskam. Diesen Ausgang hatten wir aus dem Fenster von Andreas Albrechts Wohnung einsehen können, der damals unmittelbar am Grenzstreifen lebte – und der sich uns übrigens anschließen wollte. Jedenfalls galt es, dieses Röhrenende zu finden. Ich kehrte um und ging zum Stall, wo mich Willi in Empfang nahm.

In Stahnsdorf setzten wir uns bei Wodka mit Orangensaft zusammen und präzisierten anhand meines Berichts unseren Plan zur Suche des geeigneten Weges. Da die Gullideckel in Grenznähe – also Berlin, Potsdam, Teltow – mit heißem Asphalt »zugeschweißt« waren, gab es von unten keine Orientierung nach draußen. Ich konnte also nie wirklich sagen, ob ich mich in die von uns angestrebte Richtung bewegte. Diesem Umstand begegneten wir bei der nächsten nächtlichen Tour, indem ich jeweils Geldstücke durch die Gullischlitze auf die Deckel schob. Willi fuhr mit seinem Schiguli die Strecke ab und suchte nach den von mir hinterlassenen Spuren. Als ich nach zwei bis drei Stunden zurückkehrte, gab es eine Enttäuschung: Ich war nach Schönefeld und nicht Richtung Grenze unterwegs gewesen. Also Richtungsänderung.

Eines Nachts, ich musste schon ziemlich nahe am Teltowkanal sein – ragte plötzlich ein Kabel aus dem Wasser. Das war an der Spitze gerändert und wirkte wie ein Mikrofon. In Panik zog ich mich erst einmal zurück. Dann beobachteten wir 14 Tage nur die Lage – nichts tat sich. Beim nächsten Gang tastete ich mich ganz vorsichtig heran und zog an dem Kabel. Wie sich herausstellte, war es nur eine halb zugeschwemmte Tachowelle. Die mit Sand gefüllte Überwurfmutter hatte mich irritiert. Meine Reaktion zeigte aber auch die Anspannung, unter der ich stand: Ich hatte es immerhin für möglich gehalten, dass von Grenzern der DDR dort unten doch tatsächlich ein Mikrofon installiert worden war.

Schließlich gelang es mir irgendwann, bis unter den Grenzstreifen zu kommen, wo die Hauptröhre mit Eisenbahnschienen blockert war. Dahinter gab es eine Art Klärgrube. Zwischen den einzelnen Stahlträgern blieben jeweils nur kleine Spalten, die das Wasser durchließen, ansonsten stellte die Barriere eine undurchdringliche Wand dar.

Ich leuchtete die Konstruktion mit meiner Taschenlampe an und sprang erschrocken zurück, weil ich mitbekam, dass der Lichtschein bis auf den Teltowkanal hinausgedrungen war. Unweit des Röhrenausgangs befand sich auf der linken Seite nämlich ein Wachturm, von dem das Licht sicher sofort bemerkt worden wäre, hätte der Grenzer genau in jenem Moment in die entsprechende Richtung geschaut.

Diese Konstruktion hätte uns eigentlich entmutigen müssen, denn am anderen Ende der Klärgrube gab es die Sperre aus vermauerten Eisenbahnschienen noch ein weiteres Mal.

Aber wir hatten einen unbedingten Willen: Wir kauften in den darauffolgenden Tagen Sägeblätter, besorgten uns ein Stück einer Eisenbahnschiene und veranstalteten ein Probesägen. Es erwies sich als schwierig. Außerdem kam man in der Röhre mit der Hand nicht zwischen die einzelnen Stahlträger, so dass wir die Säge nicht am Bügel hätten führen können.

»Wollen wir mit einem Schweißbrenner runter?«, überlegte Willi.

»Das wird nicht funktionieren, weil direkt über dem Teil der Röhre die Grenzer mit den Hunden patrouillieren«, meinte ich.

Zerschlagen sollte sich unser Vorhaben aber erst an jenem Tag, als ich mit Willi wieder einmal in der Nähe des von uns ausgewählten Grenzabschnitts unterwegs war, um Luzerne zu holen. Willi hatte dort ein kleines Feld mit dieser Futterpflanze angelegt und fuhr von Zeit zu Zeit hinaus, um sich für die Pferde mit einem gewissen Vorrat einzudecken. Als wir mal wieder beim Ernten waren, gab es plötzlich eine Explosion, und im Grenzbereich dröhnte die Alarmanlage. Wir rannten sofort in die Wohnung von Andreas Albrecht, stürzten zum Dachfenster und konnten noch sehen, wie ein Grenzer durch eine Stahltür über eine Leiter aus der Klärgrube kletterte. Dabei hielt er an spitzen Fingern eine halb zerfetzte Ratte am Schwanz.

Die Grenzer mussten demnach in diesem letzten Stück der Röhre eine Selbstschusseinrichtung installiert haben, die von der Ratte ausgelöst worden war. Damit legten wir dieses Projekt ein für alle Mal ad acta.

Da steht nämlich ›Sexy‹ drauf

Willi hatte angefangen, seine Pferde zu tauschen. Für die zwar guten, aber doch einigermaßen preiswerten Filmpferde, die er im Bestand hatte, kaufte er hochkarätige und teure Zuchttiere. Das waren sogenannte Passer, die dem Vierbeiner aus dem Stall zum Verwechseln ähnlich sahen. Die »Preiswerten« stieß er ohne Papiere ab, um diese wiederum für die Zuchtpferde zu verwenden. So verteuerte er seinen Pferdebestand um ein Vielfaches.

Zu jenem Zeitpunkt stand bei uns mittlerweile ein gewaltsamer Grenzdurchbruch auf dem Zettel, denn anders hätte Willi die Pferde nie rüber bekommen. Die ausgewählten Tiere sollten unseren Plänen zufolge auf einen Lkw verladen werden, mit dem er durch die Grenzkontrolle donnern wollte.

Da dies aber nicht ohne Weiteres möglich war, legten wir fest, dass ich zuerst abhauen sollte, um dann von westlicher Seite aus eine geeignete Stelle für einen gewaltsamen Durchbruch auszukundschaften. Es existierten ja bekanntlich Abschnitte, die weniger massiv ausgebaut waren, wo es keine Gräben, keine Mauer oder Panzersperren gab und Posten seltener patrouillierten. Die Aussicht, eine Stute, die in der DDR 40000 Mark gekostet hatte, drüben für 40000 Westmark zu verkaufen, regte unsere Fantasie mächtig an. Das ging so weit, dass ich mir vorstellen konnte, Willi bei seinem Grenzdurchbruch mit einer Kalaschnikow von der Westseite aus Feuerschutz zu geben. Natürlich war das hirnrissig – aber wir waren beim Film, und im Film funktionierte ja bekanntlich alles.

Willi Zander forcierte die Vorbereitungen der Flucht und kaufte über unseren Freund Armin Jäger, der im Kunsthandel tätig war, jede Menge wertvoller Antiquitäten: darunter Kupferstiche, alte Bibeln und originale Duellpistolen. Gleichzeitig verabredete er mit seinem Neffen, der in der Dynastie des Lebensmittelherstellers Kühne eine Rolle spielte und öfter zwischen der Bundesrepublik und Westberlin unterwegs war, eine kodierte Nachricht, mit der sich beide darüber verständigten, wann der Neffe denn mal wieder die Transitstrecke benutzte.

War es so weit, postierten wir uns an einem Rastplatz bei Burg in der Nähe von Magdeburg und hängten uns mit Willis Schiguli an den dicken Citroen des anderen. Es war immer spät nachts bei wenig Autobahnverkehr. Hatten wir keine Scheinwerfer hinter uns, fuhren wir zu Willis Neffen auf, und ich bugsierte die Gegenstände von der Beifahrerseite aus hinüber durch das heruntergekurbelte hintere Fenster auf die Rückbank. Dabei ist nie etwas kaputt gegangen, da Willi und Berta alles unwahrscheinlich gut verpackt hatten. Selbst Porzellan hielt diese Würfe stand. Das klingt im Nachhinein riskanter als es war, denn Willi musste lediglich einen Abstand von rund 50 Zentimetern zum anderen Auto einhalten. Wir hätten nie die Möglichkeit gehabt, uns mal eben auf die Schnelle auf einem abgelegenen Parkplatz zu treffen, denn die wurden alle kontrolliert.

Ich erlebte dieses einmal, als ich gegen Abend mit meinem Wolga nach Magdeburg wollte und auf dem Parkplatz Michendorf anhielt. Neben mir stoppte plötzlich ein Truck.

»Tschuldigung Meister, haben Sie zufällig ›Auto Motor und Sport‹ oder den ›Stern‹ dabei?«, fragte ich den Fahrer, als dieser aus seiner Kabine kletterte.

»Nee, habe ich nicht«, entgegnete er. »Aber ›Sexy‹ kannst du von mir haben.«

Er reichte mir drei »Sexy« heraus – pro Heft wohl 60 West-Pfennige. Ich klemmte sie unter die Sonnenblende und lud den Mann zum Abendbrot ein. Kostete in der DDR ja so gut wie nichts. Wir quatschten noch ein bisschen, wünschten uns auf dem Parkplatz »Guten Weg« und ich fuhr weiter.

Bei der nächsten Ausfahrt hatte ich vor, neben und hinter mir jeweils einen Wagen kleben, wurde von der Autobahn abgedrängt und zum Halten gezwungen. Sofort standen zwei Polizisten an meiner Tür. »Ihren Ausweis und Ihre Fahrzeugpapiere bitte«, forderte einer von ihnen. Und während er sich meine Papiere anschaute, meinte er: »Sie haben eben auf dem Parkplatz in Michendorf nicht lizensierte Zeitschriften übernommen. Sie folgen dem Fahrzeug vor Ihnen.«

Wir fuhren zum Hauptzollamt nach Potsdam, wo sie mich von 20 Uhr bis morgens um halb drei verhörten. Als sie mir das Protokoll vorlegten, stand da unter anderem, ich hätte mir »pornografische Schriften« aushändigen lassen.

»Nein, das unterschreibe ich nicht«, sagte ich. »Sie haben sich die Zeitungen gar nicht richtig angeschaut. Da steht eindeutig ›Sexy‹ drauf und nicht ›Porny‹.«

Mir war eine Episode von Erdöl in den Sinn gekommen, wo einer meiner Kollegen mit Schwarzweißfotos gehandelt hatte, auf denen Frauen und Männer in sehr anzüglichen Posen zu sehen gewesen waren. Dafür hatten sie ihn gut ein Jahr verknackt.

Nach einem längeren Hin und Her wurde »pornografische Schriften« in »Sex-Zeitschriften« umgeändert, worauf ich das Protokoll unterschrieb. Zusätzlich verpassten sie mir noch eine Strafe von 300 Mark – und dann war ich wieder entlassen.

Da vorne ist ein Tunnel

Während ich noch bei Erdöl war, gab es den von mir bereits erwähnten Arbeitszyklus: 14 Tage auf der Anlage, sechs Tage frei. Als ich mal wieder zu Hause in Guben war und nach der letzten Nachtschicht gerade ausgeschlafen hatte, traf ein Telegramm ein. Darin wurde ich gebeten, sofort wieder zurückzukommen, um für einen anderen Schichtführer einzuspringen, dessen Bruder bei einem schweren Unfall ums Leben gekommen sei. Damals waren wir auf einer Anlage bei Salzwedel eingesetzt.

Ich habe nicht lange gezögert, meine Sachen gepackt, mich von einem Nachbarn zum Bahnhof fahren lassen und einen Zug nach Frankfurt / Oder genommen. Dort stieg ich aus und mir war schnell klar, dass ich es auf der Schiene unter keinen Umständen noch bis abends um zehn in den Raum Salzwedel schaffen würde. Von Frankfurt aus hätte ich hinein nach Berlin gemusst, dort wäre ich mit der S-Bahn wieder rausgefahren, um dann auf einem der nächstgelegenen Bahnhöfe einen Fernzug zu erreichen.

Ich entschied mich zu trampen – und hatte Glück, als mich ein junges Pärchen aus der Bundesrepublik mitnahm, das mit einem R4 aus Polen eingereist war und schnell weiter in den Westen wollte. Ruckzuck war ich gegen 17 Uhr an der Raststätte »Magdeburger Börde«, wo ich die beiden zum Essen einlud.

Um Richtung Salzwedel zu kommen, musste ich bis zur nächsten Ausfahrt nun wieder rund fünf Kilometer zurück. Den Weg wollte ich aber nicht zu Fuß absolvieren, sondern ebenfalls trampen, weshalb ich auf die andere Seite der Autobahn kommen musste.

Vielleicht hätte ich einfach hinüberrennen sollen, aber irgendetwas ritt mich und ich fragte einen Polizisten, wie ich denn am einfachsten die Seiten wechseln könnte.

Da stand ich so vor ihm, mit einer Reisetasche in der Hand – und befand mich auf jener Seite der Autobahn, die in Richtung

Sperrgebiet führte. Erwartungsfroh schaute ich dem Mann in Uniform ins Gesicht.

»Sie wissen nicht, wie Sie auf die andere Seite kommen?«, fragte mich der Polizist spitzzüngig.

»Nein«, antwortete ich.

»Zeigen Sie mir mal Ihren Personalausweis!«

Er schaute sich das Dokument an und sagte: »Den holen Sie sich da drüben in dem Gebäude wieder ab!« Dabei wies er auf eine Baracke auf der anderen Seite der Autobahn.

»Das ist ja in Ordnung«, sagte ich. »Jetzt weiß ich aber immer noch nicht, wie ich da rüberkomme.«

»Ach so? Da vorne ist ein Tunnel. Wenn Sie hier um die Ecke gehen, können Sie eine Unterführung nutzen und gelangen auf die andere Seite.«

In der Baracke angekommen, sagte ich dann: »Guten Tag. Ich habe nach dem Weg gefragt, und da wurde mir von einem Ihrer Kollegen der Personalausweis abgenommen, den ich mir jetzt hier wieder abholen möchte.«

»Ja, dann kommen Sie mal mit.«

Man hielt mir eine Tür auf – und ließ sie hinter mir ins Schloss fallen. Eine Klinke, um wieder hinauszugelangen, fehlte. Ich befand mich in einen kahlen Raum mit vergitterten Fenstern. Dort saß ich eine Stunde … und dann saß ich noch eine Stunde, bevor ich mich schließlich aufraffte, um zu klopfen.

»Fragt mich mal jemand was?«, sagte ich, als die Tür geöffnet wurde und sich ein Polizist zeigte. »Oder kann ich mal einen Kaffee bekommen?«

Gefragt wurde ich nichts, erhielt aber erst einmal einen Kaffee. Ich musste weiter warten. Draußen auf dem Flur gab es irgendwelche Auseinandersetzungen zwischen dem Zoll und ein paar Westdeutschen – bis dann gegen 21 Uhr ein Offizier zu mir kam. Der sagte ohne Übergang: »Sie haben frei. Die nächsten Tage haben Sie nicht zu arbeiten. Also: Was machen Sie hier?«

»Sehen Sie, das hätten Sie mich schon vor vier Stunden fragen können«, erwiderte ich. »Hier ist ein Telegramm. Dazu gibt es auch eine Telefonnummer. Und bei der rufen Sie jetzt bitte an. Danach werden Sie feststellen, dass es mit mir alles seine Richtigkeit hat.«

Daraufhin telefonierte der Offizier mit unserer Bohranlage und kam nach gut 20 Minuten zurück.

»Ja, Sie können gehen«, sagte er.

»Und?«, fragte ich.

»Was heißt ›und‹?«

»Sie könnten sich vielleicht entschuldigen. Ich gehöre zur arbeitenden Bevölkerung. Ich reiße mir den Arsch auf, setze obendrein sechs freie Tage in den Sand und Sie sperren mich hier ein und haben es nicht einmal nötig, mich zu fragen?«

Der Polizeioffizier schaute mich verdutzt an.

»Ich fahre jetzt jedenfalls nicht auf die Bohranlage«, sagte ich weiter. »Und jede Stunde, die sie steht, kostet 12 000 Mark. Ich gehe jetzt wieder auf die andere Seite der Autobahn, bestelle mir was Schönes zu essen, haue mir drei Kognak rein, lasse mir ein Taxi rufen und fahre wieder nach Hause.«

Ich schnappte mir meine Reisetasche, ging hinüber, setzte mich ins Restaurant und ließ mir einen Kaffee kommen. Dann trank ich meinen ersten Kognak. Als ich mir den zweiten bringen lassen wollte, meinte die Kellnerin, sie dürfe mich nicht weiter bedienen.

»Warum nicht?«, fragte ich.

»Die Herren dort in der Tür …«

Einer der beiden kam zu mir an den Tisch und sagte: »Wir haben für Sie unten einen Polizeiwagen stehen, der Sie auf die Bohranlage fährt.«

»Auch wenn Sie von der Stasi sind – aber die Nummer läuft nicht«, sagte ich. »Ich bleibe jetzt hier sitzen und lasse mir ein Taxi kommen.«

Der Mann schwieg und ging dann weg. Ich bestellte mir den zweiten Kognak – nichts. Ich versuchte, mir ein Taxi zu ordern – nichts. Zehn Minuten später kam wieder ein Herr an meinen Tisch, der sehr versöhnliche Töne anschlug. »Kommen Sie freundlicherweise mit, ich möchte mich nämlich entschuldigen. Ich habe mit Ihren Kollegen telefoniert, die warten auf Sie. Wenn Sie nicht da sind, bewegt sich nichts auf der Bohranlage.«

Gegen Mitternacht kam ich auf der Anlage an. Als ich mit dem Polizei-Moskwitsch auf den Vorplatz gefahren wurde, empfing mich ein Gejohle, als würde ein Fest gefeiert.

Eine merkwürdige Geschichte. Ich weiß. Aber sie sagt so viel über das System in der DDR, wie es ganze Bücher manchmal nicht können. So bedrohlich die Ignoranz der Polizei auf der einen Seite wirkt, so witzig ist das schon fast skurrile Ende der Begebenheit. Beides sagt viel über einen starren Apparat, dessen Vertreter darauf geeicht waren, Situationen in bestimmte Raster einzuordnen und diese dann nach einem einstudierten Protokoll abzuarbeiten. Verhielt man sich ungewöhnlich, reagierte also nicht dem Protokoll entsprechend, gerieten die Gesetzeshüter aus dem Konzept. So etwas konnte natürlich schiefgehen und die Herausgeforderten zu einem härteren Durchgreifen bewegen, nicht selten endeten derartige »Konflikte« allerdings geradezu aberwitzig.

In drei Stunden bin ich wieder da

Willi hatte ein Boot. Natürlich spielte das bei unseren Fluchtüberlegungen durchaus eine Rolle. Wie schaffen wir den Kahn bis an die Ostsee? Wo könnte man es wagen, auf dem Wasser nach drüben zu kommen? Diese Gedankenspiele verfolgten wir jedoch nur bis zu einer Drehortbesprechung in Boltenhagen. Als wir am Abend an den Strand gingen, waren die Lichter von Lübeck fast zum Greifen nah. Aber im Ufersand gab es Auffahrrampen. Auf denen standen jeweils Panzerspähwagen mit aufmontierten Suchscheinwerfern, die sich beständig hin und her bewegten und die Wasserfläche absuchten. Es war gespenstisch. Am Ende verwarfen wir auch diese Variante als viel zu riskant. Schließlich blieben wir bei der Transitstrecke hängen und heckten einen Plan aus, bei dem die Flucht mit einem Lkw gelingen sollte.

Ich wollte demnach auf dem unbeleuchteten Parkplatz einen Truck entern, hinten hinaufklettern, oben an der Naht die Plane auftrennen, mich am Spriegel mit drei Gurten festschnallen und von innen die Naht dann wieder vernähen. Hineingeschaut wurde von den Grenzern in der Regel nicht, da die Ladeflächen verplombt waren. Um womöglich eingesetzte Spürhunde von mir abzulenken, die an der Grenze oft um die Lkw geführt wurden, hatte ich mich mit einer Plasteflasche voll Diesel ausgestattet. Zu meiner Ausstattung gehörten zudem ein scharfes Messer, gebogene Schusternadeln, eine Stirnlampe und sehr widerstandsfähiger Schusterzwirn in Gelb, Schwarz, Weiß und Blau – das waren die geläufigsten Planenfarben.

Willi fuhr mich bereits tagsüber zu einem Parkplatz zwischen Magdeburg und Potsdam, wo ich mich nach der Ankunft gleich in ein Gebüsch verkroch. Dort wartete ich, bis es dunkel wurde, und beschäftigte mich lediglich damit, ab und an die Umgebung zu beobachten. Als es schummrig geworden war, kam auch prompt ein Lkw.

Ungefähr eine halbe Stunde harrte ich noch aus, um dem Fahrer genügend Zeit zu geben, seine Koje zurechtzumachen und einzuschlafen. Dann war es so weit. Ich kroch aus meinem Versteck hervor, schlich geduckt in Richtung Lkw, als ich gewahr wurde, wie ein Polizeiwagen von der Gegenfahrbahn über den Mittelstreifen herüberkam und direkt auf den von mir angesteuerten Truck zufuhr. Ich machte sofort kehrt und konnte mich noch geradeso mit einem Hechtsprung ins Gebüsch davor retten, in den Scheinwerferkegel des Polizeiautos zu geraten.

Die Beamten klopften energisch an die Tür der Lkw-Kabine, forderten den schlaftrunkenen Fahrer auf, den Parkplatz zu verlassen und weiterzufahren. Der murrte zwar, kam der Anordnung aber nach.

Wenig später bog ein Laster auf der gegenüberliegenden Parkplatzseite ein. Dafür musste ich die Autobahn überqueren. Erneut schlug ich mich in ein Gebüsch und wartete.

Dass DDR-Polizisten die West-Trucks von den Parkplätzen vertrieben, war nichts Ungewöhnliches. Die Fahrzeuge sollten einfach nicht zu lange an einer Stelle ausharren. Für mein Vorhaben stellte der Eingriff der Polizei zwar eine Verzögerung dar, abblasen musste ich das Ganze deshalb aber nicht. Auch spielte es keine Rolle, in welche Richtung ich auf einen Lkw stieg, denn beide Seiten endeten im »Westen«. Hier die Bundesrepublik Deutschland, dort West-Berlin.

Der zweite Laster war mit Kies beladen. Ebenfalls verplombt.

Ich kletterte also auf die Ladefläche, als die Federung mit einem lauten Zischton Luft abließ und ein heftiger Ruck durch das gesamte Fahrzeug ging. So schwer war ich eigentlich gar nicht, trotzdem reagierte die Hydraulik und machte wegen meines Aufstiegs einen Höllenlärm.

Der Fahrer reagierte natürlich auch, öffnete die Tür, klammerte sich ans Kabinendach und leuchtete mit einer Taschenlampe auf die Ladefläche.

»Mach das Licht aus!«, zischelte ich. »Ich komme rein.«

Er löschte die Lampe, schwang sich zurück in die Kabine und ich stieg auf der Beifahrerseite ein.

»Tschuldigung«, sagte ich. »Ich wollte bei dir als blinder Passagier mitfahren.«

Ich schilderte ihm meinen Plan mit allen Details der Ausführung.

»Mann, hättest doch bei mir an die Tür klopfen können«, brummte der Kraftfahrer.

»Wenn du mich mitnimmst, kann ich dir unmittelbar nach unserer Ankunft schon mal 4000 D-Mark geben, denn mein Bruder ist ein gutsituierter Chefmonteur im Westen«, sagte ich. »Der borgt mir das Geld.«

Das gefiel dem Mann und er bot mir an, mich bei seiner Rücktour aufzuladen. Dabei sollte ich mich in einen schmalen Freiraum zwischen Sattelträger und Kipperauflieger schieben.

»In drei Stunden bin ich wieder hier«, sagte er. »Ich muss in Berlin abladen und soll sofort zurück. Dann kannst du mitfahren.«

Da ich ausrüstungstechnisch komplett abspecken musste, ließ ich mich von dem Laster bis Potsdam kutschieren, wo ich zügig Willi aufsuchte.

»Du musst mich noch einmal zu dem Parkplatz fahren«, sagte ich ihm. Berta geriet in Panik und wollte unbedingt mit. Sie fürchtete, wir zwei würden abhauen und sie im Osten sitzen lassen.

Wir rasten mit dem Schiguli zurück auf den Parkplatz, wo wir dann lediglich 20 Minuten warten mussten, bis der Kieskipper auftauchte. Noch im Fahren ließ er die Ladefläche nach oben – und ich musste erschüttert feststellen, dass in den in Aussicht gestellten Zwischenraum nicht einmal Berta mit ihren 1,60 Meter gepasst hätte.

»Vergiss es«, rief ich dem Fahrer zu. »Roll einfach weiter, eh noch jemand kommt.«

Mann gegen Mann

Während wir abends und nachts über Möglichkeiten grübelten, wie wir in den Westen kommen könnten, uns durch Kanalisationsröhren schlugen oder auf Lkw-Planen herumkletterten, drehte ich tagsüber mit der DEFA einen Kriegsheimkehrerfilm. Der hieß »Mann gegen Mann«. Regie führte Kurt Maetzig, die Hauptrollen spielten Regimantas Adomaitis, Klaus-Peter Thiele und Karin Schröder. Regimantas war ein damals gutaussehender sowjetischer Schauspieler litauischer Herkunft.

In dem Streifen hatte ich zahlreiche Double-Geschichten, unter anderem den Kampf mit einem Schäferhund. Es kam zu einem wilden Ringen auf dem Boden. Am Ende siegte der Angegriffene und warf den Vierbeiner so zu Boden, dass dieser sich die Wirbelsäule brach.

Den finalen Wurf, bei dem der Schäferhund starb, besorgte Regimantas Adomaitis in seiner Rolle als Robert Niemann selbst. Dabei verwendete er eine präparierte Hundeattrappe, während für mich, der den Kampf doubeln sollte, ein scharfer, extra für Kampfszenen abgerichteter Hund herangeholt wurde.

In einem Fachgespräch mit Züchtern war festgelegt worden, dass ein Rüde genommen werden sollte, da diese per se springen würden. Ich sollte die Arme hochnehmen, weil der Hund so geeicht worden sei, dass er auf die Handgelenke gehe. Dafür ließ ich mir in der Kostümabteilung massive Ledermanschetten anfertigen, um ein Durchbeißen zu verhindern.

Als die Szene dann gedreht wurde, kam der Hund mit hoher Geschwindigkeit auf mich zu und sprang mich an. Ich erwischte ihn an beiden Seiten des Halses. Das führte dazu, dass ich das Halsfell immer stärker zusammenzog, während der Hund und ich uns auf dem Boden wälzten. Durch die Wucht des Aufpralls hatte ich gar nicht groß etwas spielen müssen: Ich war nach hinten geknallt, den Rüden über mir, dreimal gedreht und ein nach Luft ringendes

Tier in meinen Händen. Ich stand auf, hob den Schäferhund dabei in die Höhe, als würde ich ihn zu Boden schmettern wollen, stellte ihn dann aber einfach auf der Erde ab, weil sich daran im Gegenschnitt die Szene mit Regimantas Adomaitis anschließen würde.

Als ich den Hund losgelassen hatte, drehte der sich vor mir auf einmal wie ein Brummkreisel auf der Stelle, stürzte dann los, 200 Meter hinaus auf den Acker. Dort drehte er sich wieder drei- oder viermal im Kreis und rannte im 90-Grad-Winkel bis zur nächsten Stelle, wo sich das Kreiseln wiederholte.

Ich hörte einen der beiden Hundebetreuer sagen: »Den wieder hinzubekommen, dauert wenigstens zwei Jahre. Vom Verkauf ist der erst einmal ausgeschlossen. Die 4000 Dollar sind im Eimer.« Der Hund war für den Export nach Argentinien vorgesehen gewesen. Das Devisengeschäft hatte sich für die DDR erledigt.

Die Szenen für »Mann gegen Mann« wurden in Waren/Müritz gedreht. Wir wohnten im Schloss Klink. Als nächster Stunt war eine Szene geplant, in welcher der Hauptheld mit Handgranaten fischte und eine davon direkt unter seinem Boot detonierte, sodass der gesamte Kahn hochflog. Zu dieser Aufnahme kam es aber nicht, weil Regimantas Adomaitis einen Drehtermin in der Sowjetunion hatte. Dadurch gab es für mich eine längere Drehpause. In dieser Zeit nahm ich mir einen dreiwöchigen Urlaub, um die nächste Variante der Flucht auszuprobieren – nämlich den Plan, in den bulgarischen Rhodopen nach Griechenland zu gehen.

Nach Pamporowo

Es war Mitte März, als ich 1975 Ski-Urlaub in Bulgarien machen wollte – eine für die Rhodopen gute Zeit, denn zu dieser Jahreszeit herrschte in den von mir auserkorenen Höhenlagen noch tiefster Winter. Das Buchen der Reise ging völlig problemlos vonstatten.

In Berlin zog ich durch die Geschäfte und versuchte durch mein Verhalten den Anschein der Vorbereitungen auf einen Winterurlaub zu erwecken. So wollte ich mir zum Beispiel Skier und passende Klamotten kaufen, um wie ein typischer Tourist wirken zu können. Dummerweise gab es weder Bretter noch gefütterte Anzüge. Daraufhin ging ich zum Reisebüro und erkundigte mich, welche Möglichkeiten es für mich denn noch gäbe, an eine entsprechende Ausrüstung für den Skiurlaub zu kommen.

»Das können Sie dort alles mieten«, sagte mir die Mitarbeiterin.

Drei Monate zuvor hatte ich meinen Bruder Walter kontaktiert, der sich zu dieser Zeit gerade von Berufs wegen in Polen aufhielt. Ich fuhr zu ihm nach Stettin in sein Hotel und erzählte ihm von meinen Plänen, bei passender Gelegenheit nach Bulgarien reisen zu wollen, um dort über die Grenze zu gehen. Wir aßen an jenem Abend zusammen, ich blieb eine Nacht und kehrte dann wieder zurück nach Stahnsdorf. Walter gab mir noch 300 D-Mark mit auf den Weg, damit ich bei einer glücklichen Ankunft in Griechenland ohne Probleme zur bundesdeutschen Botschaft kommen könnte.

Kurz vor meinem Flug in den »Urlaub« war ich noch einmal ins DEFA-Studio gefahren, um mich in der Produktion wegen meiner bevorstehenden Reise abzumelden. Dabei traf ich auf dem Flur Gerd Zimmermann. Der war ebenfalls bei uns geritten, hatte vier Jahre Schauspiel studiert, zwei weitere Jahre Produktion und agierte gerade unmittelbar nach Abschluss der Filmhochschule als Produktionsassistent.

»Ich denke, du drehst?«, begrüßte er mich.

»Eigentlich schon«, entgegnete ich. »Aber der Adomaitis ist aus terminlichen Gründen für ein paar Wochen zurück nach Russland, deshalb habe ich jetzt frei. Und da habe ich mir in Bulgarien einen Skiurlaub gebucht.«

»Aha«, sagte Gerd. »Und wen nimmst du mit? Irgendeine Mieze?«

»Niemanden. Ich denke, in Bulgarien gibt es auch ein paar hübsche Mädchen.«

Er schaute skeptisch und fragte weiter.

»Wo fährst du denn hin?«

»Nach Pamporowo in die Rhodopen.«

Da ging er zur Karte an der Wand, schaute drauf und rief: »Frau Müller, ich mache für heute Feierabend.«

Gerd schnappte sich seine Sachen, hakte mich unter, zog mich zur Tür hinaus und meinte: »Hicki, wenn du allein nach Pamporowo, 30 Kilometer vor der Grenze zu Griechenland, fährst, da kommst du garantiert nicht wieder. Ich habe sechs Jahre studiert, sollte jetzt in Kuba drehen – das haben sie mir gestrichen. Ich soll nämlich zur Fahne. Will aber nicht. Ich komme mit.«

»Spinnst du, Gerd?«

Ich hielt sein Vorhaben für ausgeschlossen, hatte ich mein Visum doch bereits drei Wochen vor Antritt der Reise beantragen müssen.

Aber nicht so Gerd Zimmermann. Der stand am übernächsten Tag mit einem Köfferchen am Flughafen Schönefeld. Er war eben ein fähiger Aufnahmeleiter der DEFA und hatte sich alles Nötige äußerst kurzfristig organisiert. Dabei war bis zu jenem Zeitpunkt von mir nicht ein einziges Mal geäußert worden, dass ich abhauen wollte.

Die 300 D-Mark meines Bruders hatte ich aufgeteilt. Zwei Scheine schob ich mir in einen der Schuhabsätze, den ich abgelöst und dann wieder angeklebt hatte. Der dritte Schein wanderte in meine Gesäßtasche. Im ersten Moment wirkt dieses

»Versteck« wenig originell. Allerdings trug ich nagelneue Jeans, die mir mein Bruder mitgebracht hatte. Die waren so steif und eng, dass man mit der Hand nicht ohne weiteres in die Tasche gekommen wäre.

Als ich im Flughafengebäude durch die Kontrolle ging, beorderte mich plötzlich ein Zollbeamter zur Seite.

»Legen Sie bitte das, was Sie in der linken Brusttasche haben, auf den Tisch, und tun Sie das, was Sie in Ihrer linken Gesäßtasche haben, ebenfalls dazu.«

Ersteres war ein Feuerzeug. Bei der Sache aus der Gesäßtasche ging es um den Geldschein. Der Metallstreifen in dem Hunderter hatte mich verraten.

Jetzt lag da also dieser Hunni.

Sofort folgte eine Tiefenkontrolle. Mein gesamtes Gepäck wurde gefilzt und ich stand nackt in einer Zelle – eine Stunde lang. Der Flieger wartete geduldig auf mich. Eine Stunde lang!

Sie fanden nichts: kein Kartenmaterial, keinen Kompass: Ich hatte nichts dabei, das auf eine geplante Flucht hingedeutet hätte.

»Warum haben Sie keine Skiausrüstung?«, fragte mich ein Zollbeamter.

»Darüber können Sie sich gern erkundigen«, antwortete ich. »Es war alles ausgeräumt in den Läden. Ich war sogar extra noch beim Reisebüro, wo man mir den Tipp gab, alles Notwendige vor Ort auszuleihen.«

Dann war da aber immer noch das Geld, denn sie hatten bei der Durchsuchung noch 2500 Ostmark bei mir gefunden.

»Warum haben Sie dieses viele Geld einstecken?«

»Weil ich dort für die Skiausrüstung pro Tag 15 Mark bezahlen muss«, antwortete ich. »Das ist meine Gesamtration an Taschengeld, die mir bei meiner Pauschalreise pro Tag zur Verfügung steht. Und ich würde im Urlaub vielleicht auch noch ein Glas Wein oder den Eintritt in eine Disco bezahlen können.«

»Und das Westgeld?«

»Damit kann ich mir vielleicht etwas leisten, was ich für bulgarische Leva nicht bekomme. Hier ist es doch auch so. Oder kann ich im Intershop mit der DDR-Mark einkaufen?«

Darauf knurrte er nur irgendetwas.

Die 100 D-Mark wurden beschlagnahmt, die Ostmark konnte ich mitnehmen, wurde aber darauf aufmerksam gemacht, dass ich nur 30 Mark pro Tag ausgeben dürfe. Ansonsten gäbe es eine Geldstrafe wegen Devisenvergehens.

Zu meiner Überraschung wurde ich zu meinem Flieger gebracht. Gerd hatte mir einen Platz freigehalten und schaute mich stirnrunzelnd an, als ich mich zu ihm setzte.

»Mann, die haben den Flieger deinetwegen eine Stunde warten lassen«, knurrte er. »Erzähl mir nachher, was die mit dir angestellt haben!«

Soll ich die beiden umbringen?

Unsere Herberge hatte ich mir anders vorgestellt, denn sie gehörte damals zu den besseren Hotelanlagen. Das Zimmer war langgezogen wie ein Schlauch, die zwei Betten standen an der Wand hintereinander. Gegenüber hatte jeder von uns eine Art Spind. Dazwischen stand ein Tischlein mit zwei Stühlen. Das war's. Wenigstens gab es eine Dusche und eine Toilette. Hätte ich hier wirklich Urlaub machen wollen, wäre eine Beschwerde fällig gewesen.

Die ersten zwei, drei Tage spielte ich Gerd den Junggesellen auf Bulgarienurlaub vor. Wenn mein Vorhaben allerdings gelingen sollte, blieb mir gar nichts weiter übrig, als ihn einzuweihen. Das tat ich dann auch. »Siehste«, sagte er. »Ich wusste es. Mir kannst du doch nichts vormachen.«

Also planten wir ab sofort alles Weitere gemeinsam.

Ich schlug vor, den Grenzübertritt nach circa acht Tagen zu wagen: »Wenn irgendetwas dazwischenkommt und wir den Versuch abbrechen müssen, haben wir immer noch eine Woche Zeit, es ein zweites Mal zu probieren.«

Zuerst mussten wir uns das penetrante Weckritual durch die bulgarische Reiseleitung vom Halse schaffen. In Allerherrgottsfrühe ging jemand von Zimmer zu Zimmer, pochte an die Türen und holte die Urlauber aus den Betten, damit sie das Frühstück nicht verpassten. Natürlich ging es vordergründig darum, zu sehen, ob noch alle da waren und sich nicht jemand über Nacht heimlich, still und leise davongestohlen hatte.

Knapp eine Woche ließen wir uns das gefallen. Dann legten wir unser Veto ein, verwiesen auf unsere nächtlichen Disco-Besuche. Zweimal versuchten sie es noch, dann stellten sie ihre Bemühungen ein. Wir waren ja jeden Morgen da. Und irgendwann kamen sie wohl zu dem Schluss, dass wir immer da sein würden.

Die Objekte unserer Begierde waren Lenkschlitten. Die waren so aufgebaut, dass sich unter dem Sitz ein kurzer fester Ski befand und das Schneebrett vorn mit einer Lenkstange verbunden war. Damit man die Balance halten konnte, bekam man für die Füße zwei weitere, höchstens 60 Zentimeter lange Ski. Und genau um die ging es uns, denn mit diesen Dingern an den Füßen wären wir im Tiefschnee nicht eingesackt. Mit den normalen Abfahrt- oder Langlauf-Skiern war in dem steilen Hoch und Runter des Karstgebirges nichts anzufangen.

Allerdings hatten sie in der gesamten Hotelanlage nur zwei Paar auf Lager, und die waren bereits vermietet. Da konnten wir auch mit Westgeld nichts machen.

Als dann nach etwas über einer Woche ein Schneetreiben einsetzte, bestiegen wir die letzte Gondel, die uns hinauf in die Berge brachte. Außer der Brieftasche, dem Personalausweis, Feuerzeug und je einer Tafel Schokolade hatten wir nichts weiter mitgenommen. Es wäre eh alles nur unnützer Ballast gewesen. Über meine Unterarme hatte ich zwei sehr dicke, elastische und abgeschnittene Kniestrümpfe gezogen, um zwei ziemlich große Messer verbergen zu können. Gleich am zweiten oder dritten Tag unseres Aufenthalts in Bulgarien hatte ich mir vier dieser Messer auf einem Markt gekauft. Zwei hatte ich also am Mann, die anderen lagen bei uns auf dem Zimmer.

Als die letzten Urlauber nach unten gefahren waren, machten wir uns auf den Weg. Natürlich nicht planlos, denn bei einem Ausflug mit der Reisegruppe in ein Solebad war uns ein hilfreicher Hinweis gegeben worden. Die Tour-Leiterin hatte auf den höchsten Berg der Rhodopen, den Golyam Perelik, hingewiesen, der es auf fast 2 200 Meter bringt: »Das ist die Grenze zu Griechenland.«

Somit benötigten wir keinen Kompass, denn wenn wir an dem Großen Perelik vorbei sein würden, wären wir in Griechenland.

Wir marschierten durch die Dunkelheit und marschierten und marschierten – mit jedem Schritt bis über die Knie im Schnee versinkend. Bis wir an einer Straße vor einem Schild anhielten und feststellten – wir waren 20 Kilometer im Kreis gegangen.

Also kehrten wir ins Hotel zurück, warfen uns früh um 5 Uhr in die Betten und konnten – dank unserer rechtzeitigen Beschwerde – ausschlafen. Den emotionalen Schwung der vorangegangenen Nacht wollten wir aber unbedingt mitnehmen und starteten den zweiten Versuch gleich am Abend des folgenden Tages.

Wieder nahmen wir die letzte Gondel, wieder marschierten wir los. Diesmal konnten wir uns ohne Schneetreiben und bei besserer Sicht gut orientieren. Als es hell wurde, sahen wir den Golyam Perelik nah vor uns, mussten aber verstärkt auf die Hubschrauber achtgeben, die seit dem Vorabend unentwegt über dem sensiblen Gebiet ihre Kreise drehten.

Irgendwann erreichten wir den vorgelagerten Sicherheitsstreifen, der sich an einer Hanglage befand. Wir konnten auf den vier bis fünf Meter breiten Streifen hinabblicken, der wie eine Stufe für die Grenzer in das abschüssige Gelände planiert worden war. Wer dort hinüberlief, hinterließ deutliche Spuren. Aufgrund der Geländebeschaffenheit eröffnete sich uns aber die Möglichkeit, diese Fläche zu überspringen. Aus etwa acht Metern Höhe sprang ich zuerst und landete nur knapp einen Meter unterhalb des Kontrollstreifens im Pulverschnee. Dabei rutschte ich mit meinem linken Bein gegen einen von der weißen Schicht verborgenen Baumstamm. Im letzten Moment konnte ich dem Hindernis ausweichen, ramponierte mir das Schienbein aber erheblich. Ich warnte Gerd, der daraufhin sicher neben mir aufkam.

Und wieder ging es vorwärts. Jetzt zügiger. Wir liefen. Den Golyam Perelik vor uns. Bis wir an den Rand einer glatten, jungfräulichen Schneefläche kamen. Nach gut 15 Stunden Marsch durch den Schnee lag der Berg jetzt nur noch knapp 500 Meter von uns entfernt. Rechts vom weißen Teppich wuchs ein Hügel aus Felsbrocken in die Höhe. Es sah wie eine wilde Gesteinshalde aus und erregte bei uns keinen Verdacht. Trotzdem blieben wir am Rand dieser Fläche unter Bäumen liegen und warteten. Es war geradezu totenstill. Der Frost hatte das Gebiet in eine Starre versetzt, die man zu fühlen vermochte. Vielleicht waren es 30, vielleicht aber auch 45 Minuten gewesen, in denen sich absolut nichts regte.

»Komm«, sagte ich. »Lass uns losgehen!«

Und so stapften wir hinaus auf die weite Fläche. 20 Meter, 30 Meter – alles blieb ruhig. 40 Meter – nichts. 50 Meter – das rasselnde Geräusch einer durchgezogenen Kalaschnikow drang an unsere Ohren, Befehle auf Bulgarisch wurden gebrüllt.

Wir mussten uns bäuchlings in den Schnee werfen, als die beiden Männer mit ihren Maschinenpistolen im Anschlag auf uns zukamen. Zur Durchsuchung hatten wir uns auf den Rücken zu drehen. Ich bemerkte, dass die beiden Grenzer älteren Semesters waren. Vermutlich Reservisten. Sie stellten sich absolut dämlich an. Jener, der mich abtastete, beugte sich zu mir herunter und ließ die umgeschnallte, entsicherte und durchgeladene Maschinenpistole herunterbaumeln. Sie schaukelte quasi permanent auf Höhe meiner Brust hin und her. Ich hätte sie im Bruchteil einer Sekunde greifen und abfeuern können. Der zweite Grenzer stand so hinter seinem Kameraden, dass er im schlimmsten Fall meine Beine getroffen hätte. Bei jeder etwas höher abgefeuerten Salve wären sämtliche Geschosse im Körper des Postenpartners eingeschlagen.

»Gerd, das sind solche Idioten. Soll ich die beiden umbringen?«, fragte ich.

»Bist du verrückt«, entgegnete er. »Du bringst uns in Teufels Küche. Dafür kriegen wir lebenslänglich.«

Wir mussten uns wieder auf den Bauch drehen, was mir die Gelegenheit gab, meine Arme tief in den Schnee zu graben und mich unbemerkt der beiden Messer zu entledigen.

Als uns die Grenzer abführten, merkten wir, dass sie sich furchtbar freuten, uns erwischt zu haben. Sie klopften uns unentwegt auf Schultern und Brust – es fehlte nur noch die Umarmung und der Bruderkuss. Vermutlich winkte ihnen ein Sonderurlaub oder eine Prämie.

Sie haben wirklich Pech gehabt

Auf dem Grenzposten wurde zum Verhör ein Dolmetscher hinzugezogen, nachdem uns alles abgenommen worden war. Bis der Übersetzer eintraf, vergingen Stunden. Es handelte sich wohl um einen Deutschlehrer, der aus einem größeren Nachbarort geholt werden musste.

»Wer ist der Anführer?«

Gerd schaute mich an.

»Mach du das«, sagte er.

Also ging ich mit einem Offizier und dem Dolmetscher in ein Dienstzimmer, wo wir uns in einem Dreieck zusammensetzten.

»Sie wollten illegal über die Grenze nach Griechenland ...«

»Wir haben uns lediglich verlaufen.«

Nichts hatte uns verdächtig gemacht. Keine Karten, kein Kompass, nichts. Unsere Schokoladen waren längst verzehrt. Zu Trinken hatten wir nichts mitgenommen, da wir Schnee essen konnten. In unseren Taschen hatten sich nur die Portemonnaies und die Personalausweise befunden.

»Es gab«, beteuerte ich weiter, »keine Straße, kein Hinweisschild oder ähnliches, an dem wir uns hätten orientieren können. Deshalb sind wir einfach immer weitermarschiert.«

Der Offizier, der mit mir das Verhör führte, meinte nach einiger Zeit, dass er geneigt sei, mir zu glauben. Eine Entscheidung könne er aber nicht treffen, weshalb wir nach Sofia gebracht werden sollten. Von der bulgarischen Hauptstadt aus wollte man uns in die DDR zurückschicken – und den Behörden dort sollte es obliegen, darüber zu befinden, wie mit uns weiter verfahren werde.

Die Ankündigung, dass man uns unter keinen Umständen wieder auf freien Fuß setzen würde, ließ jede Hoffnung auf einen weiteren Fluchtversuch in mir platzen. Zurück in der DDR, wollte ich unter den Augen der Staatssicherheit jedenfalls nicht auf Mitleid machen, weshalb ich nach Absprache mit Gerd unsere Geschichte änderte. Als mir das Vernehmungsprotokoll vorgelegt wurde, sagte ich, dass ich gelogen hätte.

»Wir wollten abhauen.«

Das war ein bisschen »breite Brust«. Es ging darum, zu dem zu stehen, was man getan hatte. Hätte ich zu diesem Zeitpunkt schon gewusst, was uns erwartete, hätte ich mich sicher anders entschieden.

Der Dolmetscher sagte dann noch – wohl wissend, dass der bulgarische Offizier das nicht verstehen konnte: »Sie haben wirklich Pech gehabt. In Plovdiv sind vier Verbrecher aus dem Gefängnis ausgebrochen. Deswegen wurden im Hochgebirge Doppelposten abgesetzt. Im Prinzip wäre dort, wo man Sie aufgegriffen hat, niemand mehr gewesen.« Vermutlich erklärte dieser Ausbruch auch die Präsenz der Hubschrauber.

Am nächsten Tag wurden wir mit einem Geländewagen nach Sofia gefahren. Allerdings geschah dies nicht etwa gemütlich auf der Rückbank. Vielmehr befand sich hinter der Fahrerkabine eine Art Eisenkiste, die lediglich mit einem Vorhängeschloss gesichert war. Dort steckte man uns hinein. In Sofia übergab man uns der bulgarischen Stasi, die uns in einem ihrer Gefängnisse Einzelhaft verordnete.

Die sich nun anschließende Tortur hatte keiner von uns für möglich gehalten. Auch empfand ich unser Vergehen als vergleichsweise weniger schwer. Immerhin hatten wir bei der Festnahme keinen Widerstand geleistet, niemand war zu Schaden gekommen. Und schließlich glaubte ich anfangs, mein Geständnis könnte zusätzlich für eine gewisse Milde sorgen. Falsch gedacht.

Uns wurden bei Ankunft im Gefängnis sofort die Köpfe kahlgeschoren, alle persönlichen Dinge nahmen sie uns ab, die Privatbekleidung mussten wir gegen die letzten Lumpen tauschen. Die mit Löchern durchsiebten Strümpfe verweigerte ich. Die Hose mussten wir mit einem Strick zubinden. So etwas wird ja eigentlich bei Gefangenen wegen Suizidgefahr vermieden. In unseren

Zellen, die klein wie Tigerkäfige waren, konnte man sich aber nicht einmal aufhängen. Die rauen Wände waren mit grellweißer Farbe übertüncht, eine Lampe brannte Tag und Nacht, auf der Strohmatte lagen zwei Decken, eine zum Zudecken und eine als Kopfkissen – und dann gab es noch einen Weichplasteeimer mit Deckel zum Pinkeln.

Um den entleeren zu können, wurde man einmal am Tag aus der Zelle geholt und auf die Toilette gebracht. Dort konnte der Eimer gereinigt und neu mit Chlorkalk befüllt werden. Die Weichplasteamphore, die ebenfalls zur Ausrüstung der Zelle gehörte, durfte man bei diesem Gang mit frischem Trinkwasser befüllen.

Im Viertagesrhythmus wiederholte sich die Reihenfolge beim Essensangebot, das streckenweise ungenießbar war: Reis, weiße Bohnen, Erbsen und eine Art Gulaschsuppe, die nichts mit Gulasch zu tun hatte. Die Suppe war rot, beinhaltete eine halbe Kartoffel, eine halbe Paprika. Die konnte man immerhin essen. Ebenso den Reis, auch die Bohnen gingen. Die Erbsen waren aber so hart, dass ich sie am Stück herunterwürgen musste, was bei mir Magenkrämpfe auslöste. Das Geschirr bestand aus einer Weichplasteschale und einem Holzlöffel. Füllmenge: ein Kaffeebecher.

Morgens gab es eine dicke Scheibe weißes Brot. Nein, nicht Weißbrot. Es war weißes Brot. Dazu bekamen wir entweder Trockenmarmelade oder eine Art Krokant von der Größe einer Zigarettenschachtel.

Am Abend erhielten wir dann nochmal eine halbe Scheibe Brot. Wieder dieses weiße.

Bewegen konnte ich mich in der Zelle so gut wie gar nicht. Wenn man sich hinstellte, war es bestenfalls möglich, zwei kleine Schritte zu machen. Wurde ich auf den Flur geholt, war der grundsätzlich verdunkelt und nur künstlich beleuchtet. Und da man keine Uhr hatte, verlor man völlig das Zeitgefühl. Eigentlich war es immer Nacht.

Sie Mistschwein

Die Dinge passierten einfach. Niemand redete mit uns. Niemand setzte zu einer Erklärung an.

Wir waren plötzlich mitten in einem Knastalltag, einfach weggesperrt, ohne Kontakt zur Außenwelt. Und so warteten wir unter Entbehrungen auf jenen Moment, der unsere Lage verändern würde. In welche Richtung, war mir irgendwann egal. Hauptsache Veränderung.

Ich träumte nur noch von gebratenen Hühnern und fliegenden Schnitzeln, hatte Hunger ohne Ende. Zeitvertreib gab es nicht, ich dämmerte mehrere Stunden des Tages vor mich hin.

Sportliche Übungen wie Kniebeugen oder Liegestütze, die ich in der kleinen Zelle anfangs versuchte, um mich halbwegs fit zu halten, waren mir nach ein paar Tagen vom Gefängnisarzt verboten worden. »Wenn Sie hier Liegestütze machen, können Sie einen Kreislaufkollaps bekommen«, hatte er in gebrochenem Deutsch gesagt.

Nach drei Wochen dann endlich das nächste Verhör. Diesmal saß mir ein Mitarbeiter der DDR-Staatssicherheit gegenüber, was darauf hindeutete, dass wir nach Berlin transportiert werden sollten.

Der Stasi-Mann bot mir eine Zigarette an, die ich mit Genuss rauchte. Es war eine »Peer 100« – eine Westzigarette wohlgemerkt.

Nach ein paar einleitenden Sätzen fragte er mich: »Wer weiß von Ihrer Republikflucht?«

»Mein Bruder in Hamburg, Nordschleswiger Straße …«

Ich hatte noch gar nicht ganz ausgeredet, da riss mir der Stasi-Mann die Zigarette aus dem Mund und brüllte: »Sie Mistschwein.«

Ich wurde zurück in meine Zelle geschickt, wo mir klar wurde, dass aus einer baldigen Rückkehr erst einmal nichts werden würde. Denn mit der Aussage, dass man in der Bundesrepublik von unserer Flucht wusste und ein mediales Echo womöglich noch ausstand, hatte ich bei der Stasi für Verärgerung gesorgt.

Und so begann für uns die nächste scheinbar nicht enden wollende Tortur im Knast in Sofia.

Erst nach vier oder auch fünf Wochen – da ich damals die Tage nicht zählte, war das so genau nicht einzugrenzen – hieß es zum zweiten Mal: Rückführung in die DDR.

An diesem Tag sah ich zum ersten Mal Gerd wieder. Der war ebenso wie ich um circa 20 Pfund leichter geworden. Auf dem Flugplatz erwartete uns eine Sondermaschine der DDR-Regierung mit Passagierbereich und Sitzungsraum. Eine viermotorige IL 18, eine größere Maschine. Es handelte sich um einen Sammelflug fur Flüchtlinge, acht Mann, vornehmlich Bulgaren und Rumänen. Ich wurde an einem der Fenster platziert. Meine rechte Hand kam in eine Handschelle, die in den linken Bügel des Sitzes eingeklinkt wurde. Alle anderen blieben von solch einer Maßnahme verschont.

Kurz vor dem Start erschien ein Offizier in der Kabinentür. »Zu Ihrer Information – und das gilt ganz besonders für Sie, Hick«, sagte er. »Wir landen in Berlin-Schönefeld und nicht in Tegel.« Dabei schob er sein Jackett zur Seite und deutete auf die Pistole am Gürtel.

Hände auf den Rücken!

Im Stasi-Knast in Potsdam war es wie im Interhotel … im Vergleich zur Einzelhaft in Bulgarien. Bei der Erstuntersuchung stellte der Arzt fest, dass sich jede Menge Ungeziefer auf meinem Körper tummelte. Ich musste duschen und mich desinfizieren. Es gab frische, sauber gefaltete Bettwäsche für ein richtiges Bett mit Lattenrost und Matratze. Obendrein befanden sich in der Zelle eine Toilette und ein Handwaschbecken. Das Klo war an der Wand befestigt, konnte durch den Türspion von den Wärtern allerdings jederzeit eingesehen werden. Die Zelle hatte Fenster aus Glasbausteinen, sodass Licht hereinfiel. Darunter war ein schmaler Schlitz angebracht, den man mit einem Blech verschließen konnte. Dadurch hatte ich immer echte frische Luft. Im Knast in Bulgarien hatte ich im Vergleich dazu Tag und Nacht in eine 100-Watt-Glühbirne schauen müssen.

Und dann ging zum ersten Mal die Klappe in der Stahltür auf: Es gab etwas zu essen. »Wie viele Scheiben Brot wollen Sie?«, fragte mich der Wärter, der die Verpflegung ausgab.

»Wie jetzt? Wie viele Scheiben Brot … Wie viele kann ich denn kriegen?«

»So viele Sie wollen.«

»Dann würde ich gern zwölf haben.«

Allerdings musste man sich die weiteren »Zutaten« für morgens und abends einteilen. Das waren 20 Gramm Butter, 30 Gramm Margarine, ein Esslöffel Marmelade, 60 Gramm Wurst. Mittags gab es eine warme Mahlzeit.

Nach drei Tagen reduzierte ich meine Ration.

›Peter, du schwemmst nur auf‹, dachte ich. ›Vier Scheiben Brot langen auch.‹ Zum Frühstück aß ich dann Stullen mit Butter und Marmelade, Margarine und Wurst ließ ich mir für den Abend.

Zwischendurch gab es Verhöre. Der Mann, der sie durchführte, nannte sich Vernehmer. Das Ganze lief wie bei einem Ritual ab:

Man musste aus der Zelle treten und erhielt den Befehl: »Hände auf den Rücken! Gesicht zur Wand!« Dann ging es zum Verhör. Immer begleitet von zwei Wärtern. Die Befragung erfolgte in kalten, muffigen Räumen ohne Fenster. Der Beamte saß hinter einem massiven Tisch, vor sich eine kleine Stehlampe, deren grelles Licht einem ins Gesicht schien. Damit saß der Mann, der die Fragen stellte, jedes Mal im Halbdunkel.

Es ging zuerst immer um Mitwisser.

»Und Ihr Freund Zander oder seine Freundin wussten wirklich nichts?« Ich schüttelte den Kopf.

»Aber Ihre Mutter und Ihre Schwester.«

»Nein«, sagte ich. »Nur mein Bruder in Hamburg.«

Diesbezüglich erfand ich nebenbei noch Sachverhalte, die vollkommen der Logik der DDR-Sicherheitsorgane entsprachen, letzten Endes aber nur eine Täuschung waren.

»Stellen Sie sich doch einfach mal vor, ich hätte mich meiner Schwester anvertraut«, erklärte ich. »Sie ist in der Partei. Sie hätte doch zu ihrem Parteivorsitzenden gehen müssen, um meine Pläne anzuzeigen. Als gute Genossin hätte sie das mit Sicherheit auch getan. Da wäre meine Flucht doch schon zu Ende gewesen, bevor sie richtig begonnen hätte. Zumindest hätte ich meine Schwester in einen schlimmen Gewissenskonflikt gestoßen. Das wollte ich ihr auf keinen Fall antun.«

Ein weiteres zentrales Thema waren immer wieder die Messer, die sie in unserem Hotelzimmer gefunden hatten und die sie mit meinen dafür präparierten Strümpfen in Verbindung brachten. Eine gar zu durchschaubare Strategie, mit der sie mir und Gerd noch zwei Jahre Haft zusätzlich anhängen wollten. Denn wären Messer bei mir gefunden worden, wäre unsere Fluchtaktion als versuchter bewaffneter Grenzdurchbruch gewertet worden. Dafür lag das Strafmaß natürlich höher.

Ich antwortete immer wieder gebetsmühlenartig: »Die Messer wollte ich mitnehmen, sie hatten aber nichts mit dem eigentlichen Fluchtversuch zu tun. Vielmehr soll es in den Rhodopen immer noch Wölfe und Bären geben. Und an dem Tag, als man uns aufgriff, hatte ich sie ja gar nicht dabei.«

Dabei blieb ich. Und irgendwann war diese Angelegenheit dann abgehakt.

Drittes zentrales Thema: meine politische Motivation, die Republik verlassen zu wollen.

»Ach, wissen Sie«, sagte ich. »So, wie Sie mich hier behandeln, muss ich dazu nichts preisgeben. Wenn Sie von mir was wissen wollen, dann schließen Sie mich in einem Raum ein. Mit Blick auf die Stadt, mit einer großen Kanne Kaffee dazu, mit Milch und Zucker, zwei Pakete Zigaretten, und dann schreibe ich Ihnen etwas auf.«

Zwei-, dreimal lief es so ab. Dazwischen lagen ein paar Tage Pause. Bis dann endlich ein Wachmann kam und mich in einen Raum führte, von dem ich auf die Potsdamer Altstadt gucken konnte. Vor dem Fenster war zwar ein Gitter, aber ich hatte eine passable Aussicht. Auf dem Tisch stand eine weiße Mitropa-Kanne aus dickwandigem Porzellan. Ich stellte mich erst einmal zehn Minuten ans Fenster und rauchte eine Juwel 72*. Schließlich setzte ich mich an den Tisch und gab zum Besten, was mich dazu bewogen hatte, in den Westen abhauen zu wollen. Einiges von dem, was ich damals aufs Papier brachte, habe ich hier erzählt. Und ich schrieb noch, mir sei irgendwann bewusst geworden, dass der Staat mir nie so viel Vertrauen entgegengebracht habe, dass ich mich nach meinen Möglichkeiten hätte entwickeln und entfalten können.

Nutznießer des Systems

Wie trifft man seine Entscheidungen? Selten bekommt man die Möglichkeit, tagelang das Für und Wider abzuwägen, um dann zu einem bestimmten Zeitpunkt einen Entschluss zu verkünden, für den man sich womöglich noch verschiedene Ratschläge einholen konnte. Die Wirklichkeit sieht eher so aus, dass man von der einen auf die nächste Minute eine Wahl treffen muss. Ich erinnere da nur an jenen Moment, als die US-Militärmission mich damals an der Straße nach Stahnsdorf in ihrem Kofferraum mit in den Westen nehmen wollte. Ich erhielt das Angebot und traf unmittelbar eine Entscheidung. Und die hatte Einfluss auf den weiteren Verlauf meines Lebens.

Ähnlich – wenn auch in einer anderen Dimension – sah es mit der Wahl meines Lehrberufes aus. Weil ich in der Betriebsmannschaft Fußball spielte, durfte ich mir aussuchen, ob ich Elektriker, BMSR-Mechaniker* oder Schlosser werden wollte. Ich hatte jedoch von nichts eine Ahnung … und sagte mir: Du bastelst gern an deinem Fahrrad, also wirst du Schlosser.

Nicht viel anders war es bei Erdöl. Ich war noch gar nicht lange als Schlosser angestellt, als der Bohrmeister mich in sein Büro beorderte.

»Peter, bevor du Chef-Schlosser wirst, müssen die drei vor dir wegsterben – und das kann dauern«, sagte er. »Männer, die auf der Anlage arbeiten und anpacken können, haben wir genug. Aber keine Schichtführer. Viele von denen da draußen haben nicht einmal die 8. Klasse. Da ist nichts mit Qualifizierung.« Da habe ich wieder nicht lange überlegt und mich für eine Ausbildung zum Schichtführer entschieden.

Ein halbes Jahr musste ich meine Freizeit opfern und hatte jeden Tag von 8 bis 16 Uhr Schule. Das ging zehn Tage so, dann folgten ein paar Tage Arbeit im Betrieb in Mittenwalde, ein Tag war frei, um nach Hause zu fahren und die Wäsche zu wechseln, und dann begann der Zyklus wieder von vorn. Die Zeit bis zur Prüfung war ziemlich heftig. Als ich fertig war, kam ich zwar auf eine andere Bohranlage, wurde dort aber sofort als Schichtführer eingesetzt.

Oder nehmen wir meine Scheidung. Ich hatte Prioritäten gesetzt, den Fortgang des Termins in die Hände meiner Ex-Frau und des zuständigen Gerichts gelegt und war lieber zurück zu meinen Dreharbeiten gefahren. Meine Entscheidung. Von einem Moment auf den nächsten gefällt.

Erst nach meiner Verurteilung, im Gefängnis in Cottbus, als ich meinen ersten Ausreiseantrag schrieb, bekam ich mit, dass ich damals gar nicht geschieden worden war. Leutnant Hofrichter, Oberaufseher von Haus II, in dem ich einsaß, teilte mir lakonisch mit, dass mein Ausreiseantrag nicht angenommen werde. Zuerst hätte ich meine persönlichen Angelegenheiten – sprich: mein Eheverhältnis – zu regeln. Das wunderte mich. Allerdings bestätigte mir meine Mutter beim nächsten Besuchstag zwei Monate später, dass ich tatsächlich immer noch verheiratet war: Da wir keine dreckige Wäsche gewaschen hatten, war beim Richter wohl der Eindruck entstanden, unsere Ehe sei noch zu kitten.

Natürlich musste ich die Trennung jetzt endlich amtlich machen, weil ich ja ausreisen wollte. Also stellte ich einen Antrag auf Scheidung.

Als es so weit war, hatte ich mich dafür wie schon damals nach Guben zu begeben. Ich bekam meine Zivilklamotten zurück, wurde aus der Zelle geholt und in eine Grüne Minna verfrachtet. Auf der Fahrt fragte mich einer der Gefängniswärter noch: »Hick, womit müssen wir bei Ihnen denn rechnen?«

»Nun, wenn Sie mir verloren gehen, werde ich Sie suchen«, entgegnete ich. »Oder ich werde zur nächsten Polizeistation gehen und mich stellen. Sie wissen doch: Ich stehe bereits auf dem Bahnsteig, habe die Fahrkarte in der Hand und warte nur darauf, dass mein Zug einläuft.« Nie im Leben hätte ich auch nur den

Hauch eines Fluchtversuchs unternommen. Niemals hätte ich es riskiert, dass mein Fahndungsfoto die Runde machte, auf dem womöglich nach einem Kinderschänder gesucht wurde, der sich auf der Flucht von der polnischen Grenze zur Elbe befände. Denn genau das wäre das Ergebnis gewesen, schrieb man doch Republikflüchtlinge nicht als solche zur Fahndung aus. Man erfand in derartigen Fällen ganz andere Vergehen, die die Menschen sensibilisieren sollten, den Gesuchten zu verraten. Republikflüchtlinge stießen in der Bevölkerung auf viel zu viel Sympathie.

Im Gubener Gericht traf ich auf meine Noch-Ehefrau. Wir saßen in einem langen Flur auf einer Bank, die Wärter hatten sich etwas zurückgezogen.

»Du könntest jetzt ohne größere Probleme in den Westen kommen«, sagte ich zu ihr.

Sie schaute mich verwundert an.

»Wenn wir behaupten, wir würden uns immer noch lieben und doch keine Scheidung wollen, musst du zum Richter nur sagen, dass du genau dort hinwillst, wo dein Mann hingeht.«

Sie schien nicht zu verstehen.

»Ich werde vom Westen gekauft«, erklärte ich ihr.

»Du musst im Knast einen Riss in der Schüssel bekommen haben«, meinte sie. »So etwas gibt es gar nicht. Hier werden keine Leute verkauft, für die es dann Westgeld gibt.«

»Gut, wenn du meinst«, sagte ich. »Dann belassen wir es beim Scheidungstermin. Ich wollte nur nett sein.«

Die ganze Aktion dauerte 16 Minuten, dann war die offizielle Trennung vollzogen.

Gerd Zimmermann und mir wurde der Prozess gemacht. Ich bekam ein Jahr und zehn Monate, Gerd zwei Jahre. Natürlich fand er das äußerst befremdlich, weshalb er in einer Verhandlungspause seinen Anwalt fragte, wieso er eine höhere Strafe erhalte als der Hick, der ja wohl der Anführer gewesen sei.

Ich konnte diesen Dialog mit anhören, da man uns in nebeneinanderliegende Räume gebracht hatte, die wie bei Toiletten nach oben hin offen waren.

»Herr Zimmermann«, entgegnete der Anwalt, »Sie haben sechs Jahre auf Kosten der DDR studiert. Der Hick war drei Jahre bei der Armee. Und er hat fünf andere Gründe in die Waagschale werfen können, warum er abhauen wollte. Sie gelten als Nutznießer des Systems, und er eben nichts so.«

»Und wenn ich gegen diese Verfahrensweise Protest einlege?«

»Sie werden nicht weniger bekommen«, sagte der Anwalt. »Da kriegt der Hick höchstens mehr.«

»Gut, dann vergessen Sie das«, sagte Gerd.

Ich sollte auf Bewährung entlassen werden, was ich ablehnte. Es war ja nicht so, dass man aus dem Gefängnis kam und bei Einhaltung von Recht und Gesetz wieder machen konnte, was man wollte. Ich hätte einen PM 12*-Ausweis bekommen, was einen enorm eingeschränkten Bewegungsradius beinhaltete. In den Auflagen war ganz genau beschrieben, in welchem Gebiet man sich aufhalten durfte oder wie oft man sich bei der Polizei zu melden hatte – alle drei Tage oder nur einmal in der Woche. Hätte man das nicht eingehalten, wäre es ein Verstoß gegen die Bewährungsauflagen gewesen und hätte einen zusätzlichen Gefängnisaufenthalt nach sich gezogen.

Nach meiner Weigerung, die Bewährung anzunehmen, drohte mir die Stasi zwar verschärften Arrest an, führte das aber nicht aus.

Im Anschluss an meine U-Haft war ich in Cottbus in eine Zelle gekommen, die ich mir mit über 20 weiteren Gefangenen teilen musste. Darunter befanden sich zwei Kriminelle, sechs Ärzte, sieben Ingenieure und Diplomingenieure, ein LPG-Vorsitzender, ein Kneipier, ein Sportschütze, ein Abiturient, ich von der DEFA und, und, und. Ich habe in meinem Leben nie zuvor und auch danach nicht mehr so viele Vorträge gehört wie in der Zeit im Gefängnis.

Am Wochenende – so hatte es sich gegen die allgemeine Verdummung eingebürgert – musste immer einer der Mitgefangenen einen Vortrag zu halten und über das Sachgebiet zu erzählen, das ihm besonders lag. So erfuhren wir etwas über Gynäkologie, über Zahnbehandlungen oder über Kältetechnik – ich habe im Knast praktisch mein Abitur gemacht.

Zu jener Zeit liefen schon die Verhandlungen über meinen Freikauf, die zwischen dem Ostanwalt Wolfgang Vogel und dem Westvertreter Jürgen Stange geführt wurden. Auf Stanges Liste stand ich schon lange, da mein Bruder nach unserem Treffen in Stettin meine geplante Flucht von Bulgarien nach Griechenland im Bundesinnenministerium in Bonn angezeigt hatte.

Der Freikauf funktionierte, vereinfacht gesagt, wie folgt: Stange ging mit der Liste zu Vogel und sagte, das sind die Strafgefangenen, die wir haben wollen. Vogel begab sich daraufhin zur Stasi und besprach, wer abgegeben werden konnte. Die Liste wurde aus verschiedenen Quellen gespeist. Wenn ein Name im Westen nicht wie in meinem Fall durch die Mitteilung eines Verwandten registriert worden war, machten vor allem bereits freigekaufte ehemalige Inhaftierte auf entsprechende Fälle aufmerksam. Es war bei den politischen Gefangenen Usus, dass jeder, der in die Bundesrepublik kam, dort zwei Namen weiterer im Gefängnis einsitzender Häftlinge angab. Bei mir waren das Achim Kraft, den sie aus der Decke eines Transitzuges geholt hatten, als er versuchte, in den Westen zu kommen, und Georg Brommer (Speerwerfer SC Motor Erfurt). Der war bei seinem zweiten Fluchtversuch durch die Donau bei Bratislava erwischt worden. Sobald man im Aufnahmelager in Gießen angekommen war, hatte man zuerst mit Vertretern von Stanges Büro, mit dem BND und mit der CIA zu tun. Und bei diesen Gesprächen nannte ich die Namen der zwei Mithäftlinge.

Abgefragt wurden auch die Hintergründe. Man wollte in der Bundesrepublik nicht für Kriminelle zahlen, die von der DDR immer wieder mit auf die Ausreiseliste gesetzt wurden. Die von mir Genannten waren unverdächtig. Achim Kraft war Diplom-Ingenieur für Maschinenbau und wollte in den Westen, weil er eine Frau aus der Bundesrepublik kennengelernt hatte. Auch Brommer war aus bundesdeutscher Sicht unbescholten.

Georg Brommer verließ die DDR letztlich spektakulär: Bei seinem dritten Fluchtversuch überwand er die Grenze mit einem Düngemittelflugzeug.

Mein »Grenzübertritt« hingegen verlief am Ende auf eher übliche Weise.

Alle Gefangenen wussten, dass es sogenannte Transporte gab. Um Mitternacht flog meine Zellentür auf, und einer der Wärter brüllte: »Hick! Raus!«

Ich verschenkte mein bisschen Hab und Gut, weil ich der Meinung war, dass es nach Karl-Marx-Stadt gehen würde, von wo aus die Ausbürgerung organisiert wurde. Allerdings stand ich in dieser Nacht nur stundenlang mit dem Gesicht zur Wand, bis sie mich einfach in eine andere Zelle verfrachteten. Das wiederholte sich zweimal: Eine Schikane, mit der versucht wurde, psychologischen Druck aufzubauen.

Eines Nachts flogen wieder die Zellentüren auf.

»Meyer, Müller, Hick! Raustreten!«

Einmal mehr standen wir halbnackt auf den Fluren. – Bis draußen Fahrzeuge vorfuhren, die als Lebensmitteltransporter getarnt waren. Einer, der wie ein Kühlwagen aussah, trug die Aufschrift »Frischer Fisch auf jeden Tisch«, bei einem anderen war »Jeden Tag ein Ei« zu lesen. In diesen Containerwagen befanden sich kleine Zellen, für jeden Mitfahrenden praktisch eine Kabine. Wäre eines der Fahrzeuge verunglückt, hätte man wirklich schlechte Karten gehabt, mit heiler Haut davonzukommen.

Die Transporte gingen wie erwartet nach Karl-Marx-Stadt – in das Gefängnis, das als letzte Station vor dem finalen Transport in den Westen galt. Kurioserweise waren die Wärter dort in der Regel höhere Offiziere. Die meisten hatten mit den Folgen von Unfällen zu leben. Einer zog zum Beispiel ein steifes Bein nach, einem anderen fehlte die linke Hand. Unabhängig davon mutete es schon komisch an, wenn einem ein Wärter gegenüberstand, der den Dienstgrad eines Majors innehatte.

In Karl-Marx-Stadt bekamen wir unsere Zivilsachen, und jeder, der in Besitz einer ausreichenden Summe Geld war, konnte in einem eigens für Inhaftierte eingerichteten Laden einkaufen. Da gab es zum Beispiel Bienenhonig, Westzigaretten, Butter – es war ein halber Intershop.

Ziel war es, dass wir in einem ansehnlichen Zustand an den Westen übergeben wurden. Wir sollten vernünftige Bekleidung tragen, und wer keinen Koffer hatte, musste sich in dem Laden einen zulegen. Danach hatten wir mit dem bürokratischen Schriftkram zu tun. Auf uns wartete ein Rechtsanwalt, bei dem wir Formulare unterschreiben mussten, in denen unter anderem stand, dass wir im Gefängnis nicht gefoltert worden seien oder dass wir uns bester Gesundheit erfreuten. Mit unserer Unterschrift bestätigten wir auch, dass wir an den Staat DDR keine Ansprüche mehr stellen würden.

Erst danach erhielten wir das offizielle Formular für den Antrag auf die Ausreise in die Bundesrepublik, das auch ein Feld für den Grund des Ausreisewunsches enthielt.

»Wie ausführlich muss ich das denn schreiben«, fragte ich einen Stasi-Beamten.

»Es genügen zwei Sätze«, sagte der. »Hiermit beantrage ich meine Ausreise in die Bundesrepublik. Das ist mein fester Wille.«

Von diesem Zeitpunkt an befand man sich wie in einer Schleuse. Wir warteten und hatten jeden Tag Freigang. Ich hielt mich mit vier mir bisher unbekannten Leuten in einer Zelle auf. Und das war ziemlich unterhaltsam, denn einer war der Sohn der Chefdolmetscherin von Erich Honecker. Von ihm weiß ich nur noch den Vornamen: Alexander.

Einen Tag, bevor wir tatsächlich ausreisten, stand im »Neuen Deutschland« auf der Titelseite zu einem Artikel ein großes Foto von Erich Honecker – und hinter ihm die Mutter von Alexander. Er wurde dadurch natürlich unruhig, machte sich Sorgen, ob dies ein Wink sei, dass er im letzten Moment doch noch in der DDR würde bleiben müssen. Am Ende ist es wohl doch eher Zufall gewesen.

Ein weiterer Mitgefangener war der ehemalige Minister für Leichtbau. Der war wegen Spionage für den Westen zu lebenslanger Haft verurteilt worden. 15 Jahre hatte er bereits abgesessen. Seine Agententätigkeit hatte darin bestanden, dass er dem Westen diverse Energieverknappungssituationen mitteilte. Dazu gehörten: »Strom wird abgeschaltet«, »Wir haben keine Kohle mehr« oder »Die Braunkohle ist eingefroren«.

Für ihn stand gleich auf dem ersten Rastplatz nach der Grenze ein eigener Mercedes bereit, der ihn abholte. In Gießen bin ich dem Ex-Minister noch einmal begegnet. Er erzählte, ihm seien drei Häuser in unterschiedlichen Gegenden angeboten worden. Und ob ich ihm nicht einen Tipp geben könnte, wo es am besten sei. Konnte ich aber nicht. Ich hatte keine Ahnung, wo man im Westen gut wohnte.

Beide Seiten hatten ihre Prioritäten beim Kauf beziehungsweise Verkauf von Menschen. Die Auswahl richtete sich in der Regel nach der Zeit, die ein Gefangener bereits abgesessen hatte, oder danach, wie viel ihm noch bevorstehen würde. Prinzipiell erhöhte sich die Chance auf einen Freikauf, wenn man bereits zwei Drittel der Strafe hinter sich hatte. Zu meiner Zeit zahlte die Bundesrepublik pro Person 116000 D-Mark. Für die DDR waren das salopp gesagt: ein Reisebus gleich fünf Millionen.

Wir melden uns wieder

Neun Wochen Bulgarien, ein halbes Jahr Einzelhaft bei der Stasi in Potsdam inklusive Prozess und Urteil, acht Monate Cottbus, wo ich in zwei Betrieben als Schweißer und Einrichter in einer Dreherei arbeitete, zwei Wochen Karl-Marx-Stadt … Meine Odyssee durch sozialistische Gefängnisse endete mit einer Ansprache von Rechtsanwalt Wolfgang Vogel bei unserer – sagen wir – Verabschiedung, die ich bemerkenswert fand.

»Sie haben endlich Ihr Ziel erreicht«, sagte er. »Sie sind alle auf dem Weg in die Freiheit.«

Das ließ mich stutzen. ›Auf dem Weg in die Freiheit‹, dachte ich. ›Soll das heißen, in der DDR war ich nicht in der Freiheit?‹ Fragen konnte ich Vogel dazu aber nichts mehr.

Der Bus, der auf uns wartete, war ein Magirus. Als wir einstiegen, roch es nach Westen. Er war mit dicken Teppichen ausgelegt und hatte im hinteren Bereich eine Toilette.

Die Anwälte wiesen uns darauf hin, während der Fahrt zur Grenze weder zu singen noch aus dem Bus zu winken. Denn bis zur Übergabe wurden wir von Stasileuten begleitet, die sich durchaus noch einmal überlegen konnten, den ein oder anderen aus der Gruppe herauszupicken und wieder mit zurückzunehmen.

Vorweg fuhr ein Polizei-Lada mit dem damals typischen grünweißen Anstrich. Hinter uns rollte ein weiterer Lada in einer neutralen Farbe, aber mit Blaulicht auf dem Dach. Jeder, der auf der Autobahn unseren kleinen Konvoi zu langsam überholte, wurde von diesem Pkw gedrängt, schneller zu fahren.

An der Grenze gab es einen kurzen Halt. Der Fahrer und seine zwei Kollegen von der Stasi stiegen aus und ein »Bundi« setzte sich hinters Lenkrad. Alle Schlagbäume gingen hoch und wir wurden einfach durchgewunken. Nach ein paar Kilometern gab es auf einem Parkplatz den ersten Stopp in der Bundesrepublik. Das Deutsche Rote Kreuz hatte einen langen Tisch zur Erstversorgung auf-

Entlassungsschein

Name HICK

Vorname Peter

geb. am 2. 5. 46 in Kriegern (CSSR)

wurde am 21. 7. 76 nach BRD entlassen.

Er/Sie befand sich seit ....
in Untersuchungshaft/im Strafvollzug.

DDR-MdI Verwaltung Strafvollzug (a)

(Dienstsiegel)

Unterschrift

Entlassungsschein aus der DDR-Haft in den Westen, 1976

gestellt. Dort holte ich mir einen Kaffee, ging um den Bus herum und stellte mit Erstaunen fest, dass er plötzlich mit einem West-Nummernschild ausgestattet war. Dabei hatten wir zwischendurch gar keine Rast gemacht, während der man das Teil hätte auswechseln können. Also ging ich zum Busfahrer, um mich über dieses Phänomen aufklären zu lassen. Und der meinte lapidar: »Na, da muss ich doch bloß auf einen Knopf drücken.« Ein James-Bond-Nummernschildwechsel sozusagen.

Der rote Faden in Gießen waren die Befragungen. Daran musste man sich halten, arbeitete einen Laufzettel ab. Ansonsten konnte man sich bereits ganz ungezwungen bewegen.

Sie erkundigten sich, wohin man wolle, daraufhin erhielten wir anstandslos ein entsprechendes Bahnticket ausgehändigt. Meine Verwandtschaft in Hamburg hatte ich über meine Ankunft bereits informiert. Die Leute von der CIA wollten gar nichts von mir wissen, und die Angehörigen des BND zeigten Verständnis für meinen Wunsch, so schnell wie möglich in die Hansestadt kommen zu wollen. Sie meinten nur lapidar: »Wir melden uns bei Ihnen, wenn Sie bei Ihrer Familie angekommen sind.«

Und so war es dann auch. Allerdings befand ich mich da schon ein halbes Jahr in der Hansestadt. Ich war vom Nachrichtendienst zu einer Befragung eingeladen worden. Der Behördenmitarbeiter wollte wissen, ob ich bei der NVA gedient hätte.

»Ja«, sagte ich. »Grundausbildung Flugplatz in Cottbus. Und dann habe ich im Führungsbunker für die gesamte Luftlage der DDR gedient.« Ausführlich schilderte ich ihm das Aussehen und die Ausstattung des gesamten Objekts.

»Wo war das?«, fragte mich der BND-Mann.

»Kolkwitz«, sagte ich. »Circa ein bis zwei Kilometer hinter einer Lungenheilstätte.«

Er verließ das Zimmer und kam nach kurzer Zeit mit mehreren Landkarten zurück. Schnell war Kolkwitz gefunden.

»Da ist nichts«, sagte er. »Sie lügen.«

»Entschuldigen Sie. Ich habe das transportable Jägerleitsystem Wostock aus der Sowjetunion dort in diesem Bunker mit verbaut. Ich war als Funkmessmechaniker tätig, nachdem man mich ein halbes Jahr in Kamenz ausgebildet hatte.«

Daraufhin erläuterte ich ihm grob die Funktionsweise des hochmodernen Jägerleitsystems.

»Das ist gelogen«, beharrte er.

»Dann telefonieren Sie mal mit Ihren amerikanischen Freunden«, entgegnete ich. »Als wir anfingen, die Technik einzubauen, hatten wir Besuch von der amerikanischen Militärmission, der alles fotografierte, was dort vor sich ging.«

»Nun gut …«, murmelte er.

»Und wollen Sie nicht wissen, wie der Bunker betrieben worden ist? Mit Flugzeugturbinen, mit Atomfiltern, mit Sauerstoffzuführung. Er war gedämmt mit Schichten aus Koks, Hochofenschlacke, Sand, Grubenkies … Es hätte eine Atombombe unmittelbar daneben niedergehen können, und der Bunker wäre als Würfel ganz und arbeitsfähig geblieben. Im Schlafsaal standen Doppelstockbetten, der Raum war nur 96 Zentimeter hoch. Eine Dienstvorschrift zum Wecken besagte: Erst Hand auf die Stirn legen und dann rütteln. Nicht dass der jeweilige Soldat hochgeschreckt wäre und sich am Beton den Schädel eingeschlagen hätte.«

»Wir melden uns wieder«, sagte der BND-Mann, nachdem er mich sanft zum Gehen gedrängt hatte.

Gemeldet hat sich nie wieder jemand bei mir.

Dieser Geheimdienstler wollte offenbar der Bundesrepublik nicht Meldung über diesen Bunker machen. Davon bin ich überzeugt. Umgekehrt wäre es ganz anders gelaufen. Hätte ich geheime militärische Objekte der Bundesrepublik bei der Stasi ausgeplaudert, wären die mit einem Stapel Zettel gekommen und hätten mich Skizzen machen lassen: Eingangsbereich, Schleuse, Dekontaminierungsbereich, Ort der Tankanlage, Filtertechnik …

Meine erste Anlaufstelle in Hamburg war Onkel Toni, der Bruder meiner Mutter. Toni war mit einer Kapteinstochter verheiratet, deren Vater ich als Opa Wulf kannte. Der hatte zwei 21 Meter lange Stahlkutter, mit denen er raus auf die Nordsee zum Fischen fuhr. Diese lagen in einer kleinen Elbebucht unmittelbar hinter dem Wulfschen Anwesen in Finkenwerder, wo ich das Zimmer seiner Tochter bezog, die bereits außer Haus lebte.

Sie war ein bisschen jünger als ich, vielleicht 23 oder 24 Jahre alt. Aber sie kümmerte sich um mich. Zusammen mit ihrem Freund fuhr sie zum Beispiel mit mir einkaufen. Sie wusste, wo etwas preiswerter war, denn Geld hatte ich zu jenem Zeitpunkt noch nicht viel. Ich legte mir Jeans zu, erstand ein Jeans-Jackett, kaufte Clogs, die damals sehr modern waren – und sie begleitete mich zu den Ämtern.

DDR-Leute gab es zu dieser Zeit im Westen nicht viele, weshalb ich mit einem sogenannten C-Schein versorgt wurde. Der berechtigte zum Beispiel, bevorzugt eine Sozialwohnung zu mieten.

»Sie haben nach Ihrer Haft auch Anspruch, sich sofort ein halbes Jahr krankschreiben zu lassen und bekämen in dieser Zeit ein entsprechendes Krankengeld«, erläuterte mir eine Dame auf dem Amt.

»Ich will mich nicht krankschreiben lassen«, knurrte ich. »Ich habe jetzt lange genug nicht gearbeitet. Ich möchte mir schnellstens eine Arbeit suchen.«

Eine eigene Bleibe bekam ich geradezu blitzschnell. Schon zwei Tage nach unserem Ämterrundgang lag ein Anschreiben im Briefkasten meines Onkels. Darauf stand, ich hätte die Möglichkeit, mir drei Wohnungen anzuschauen.

Onkel Toni telefonierte die Adressen ab und vereinbarte Besichtigungstermine. Aber schon in der ersten Wohnung entfuhr es meiner Tante: »Die ist so schön, die kann man nicht ablehnen.«

›Nachtigall, ick hör dir trapsen‹, dachte ich, musste aber eingestehen, dass ich es mit dieser Unterkunft wirklich gut treffen würde: In den begrünten Innenhof, von dem die einzelnen Appartements abgingen, kam man über einen Laubengang. In der Wohnung hatte ich links eine kleine Küche, ein Stück weiter den Flur entlang kam das Bad und am Ende schloss sich das Wohnzimmer mit einer Größe von ungefähr 50 Quadratmetern an. Durch die Fenster blickte ich auf einen Tennisplatz. Wenn ich morgens erwachte, hörte ich immer dieses Plipp ... Plopp ... Plipp ... Plopp.

Das Wohngebiet war auf der einen Seite durch die sechsspurige Borgfelder Straße eingefasst, auf der man in drei Minuten am Hauptbahnhof war, und durch die Eiffestraße auf der anderen Seite.

In der Anfangszeit bezahlte ich 286 D-Mark Miete warm, was ziemlich erschwinglich klang. Ich hatte also eine Wohnung. Mein Bruder borgte mir noch 600 Mark: 300 für die Kaution und 300 für meinen Start im Westen.

Was ist Derrick?

Natürlich wollte ich wieder zum Film. Ich fuhr ins Studio Hamburg, um mich vorzustellen. Dort fragte man mich nach meinen Bewerbungsunterlagen.

»Haben Sie Fotos oder können Sie von dem, was Sie erzählen, irgendetwas nachweisen?«

»Nein, kann ich nicht. Ich habe lediglich einen Haftentlassungsschein«, sagte ich. »Was ich gedreht habe, kann ich Ihnen sagen. Und was ich in den Filmen gemacht habe.«

»Da können wir Ihnen leider nicht helfen«, entgegnete die Dame des Besetzungsbüros, die mein Anliegen entgegengenommen hatte. »Und mit Ihrem Dialekt können Sie als Schauspieler sowieso nicht arbeiten«, sagte sie noch.

»Will ich ja auch nicht, weil ich keiner bin. Ich bin Stuntman.«

»Aber auch die haben manchmal einen Anschlusssatz«, stellte die Frau fest.

Damals hatte ich noch einen stärkeren thüringischen Einschlag in meiner Sprache, worüber ich mir bis dahin gar keine Gedanken gemacht hatte, weshalb ich dort in dem Studio auch gleich das erste Mal in ein Westfettnäpfchen trat.

»Wenn ich Fernsehen gucke, dann sind da auch ein Haufen Österreicher dabei, die kein sauberes Deutsch sprechen«, versuchte ich es weiter. »Wieso haben Sie denn dann ein Problem mit Thüringern oder Sachsen? Das gehört zu Deutschland, und den bayerischen Dialekt höre ich auch immer wieder.«

Die Frau, mit der ich mich gerade unterhalten hatte, war – Österreicherin. Das nächste Fettnäpfchen. Von dieser Büromitarbeiterin sollte ich nie etwas vermittelt bekommen.

Auf jeden Fall wurde mir klar, dass es so, wie von mir idealerweise gedacht, nicht laufen würde. Also ging ich zum Arbeitsamt. Der Herr, mit dem ich es dort zu tun bekam, war nett und hatte Ahnung.

»Haben Sie ein Auto?«, fragte er.

»Nein«, sagte ich.

Er beäugte meine Adresse.

»Bei Ihnen, nur fünf Minuten um die Ecke, gibt es eine Firma. Die suchen Schlosser«, sagte er dann.

Das Problem bei der Sache war erneut, dass ich weder Papiere noch irgendwelche Zeugnisse besaß. Trotzdem führte man mit mir ein seriöses Einstellungsgespräch. Nach einiger Zeit wurde mir geglaubt, dass ich mal als Schlosser gearbeitet hatte.

Ob ich etwas vorschweißen könne, hieß es. Ich tat es. Nun sah es ganz danach aus, als würde man mich einstellen wollen. Also interessierte ich mich für das Gehalt, denn in jenem Moment hatte ich ja rein gar nichts.

»1 600 Mark brutto«, hieß es.

Ich rechnete mir aus, dass ich damit auf circa 1 200 Mark netto gekommen wäre.

»Kann ich Überstunden machen?«, fragte ich weiter.

»Nein«, war die Antwort.

»Oder Schichtarbeit, um mehr verdienen zu können.«

Das wurde ebenfalls verneint.

Ich lehnte die Stelle ab. Mit diesem Gehalt hätte ich Lichtjahre gebraucht, um mir etwas aufzubauen.

Schon im Osten hatten wir bei Erdöl gewusst, dass man bei den Ölfirmen in der Bundesrepublik satte Gehälter bezog. Also rief ich Unternehmen an, die meinem eigentlichen Beruf näherstanden. Bei Aral erwischte ich einen netten Mitarbeiter, der mal aus dem Osten gekommen sein musste.

»Herr Hick, Ihre Herangehensweise ist völlig falsch«, sagte er. »Aral, Shell und so weiter – wir bohren alle nicht selber. In der Bundesrepublik arbeiten ungefähr 20 Bohrfirmen, die auch alle hierzulande ansässig sind. Und obwohl ich Ihnen das so nicht liefern dürfte, kriegen Sie von mir eine Liste mit den Namen dieser Firmen. Und ich werde Ihnen das nach Wertigkeit sortieren, die Nummer eins ist die beste. Ab Nummer 15 sollten Sie dann überprüfen, ob das Unternehmen tatsächlich zahlungsfähig ist.«

Ich schrieb 15 Bewerbungen und bekam nach nicht einmal einer Woche von der DEUTAG* Post. Sie luden mich in die Zentrale nach Bad Bentheim, nahe der holländischen Grenze, ein. Dort traf ich auf ungefähr 20 Mitbewerber.

Da ich überhaupt keine Unterlagen besaß, wurde jemand vom Fachpersonal direkt vom Bohrturm herangeholt, der mit mir reden sollte.

Eine Stunde lang stellte der mir fast nur Fachfragen.

»Haben Sie als Derrick Man gearbeitet?«

»Derrick Man?«, wunderte ich mich. »Was ist Derrick?«

»Na, das ist der, der oben auf dem Turm tätig ist.«

»Ach so, das war bei uns der Turmsteiger.«

In dieser Art ging es weiter. Am Ende stellte er fest, dass ich tatsächlich als Schichtleiter auf einer Bohranlage gearbeitet haben musste.

»Ihre Qualifizierung gilt hier aber nichts«, sagte der Verantwortliche schließlich. »Sie können als normaler Bohrarbeiter mit Lohngruppe 5 anfangen. Wären Sie allerdings bereit, als Turmsteiger zu arbeiten, können wir Sie gleich mit der Lohngruppe 6 einstellen.«

»Gern«, teilte ich mit, »damit habe ich kein Problem.«

»Wann könnten Sie anfangen?«

»Sofort«, sagte ich. »Ich müsste nur einmal nach Hamburg zurück, da ich keine Sachen dabei habe.«

Ich erhielt die Adresse, zu der ich mich begeben sollte, um in fünf Tagen mit meiner ersten Schicht anzufangen. Nicht nur meine Fahrtkosten bekam ich zurückerstattet, sondern auch noch Spesen – und hatte mit einem Mal 180 Westmark in den Händen. Damit trampte ich dann kurzerhand zu Ruth – jener jungen Frau, die ich später einmal heiraten sollte.

Ich bin aus dem Osten

Mein Freund Willi Zander und seine Beate waren ein halbes Jahr vor mir ausgereist. Auf ganz legale Weise übrigens – dank des Helsinki-Abkommens. Willi kam im Frühjahr 1976 in den Westen. Ohne seine Pferde, die er so teuer ausgetauscht hatte. Aber da wir für ihn ja schon vorher den ganzen Kunstkram und auch Bargeld rübergeschafft hatten, besaß er zumindest Startkapital. Damit hatte er sich zwei Pferde gekauft und bei den Karl-May-Spielen in Bad Segeberg beworben, wo sie ihn als Kaskadeur mit einer Rolle engagierten.

Wir nahmen nach meiner Ankunft in der Bundesrepublik sofort Kontakt miteinander auf und er verkündete bei »Karl May«: »Mein Freund Peter ist da.«

Gemeinsam mit dem damaligen Winnetou-Darsteller, Thomas Schüler – ein Schauspieler aus Österreich –, holten sie mich nur wenige Tage nach meiner Einreise mit Schülers BMW 5er-Coupé in Hamburg ab.

Bei diesem ersten Besuch in Bad Segeberg habe ich Ruth getroffen. Damals spielte sie in der »Winnetou I & II«-Inszenierung die Lizzy. Wir liefen uns auf einer Treppe über den Weg, haben uns vielleicht eine Minute lang angeschaut. Wenngleich ich mich zeitlich nicht festlegen will, denn in solch einer Situation läuft die Realität an einem sowieso viel langsamer vorbei. Ich kam von oben, sie von unten – und wir sind kurz stehengeblieben.

Abends in der Kneipe haben wir uns inmitten der Schauspieler und Crew-Mitglieder wiedergesehen. Als es dann hieß, man wolle noch in eine Disco fahren, waren wir beide mit dabei und tanzten dort auch miteinander. Geredet haben wir allerdings nicht viel. Nur auf dieser Ebene »Wo kommst du her? Was machst du?« Ein detaillierteres Gespräch hätte gar nicht zustande kommen können, weil wir die ganze Zeit über in einer großen Gruppe zusammensaßen.

Vom Prinzip wussten alle, mit wem sie es bei mir zu tun hatten und wie ich rübergekommen war. Dafür hatte Willi schon gesorgt. Und ich genoss sofort eine gewisse Wertschätzung, da Willi bei »Karl May« ein gutes Standing besaß. Damals sah er aus wie Günter Netzer, machte die riskantesten Pferdestürze, die im Westen sonst niemand hinbekam. Und da alle wussten, dass wir in der DDR zusammengearbeitet hatten, gingen sie davon aus, dass ich diese Dinge auch konnte.

Eine Woche später bekam ich von Ruth eine Einladung zu einer Art Western-Party auf einem Reiterhof bei Lübeck, auf dem Willis Pferde standen. Die Gäste saßen auf Strohballen, es gab verschiedene Getränke, es wurde gegrillt und eine Menge Schauspieler war dort. Unter anderem Raimund Harmstorf, der in der 1976er-Inszenierung als Santer eine der Hauptrollen spielte. An jenem Abend haben Ruth und ich uns dann schon ein wenig besser kennengelernt.

Schließlich gab es ein paar Tage später die Abschlussveranstaltung der laufenden Saison. Da saßen wir an einem Tisch mit dem Intendanten-Paar. Ich gegenüber von Harry Walther, Ruth neben dessen Ehefrau. Wir sprachen bereits über meine mögliche Teilnahme an den Spielen im kommenden Jahr.

Abends nach der Party musste Ruth los. Nach Hannover. Sie wollte ein Appartement beziehen, weil sie ein Engagement am dortigen Theater bekommen hatte. Ihr VW Käfer war voll beladen, trotzdem bot sie mir an, mich bis Hamburg mitzunehmen. Auf dieser Fahrt hatten wir erstmals die Möglichkeit, uns ungestört etwas intensiver zu unterhalten.

In Hamburg ließ sie mich mitten in der Nacht an einem S-Bahnhof raus und fuhr todmüde weiter.

Als meine Bewerbungsprozedur bei DEUTAG in Bad Bentheim zu Ende war, fragte ich meine Mitbewerber, ob jemand zufällig in Richtung Hamburg führe. Keiner dabei. Allerdings meinte einer, dass er zumindest Richtung Hannover fahren werde. Mir kam die Idee, dann doch Ruth zu besuchen. Nach einem Dreiviertel der Strecke stieg ich an einer Raststätte aus und versuchte es mit dem Trampen.

Der erste Lkw-Fahrer, den ich fragte, meinte, dass er nach Hannover wolle und mich mitnehmen könne. Allerdings schmiss er mich vor einem Autobahnkreuz raus: »Deine nächste Abfahrt ist ungefähr 2000 Meter weiter. Da musst du halt laufen.«

Das war gegen 22 oder 23 Uhr.

Also ging ich nachts die Autobahn entlang. Meine Clogs hatte ich ausgezogen, weil es sich barfuß besser lief. Plötzlich hielt neben mir ein Polizeiauto.

»Können wir mal Ihren Personalausweis sehen«, sagte einer der Uniformierten. »Wo wollen Sie hin?«

»Tja, ich bin aus dem Osten, gerade freigekauft worden und habe mich soeben in Bad Bentheim beworben. Jetzt wollte ich zu einer Frau nach Hannover, die ich vor kurzem kennengelernt habe.«

Sie hörten sich die Geschichte an, gaben mir meine Papiere wieder und blieben mit ihrem Auto neben mir stehen.

»Wollen Sie nicht reinkommen?«, fragte wieder einer.

»Wie – reinkommen?«

»Steigen Sie ein, wir fahren Sie hier von der Autobahn weg.«

Ich stieg zu den Beamten in den Wagen, und der auf dem Beifahrersitz schnappte sich den Sprechfunk und machte Meldung. »Wir verlassen mal die Autobahn Richtung Randgebiet Hannover zu einer Personenüberprüfung«, sagte der Polizist weiter. Ohne viel Federlesen haben die mich bis vor Ruths Haustür gefahren.

Morgen ist ein neuer Tag

Da stand ich nun gegen ein Uhr vor den Klingelschildern und fand ihren Namen nicht. Sie hieß damals noch Wielandt. Allerdings waren auf der Leiste drei Felder leer, was mich annehmen ließ, dass sie eine dieser Wohnungen bezogen haben musste.

Als ich die Klingeln neben den leeren Feldern gedrückt hatte, summte die Haustür und ich ging hinein. Aus der ersten Etage rief eine Männerstimme: »Wer ist denn da?«

»Entschuldigung«, sagte ich. »Wissen Sie, ob hier eine Frau Wielandt wohnt?«

»Ja, vermutlich«, sagte er. »Da ist jemand zugezogen. Ich weiß aber nicht, in welche Wohnung.«

Zum Schein ging ich wieder runter, klemmte etwas zwischen Tür und Rahmen und bedankte mich bei den Polizisten. Ich hätte meine Freundin gefunden. Dann kehrte ich ins Haus zurück, klapperte die Wohnungen ab und klingelte noch einmal bei den anderen ohne Namensschild.

Zuerst – so wurde mir am nächsten Tag klar – läutete ich bei Ruth. Die öffnete aber nicht, weil sie sich sehr darüber wunderte, dass da jemand nachts um eins bei ihr an der Tür klingelte. Sie kannte ja zu dem Zeitpunkt niemanden in der Gegend. Im Haus schon gar nicht.

Bei der anderen namenlosen Wohnung öffnete ein Mann. Der war nicht gerade eingezogen, sondern stand vielmehr davor, auszuziehen. Auch ihm legte ich dar, wen ich suchte, worauf er mich hineinbat.

Als ich mich gesetzt hatte, fragte er: »Willst du einen Whiskey?« Ich bejahte und erzählte ihm kurz die Geschichte meines Hierseins.

»Ach, weißt du«, sagte er. »Die wird heute Nacht nicht mehr aufmachen. Du kannst dich bei mir auf die Couch legen. Morgen ist ein neuer Tag, dann kannst du es ja noch einmal versuchen.«

Er gab mir eine Decke und einen Hinweis: »Du musst mit mir um sechs Uhr aufstehen. Ich muss pünktlich im Laden sein. Ich bin nämlich mit der Tochter des Eigentümers zusammen und kann es mir nicht leisten, einen schlechten Eindruck zu hinterlassen.«

»Kein Problem«, sagte ich.

Früh aufgestanden, bin ich draußen erst einmal eine Stunde umhergelaufen. Langsam öffneten die ersten Geschäfte.

Ich startete den nächsten Versuch, und diesmal machte Ruth mir die Tür auf. Sie zeigte sich so verdattert über meinen Besuch, dass ich im ersten Moment dachte, sie habe einen Freund in der Wohnung.

Ich versuchte die Situation einzufangen, fragte, ob sie frische Brötchen im Haus habe.

»Nein«, sagte sie.

»Dann gehe ich jetzt wieder los und hole welche.«

Als ich wiederkam, war sie geduscht und hatte alles zum Frühstück vorbereitet.

Ich blieb dann die Tage bei ihr, die ich bis zu meinem Arbeitsantritt Luft hatte. Und in dieser Zeit haben wir uns tatsächlich etwas näher kennengelernt.

Der Neue gibt heute keinen aus

Drei Wochen vielleicht. Mehr waren es nicht. Und ich war mittendrin in meinem neuen Leben in der Bundesrepublik. Ich hatte eine Wohnung in Hamburg – spartanisch, aber ausreichend eingerichtet –, Kontakte zur Film- bzw. Theaterbranche waren geknüpft, ich hatte eine Frau kennengelernt und die Aussicht auf ein Engagement bei den Karl-May-Spielen in Bad Segeberg.

Nach den zähen Monaten in bulgarischen und DDR-Gefängnissen hatte mein Leben enorm an Fahrt aufgenommen. Und das sollte sich danach nicht mehr wesentlich ändern.

Als ich bei DEUTAG meine Arbeit antrat, manifestierte sich der erste große Unterschied zu Erdöl im Osten in der Unterbringung der Arbeiter. Während wir in der DDR in Wohnwagen gelebt hatten, bezogen wir hier Quartier in einem Landgasthof im Oldenburgischen, der sechs oder sieben Kilometer von der Bohranlage entfernt war. Es gab an die 30 Zimmer, die alle von der DEUTAG angemietet worden waren. In der Herberge hatte man sich zudem vollständig auf den Arbeitsrhythmus der Erdölleute eingestellt, die zwölf Tage blieben und für sechs Tage nach Hause fuhren.

Ich hatte ein eigenes Zimmer, weshalb mein Kontakt zu den anderen vorerst auf die Zeit während der Schichten beschränkt blieb. Ziemlich jeder Arbeiter fuhr ein dickes Auto. Viele hatten vorher im Oman oder bei den Saudis ihr Geld verdient, was an den Fahrzeugen zu sehen war: Porsche Carrera, Mercedes 350 SE, Opel Admiral … Und ziemlich jeder kutschierte mit seinem Wagen morgens zur Arbeit und am Abend natürlich wieder zurück.

Ich war aufgrund meiner damals noch bescheidenen finanziellen Situation ohne Auto, was dort in der Truppe auch jeder wusste. Jedes Mal lief ich die sieben Kilometer zur Bohranlage und zurück einsam durch die Felder. Die anderen fuhren mit ihren Kisten an mir vorbei – angehalten hat keiner.

Ich arbeitete einen Monat durch, da ich die sechs Tage Heimaturlaub nicht benötigte. Keine Familie wartete auf mich. Und mit Ruth war alles noch am zaghaften Beginn. An meiner Rolle unter den Arbeitern änderte sich in dieser Zeit nichts.

Dann kam der erste Zahltag. Unter den Kollegen befanden sich einige sehr simple Gemüter, die gern mal einen hoben. So auch am Tag, als die Lohntüten über den Tisch gingen. Mit dem Bier kamen die kleinen Provokationen. Und ich war der Neue.

Einer der Männer krähte durch die Gaststube: »Der Neue gibt heut einen aus!«

Die anderen signalisierten ihre Zustimmung und die Blicke richteten sich auf mich.

»Der Neue gibt heute gar keinen aus«, entgegnete ich. »Ich bin jetzt einen Monat auf der Anlage, bin jeden Tag zur Arbeit gelaufen, und ihr seid alle an mir vorbeigefahren. Zurück das Gleiche. Niemand hat angehalten, dabei fahrt ihr alle hierher. Ich gebe dann einen aus, wenn ich sage: Ich gebe einen aus.«

Der angetrunkene Rufer baute sich vor mir auf und wollte unbedingt die Schlägerei haben. Angriff war in solch einer Situation immer die beste Verteidigung. Also trat ich ihm kurz zwischen die Beine und ließ einen Aufwärtshaken folgen, sodass er zu Boden ging.

»Steh auf! Wenn du mehr möchtest«, sagte ich.

Der Gestürzte blieb ächzend liegen und im Schankraum kehrte eine etwas betretene Ruhe ein.

»Gut«, meinte ich daraufhin. »Jetzt sind ein paar Dinge ausgesprochen und geklärt: Ich gebe einen aus.«

An diesem Abend kam der Schichtführer zu mir und sagte: »Peter, wenn du etwas Geld sparen willst – ich habe noch ein zweites Bett in meinem Zimmer.«

Ich lehnte ab, wollte lieber auf meinem Einzelzimmer bleiben. Sein Angebot, mich ab sofort mit zur Arbeit zu nehmen, nahm ich aber an.

Der Lohn war üppig. Es gab keinen Monat, an dem ich unter 4000 Mark netto verdient habe. Ich machte jede Menge Überstunden. Das, was dabei heraussprang, war aber gar nichts gegen die Gehälter, die einige im Oman bekommen hatten: monatlich 8000 bis 12000 Mark auf die Hand. Dazu gehörten fünfmal am Tag freie Mahlzeiten, klimatisierte Räume – und ihre Heimflüge konnten sie auf Kosten der Firma auch gleich zu einem Urlaubsort umbuchen. Meinetwegen von Oman nach Florida, wo sie dann auf ihre Familie trafen, die sie aus Deutschland hatten einfliegen lassen.

Von meinem ersten Lohn bestellte ich mir bei »Otto« eine Western-Küche. Eine mit Jalousien-Türen. Schweres Kiefernholz, aber wirklich lustig.

Ruth hatte zu jener Zeit ein Engagement in Hamburg auf dem Theaterschiff bekommen. Betreiber war Eberhard Möbius – auch ein ehemaliger Ossi. Möbi hatte sich einen alten Lastkahn gekauft und ihn mit viel Engagement zu einer schwimmenden Bühne ausgebaut – wohl das erste Theaterschiff Deutschlands. Deshalb pendelte sie nun zwischen Hamburg und Hannover. In dieser Situation bot ich ihr an, mit in meine Wohnung zu ziehen, da ich die meiste Zeit ja sowieso nicht dort war. Ruth lieh mir dann ihr Auto, bis ich mir schließlich nach einem halben Jahr ein eigenes zulegte: Ford Capri, sechs Zylinder. Fand ich schick, lief gut 180 Stundenkilometer. Hatte nur eine kleine Rückbank, Notsitze sozusagen.

Obwohl wir aus zwei vollkommen unterschiedlichen Welten kamen, benötigten Ruth und ich keine Phase des Beschnupperns. Ruth stammte aus einer begüterten Familie, deren Haus man als Villa bezeichnen konnte. Es hatte Hanglage mit Blick auf das Münster in Bern. Ihr Vater war Architekt, ihre Mutter Geschäftsfrau. Mit den Jahren hatte sich die Familie ein paar nette Immobilien im Umland gebaut. Ich hingegen war ein Ossi mit nichts.

Und wie es so kommt. Wir trafen uns, und es war Liebe auf den ersten Blick. Ihr war es egal, was ich besaß oder wo ich herkam. Sie hat mich einfach gemocht.

Vergessen Sie's einfach

Meine Zeit bei Erdöl war eine Zeit des Integrierens. Wenn ich nach Hause fuhr, hatte ich mit der Gestaltung meines privaten Lebens zu tun. Ich richtete mir Stück für Stück die Wohnung ein, und mit Ruth an meiner Seite erfuhr ich allmählich, wie diese neue Welt funktionierte. Ich lernte zum Beispiel das »Essen-Gehen« kennen. Das kannte ich aus der DDR nicht. Aber in der Bundesrepublik existierte damals schon eine völlig andere Gastronomie-Kultur.

Ruth schlug mir zum Beispiel immer wieder vor, zum Chinesen zu gehen. Einige Zeit gelang es mir, dieser Angelegenheit auszuweichen, da ich vom Besuch eines derartigen Restaurants die bizarrsten Vorstellungen hatte. So glaubte ich, man müsse beim Betreten die Schuhe ausziehen, sich mit gekreuzten Füßen vor eine Reisschale setzen und das Essen mit Stäbchen in den Mund balancieren.

Natürlich streckte ich weiterhin die Fühler nach Jobs aus, in denen ich als Stuntman hätte in Aktion treten können, war aber gleichzeitig davon überzeugt, dass ich spätestens mit der 1977er-Saison der Karl-May-Spiele endgültig einen Fuß in der Tür haben würde.

Das entwickelte sich allerdings anders als gehofft. Der Intendant Harry Walther hatte mir anfangs für drei Monate eine Gage von rund 8500 D-Mark angeboten. Die Gesamtzeit teilte sich auf in vier Wochen Probe und acht Wochen Aufführungen. Das angebotene Geld war für die Branche nicht gerade viel. Allerdings hatte mein Freund Willi ein Jahr zuvor für die gesamte Saison lediglich 3600 D-Mark erhalten. Und auch mir war es erst einmal wichtig, Fuß zu fassen.

Als mir dann das erste Vertragsangebot zugeschickt wurde, waren als Gage nur noch 5000 D-Mark vermerkt. Ich schrieb dem Intendanten, dass wir doch eine ganz andere Summe besprochen hätten. Daraus folgte das nächste Papier, nun mit 5500 D-Mark –

was ich natürlich erneut monierte. Und als im dritten Vertragsentwurf zur eingangs vereinbarten Summe immer noch 2000 Mark fehlten, teilte ich ihm mit: »Sehr geehrter Herr Walther, vergessen Sie's einfach.«

Trotzdem ging für mich der Sommer 1977 nicht ohne Kontakt zu der Bad Segeberger Darsteller-Crew ab. Der Winnetou-Mime Thomas Schüler und ein paar andere aus der Truppe hatten während der Festspielsaison noch ein zusätzliches Engagement im Hansa-Park in Sierksdorf. Die Karl-May-Stücke wurden immer am Wochenende gezeigt, so dass die Mannschaft in der Woche Luft hatte. Und da es in Sierksdorf eine Westernstadt gibt, wollten Schüler und seine Mitstreiter dort eine entsprechende Western-Show aufführen.

Schülers Manager fragte bei mir an, ob ich nicht Lust hätte, dabei mitzuwirken. »Wir haben dort 45 Shows und Sierksdorf würde 500 Mark pro Vorstellung bezahlen«, sagte er. »Du musst nur dein Kostüm selber mitbringen.«

Das gefiel mir sehr gut, weshalb ich bei der DEUTAG kündigte und mich mit Cowboy-Utensilien eindeckte: breite Jeans, Stetson, Boots, Enfield-Revolver und Gurt.

Bei »Erdöl« gaben sie sich bei meinem Abschied sehr freundlich. Ich könne jederzeit zurückkommen, hieß es, und dürfe in Celle Bergbau studieren, wenn ich es wolle. Und selbst die Erfüllung meiner bisher abgelehnten Wünsche, mal in den Oman zu gehen oder auf eine Bohrinsel zu kommen, stellten sie plötzlich in Aussicht.

»Das ist alles ganz nett«, erwiderte ich. »Ich starte jetzt aber den Versuch, wieder ins Stuntgeschäft zurückzukehren.«

Als ich dann jedoch nach Sierksdorf kam und es richtig losgehen sollte, hieß es plötzlich, wir hätten statt der 45 nur vier Shows – und eine fünfte sollte von uns umsonst gegeben werden.

»Ich weiß ja nicht, was du für einen Manager hast«, sagte ich stinksauer zu Schüler. »Jetzt gehe ich aber erst einmal zur Geschäftsleitung und verlange, dass uns auch die fünfte Show bezahlt wird, denn für lau arbeite ich nicht.«

Die Geschäftsleitung war überrascht. »Herr Hick, diesen Deal hat uns der Manager angeboten«, sagte man mir dort. Aber ohne viel Federlesen wurden 2500 Mark auf den Tisch gelegt, die die Hansa-Park-Leitung der Schauspielertruppe für die fünfte Show offerierte.

Ich quittierte den Erhalt des Geldes, nahm die Scheine und ging damit zu den anderen.

»Hier, wie ihr seht: Wir kriegen auch die fünfte Show bezahlt.«

Wenig später, ich hockte gerade auf dem Dach der Postkutsche, die zur Westernstadt gehörte, tauchte der Manager auf und wollte mich provozieren. Es passte ihm nicht, dass ich unser Schicksal selbst in die Hand genommen hatte. Offensichtlich fühlte er sich übergangen.

»Pass auf, mein Freund«, rief ich wutschnaubend und sprang in den Sand. Der Manager drehte sich auf dem Hacken um, suchte das Weite – und ich habe ihn nie wieder gesehen.

Moritz, lieber Moritz

In dieser Zeit der kleinen Rückschläge ergab es sich, dass Regisseur Hark Bohm Stunt-Leute suchte. Bohm hatte sich in der Szene des »Neuen deutschen Films« schon mit »Nordsee ist Mordsee« (1976) einen Namen gemacht. Sein neuer Streifen sollte »Moritz, lieber Moritz« heißen.

Die Aufnahmeleitung seiner Produktion klingelte bei mir an, ich solle mich doch einmal vorstellen kommen.

Als ich zur Verabredung ging, drehten sie gerade eine Szene, die vor einer Villa an der Elbchaussee spielen sollte. Man stellte mich in einer Pause Hark Bohm vor. Nach einem kurzen Dialog zu meinem beruflichen Werdegang im Osten fragte er: »Kannst du Rad fahren?«

Ich muss ihn wohl ziemlich ungläubig angeschaut haben, denn er setzte sofort zur Erläuterung an.

»Kannst du mit Anlauf hoch abspringen und dich in den Sattel eines Fahrrads fallen lassen?«

»Ich denke schon«, entgegnete ich.

Hark wandte sich an den Requisiteur: »Können wir mal das Spielrad bekommen? Ich möchte das sehen.«

Das Gefährt wurde gebracht.

Auf dem weißen Kiesweg vor der Villa nahm ich Anlauf, sprang ziemlich hoch und ließ mich in den Sattel fallen. Es knirschte blechern – und das Hinterrad war in einem Winkel von 90 Grad verbogen. Der Requisiteur fiel fast in Ohnmacht: Sein Spielrad war hinüber. Hark Bohm hingegen zeigte sich sehr zufrieden – und ich war engagiert.

Nach einer weiteren Regiebesprechung folgte ein paar Tage später der erste Drehtermin. Dazu bekam ich einen Partner an die Seite, einen Stuntman und Schauspieler.

Die geplante Szene: Ein Mercedes fährt an eine Kreuzung heran, die von einem jungen Mann auf einem Fahrrad überquert wird.

Das Auto erwischt den Radler frontal, dieser schlägt kurz auf die Kühlerhaube und stürzt dann auf die Straße. Der Mercedesfahrer steigt aus seinem Wagen und kümmert sich schuldbewusst um den jungen Mann am Boden. Nachdem dieser zwar leicht benommen, aber anscheinend unverletzt sein Rad beäugt hat, verabschieden sich beide voneinander. Der eine schwingt sich auf sein leicht verbeultes Gefährt, der andere steigt ins Auto – und beide fahren weiter.

Eigentlich alles ganz einfach. Allerdings war der Mercedes beim Heranfahren nicht zu sehen, da er aus einer Seitenstraße kam, die man wegen der Bebauung nicht überblicken konnte.

»Wir sollten ein Timing machen?«, sagte ich dem bundesdeutschen Kollegen.

»Ein Timing?«

»Wir sehen uns beide nicht«, sagte ich. »Ich komme aus dieser Richtung, du kommst von da, sollst circa 60 Stundenkilometer fahren, gehst dann auf die Bremse, weil du mich vor der Haube hast, und gabelst mich auf. Das muss stimmig sein.«

Mein Gegenüber wusste offensichtlich nicht so richtig, was ich von ihm wollte, meinte aber: »Okay.«

Damals hatte ich bereits eine Armbanduhr mit Stoppfunktion – eine meiner ersten Anschaffungen nach meiner Ankunft in der Bundesrepublik –, die sich im Stuntgeschäft als sehr hilfreich erwies.

»Pass auf«, setzte ich an. »Wir sind jetzt hier auf null. Du drehst deinen Mercedes rum und fährst 15 Sekunden in die Seitenstraße rein.«

Ich setzte mich mit in den Wagen, bat, auf 60 Stundenkilometer zu beschleunigen, stoppte die 15 Sekunden auf meiner Uhr und wies den Stuntkollegen an, sich an dieser Stelle eine Markierung zu machen.

»Hier – das ist dein Startpunkt«, sagte ich. »Von hier sind es 15 Sekunden bis zum Crash. Ich werde mit meinem Fahrrad das

Gleiche tun, allerdings fünf Sekunden nach dir starten, da ich ja nicht auf Geschwindigkeit kommen muss.«

Die Aufnahmeleitung war im Bilde, ich saß auf meinem Fahrrad, der Mercedes stand an seinem Startpunkt und das erste Kommando über Funk kam: »Pkw, bitte ab!«

21, 22, 23, 24, 25 … »Peter, ab!«

Ich rollte los, kam an der Kreuzung an – und das Auto war nicht da, traf erst Sekunden später ein.

Drei Kameras liefen, zwei davon in Highspeed, 150 Bilder pro Sekunde, das kostete. Doch es handelte sich um einen frei finanzierten Film mit Fördergeldern … Jeder Pfennig war Gold wert.

»Was war los?«, fragte die Regie.

»Ich hab' mich irgendwie vertan«, sagte mein Kollege.

Nun gut. Das Ganze noch einmal.

Zurück auf Anfang. Die gleichen Kommandos. Ich rollte auf die Kreuzung – kein Mercedes.

»Was ist los?«, fragte die Regie, als er eingetroffen war.

»Mir ist ein Malheur passiert«, kam als Antwort. »Ich sollte mir ja eine Markierung machen. Und da stand ein Bühnen-Lkw, den ich mir als Markierung genommen habe. Den haben sie aber jetzt weggefahren. Und die Gartenzäune sehen hier alle gleich aus. Ich habe meinen Startpunkt nicht wiedergefunden.«

Hark Bohm war aufgebracht: »Uns läuft hier jede Menge Eastman Color in High Speed durch.«

»Versuchen wir es anders«, schlug ich vor. »Da es am Set immer ziemlich still ist, höre ich eigentlich, wenn das Auto näherkommt. Ich werde ihm so vor den Wagen fahren, dass er mich gleich auf der Haube hat.«

Der Mercedes kam auf die Kreuzung, fuhr aber um einiges schneller als besprochen. Vermutlich hatte mein Kollege Angst, den richtigen Moment des Aufeinandertreffens erneut zu verpassen. Ich radelte ihm vor das Auto, er trat auf die Bremse, ich wurde erwischt und so weit in die Höhe geschleudert, dass ich aus dem

Kamerabild flog. Beim Herabfallen landete ich auf der Kühlerhaube, die dabei stark einbeulte, und wurde heftig nach vorn abgeladen. Das Fahrrad lag zermalmt hinter dem Mercedes.

In Vorbereitung des Stunts hatte die Regie mich angewiesen, nach dem Zusammenstoß reglos liegen zu bleiben, damit meine Position eingezeichnet werden könnte. Dieser filmtechnische Vorgang funktioniert wie folgt: Die Kameras bleiben stehen und werden erst wieder gestartet, wenn der gedoubelte Schauspieler genau die Lage des Stuntman eingenommen hat. Dadurch entsteht der Eindruck, dass es an dieser Stelle keinen Schnitt gegeben hat – ergo der Schauspieler tatsächlich angefahren wurde. Zwar sind minimale Veränderungen bei den Anschlussbildern vorhanden, unser Auge ist aber zu träge, um das zu erkennen.

Ich lag also auf der Straße und hörte zögerlich die Kommandos für die Kameras: »Aus … Aus … Kamera aus …«

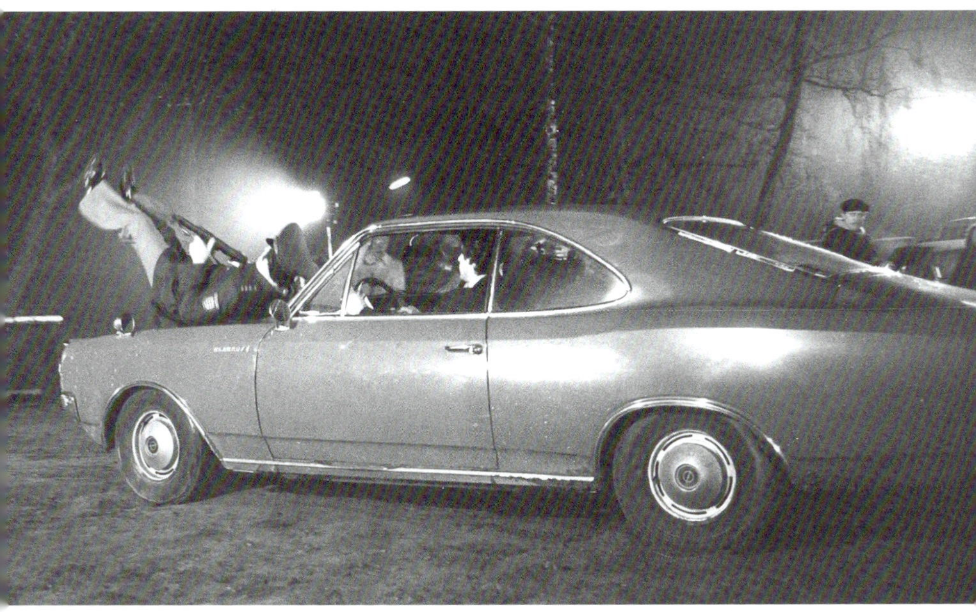

Jeder Stunt muss akribisch vorbereitet sein, damit nichts Unvorhergesehenes geschieht.

Am Drehort herrschte angespannte Stille.

Ruth, die an diesem, meinem ersten Drehtag mitgekommen war, hatte zwar einen Fotoapparat mit, vor Schreck aber keine Bilder gemacht.

Ich lag da und dachte: ›Wieso macht denn hier keiner was?‹

Ganz dezent hob ich den Kopf und rief: »Zeichnet mich mal endlich einer ein?«

Da erwachte der gesamte Drehstab wieder zum Leben. Jeder ging unverzüglich seinen Aufgaben nach.

Als ich mich erhoben hatte, kam Hark Bohm auf mich zu und fragte: »Was machst du die nächste Zeit?«

»Nichts«, antwortete ich. »Das ist heute mein erster Drehtag im Westen gewesen.«

»Alles klar«, meinte Bohm, drehte sich um und rief dem anderen Stuntman zu: »Sie sind entlassen.«

Wieder zu mir gewandt, sagte er: »Peter, du gehst in die Produktion und holst dir ein Drehbuch. Wir haben noch eine Kneipenschlägerei und einige andere Stunts. Du koordinierst das alles.«

Damit hatte ich wieder einen Job als Stuntman beim Film.

Solche Leute solltest du verpflichten

Zu dieser Zeit hatten sich mir allerdings bereits andere Türen geöffnet. Ich war Model geworden. Und dazu war ich wie die Jungfrau zum Kinde gekommen.

Im Sommer 1977 – als ich eher wenig zu tun hatte – rief mich mein Freund Willi an. Er meinte, eine Werbeagentur wolle für Jeans-Reklame im Ambiente der Karl-May-Spiele am Kalkberg Fotos machen. Dazu würden zwei Pferde benötigt. Er konnte zu dem Termin nicht, brauchte aber jemanden, der die Tiere betreute. Ob ich das für ihn übernehmen könne?

Natürlich sprang ich ein, brachte die Pferde zum Schauplatz der Session, wies die Models ein – das waren ein Amerikaner und eine junge deutsche Frau. Der Mann versicherte, dass er reiten könne – was er natürlich nicht konnte.

Das Tier wurde in die Position gebracht, der Schauspieler draufgesetzt und ich hielt unten die Pferdebeine, damit es sich nicht bewegte.

Schließlich kam einer von der Agentur zu mir und fragte: »Kannst du mal versuchen, ob du in die Jeans reinpasst?«

»Kann ich machen«, sagte ich, ging um die Ecke und stieg in die Hose. Die saß wie angegossen, ich war nach meiner Knast-Odyssee immer noch gertenschlank. Daraufhin wurde der Amerikaner ins Taxi gesetzt und nach Hamburg zurückgeschickt. Sie schossen mit mir die gesamte Fotostrecke noch einmal und zahlten 1500 Mark. Eines der Fotos war schließlich das Covermotiv der Zeitschrift »Jeans intern«. Die kostete 16 Mark. »Wie kann eine Zeitschrift 16 Mark kosten?«, fragte ich mich. Allerdings war sie sehr dick, überdimensional groß und präsentierte die aktuellsten Trends der Jeans-Mode. Sämtliche Boutiquen und Läden in der Bundesrepublik wurden mit dem Blatt beliefert.

Die Agentur entschloss sich, mich für Fotostrecken dieser Art als männliches Model zu behalten, was mir in der Folge einige lukrative Aufträge bescherte. Mal Fotos auf dem Motorrad, mal im Seitenwagen – oder ich wurde nach Gran Canaria in eine Western-Show geschickt.

Ein derartiges Shooting zog die Agentur mit mir auch während der Probezeit für die neue Karl-May-Saison in Bad Segeberg durch. Anfangs wurde hin und her überlegt, wie das Markenlabel auf der Gesäßtasche am besten in Szene gesetzt werden könnte, worauf ich Pferdestürze vorschlug: »Das Pferd fällt gerade, und ihr habt von hinten den Typen mit dem Cowboyhut. Dabei prangt das Label oberhalb der Gesäßtasche.«

»Machen wir«, meinte der Fotograf begeistert.

»Wir brauchen nur weichen Grund«, sagte ich. »Entweder im Sand oder auf der grünen Wiese.«

Man präferierte die grüne Wiese, weshalb wir uns auf jene Fläche begaben, auf der die Darsteller der Karl-May-Spiele ihr Reittraining absolvierten. Während die im vorderen Bereich der Wiese Reiten übten, vollführte ich im hinteren Areal einen Pferdesturz nach dem anderen.

Das sah Manfred Reddemann, der damals eine der Hauptrollen hatte und als Abendspielleiter fungierte. Als der Intendant Harry Walther zum Reittraining kam, rief Manfred ihm mit seiner knarrenden Stimme zu: »Harry, du solltest nach dort hinten gucken. Da macht einer schon den zehnten Pferdesturz. Solche Leute müsstest du mal verpflichten.«

Als ich an jenem Tag mit meinem Werbe-Job fertig war, kam Harry Walther zu mir: »Peter, das mit dem Vertrag war wohl ein Missverständnis«, sagte er. »Ich biete dir für die nächste Saison 12 500 Mark an.«

Als dann der Vertrag ankam, war Willi stinksauer. »Ich bin hier schon im dritten Jahr und du bekommst bei deiner ersten Saison gleich 5000 Mark mehr als ich?«

»Sorry, Willi. Aber dafür kann ich nichts.«

Hallo, befreit ihr mich mal

Das weibliche Model, das ich bei meinem ersten Jeans-Shooting kennengelernt hatte, vertrat danach die Ansicht, dass ich für solche Jobs geeignet sei und in der Branche weiterarbeiten sollte. Dabei sprach sie von ansprechenden Gagen und ging mit mir zu Gunther Models – damals eine der führenden Agenturen in Hamburg. Die nahm mich unter Vertrag.

Schon bald wurde ich für die Zigarettenmarke John Player gebucht. Eine bis heute sehr aktive Marke, besonders in der Formel 1. Da ließ man mich im Nadelstreifenanzug über eine Parkbank oder auf ein Motorrad springen, die »New York Times« in der Tasche der Jacketts. Oder für die Zigarettenmarke Overstolz. Für die wurde ich Werbeträger einer Plakatkampagne in Süddeutschland, die ergänzend von einem langen Werbespot fürs Kino begleitet wurde. Hier sah man mich mit einem motorisierten Dreirad durch malerische Landschaft fahren, ein Fass Wein transportierend. Ich kippte mit dem Gefährt in einen Straßengraben, eine siebenköpfige Radlertruppe kam vorbei, richtete das Dreirad auf – und ich schmiss eine Runde Zigaretten.

Die Dreharbeiten zu einem Werbespot für Tic Tac waren besonders aufregend. Sie fanden in Paris auf den Champs Élysées statt.

In Sichtweite des Arc de Triomphe baute die mit dem Dreh beauftragte Firma Hanseatik-Contact-Film ein Straßen-Café auf. Ich stellte einen Pariser Polizisten dar. Während ich vor dem Café die Straße entlang patrouillierte, kamen zwei deutsche Mädchen mit einem Käfer-Cabrio herangefahren. Die beiden parkten falsch, ich ging hin und machte sie mit ernster Miene auf ihren Fehler aufmerksam. Dabei ließ ich den Gummiknüppel lässig an einer Schlaufe um mein Handgelenk kreisen. Während ich meines Amtes waltete, holte eines der Mädchen aus seiner Tasche eine Tic-Tac-Schachtel hervor, öffnete diese und ließ dabei eine dieser

Lutschperlen fallen. Ich fing sie auf – und alle waren glücklich. Völkerverständigung.

Schon am ersten Tag gab es eine Unterbrechung. In ganz Europa war blauer Himmel und Sonnenschein – nur Paris zeigte sich wolkenverhangen. Die Crew schickte mich in ein 50 Meter entferntes reales Café und meinte, wenn es weiterginge, würde man mich holen.

Ich ging also in besagtes Café, nahm meine ziemlich hohe französische Polizeimütze ab, legte sie auf den Tresen, bestellte ein Croissant und einen Kaffee. Keine 15 Minuten später standen zwei breitschultrige, weiß behelmte Militärpolizisten hinter mir. Sie hoben mich vom Hocker und trugen mich hinaus.

Ich rief in Richtung Produktion so etwas wie »Hallo, befreit ihr mich mal?«, was die französische Aufnahmeleiterin herbeieilen ließ.

Sie erläuterte aufgeregt die Situation, dass es sich um einen Film handele, ich kein echter Gendarm sei und so weiter – und die Militärpolizisten ließen mich wieder gehen.

In den Augen der Franzosen hatte ich mich als Polizist wirklich ungebührlich verhalten: Erstens ist einem Flic der Aufenthalt in einem Restaurant nicht gestattet, und zweitens hatte ich meine Bestellung in englischer Sprache aufgegeben. Da wird jeder Einheimische hellhörig.

Das Warten sollte danach aber erst einmal kein Ende nehmen, da das Wetter einfach nicht der Werbekonzeption »blauer Himmel, Sonnenschein und Unbeschwertheit« entsprach. Die Produktion hatte mit uns bezüglich der Ausfalltage jeweils die Hälfte der angesetzten Summe vereinbart. Aber die fiel mit 1500 Mark immer noch recht üppig aus. Immerhin bekamen wir das Geld fürs Nichtstun und gingen abends auf Kosten der Agentur gut essen.

Nun lief es aber nicht so, dass jemand morgens aus dem Fenster schaute und meinte: Schlechtes Wetter – wir bleiben im Hotel. Vielmehr wurde jeden Tag alles so weit vorbereitet, dass man von einer Minute auf die nächste mit den Aufnahmen hätte beginnen können, weshalb ich auf den Champs Élysées auch jedes Mal als Polizist hin und her flanierte.

Einmal kam eine alte Dame auf mich zu und fragte nach dem Weg. Oder vielleicht wollte sie auch etwas anderes wissen, denn ich verstand kein Französisch. Aber sie fragte mich etwas.

»Pardon, Madame«, sagte ich. »Do you speak German or English?«

Ich hatte es kaum ausgesprochen, da kreischte sie auf und rannte vor mir davon. Keine drei Minuten später kam mit quietschenden Reifen die Polizei vorgefahren und wollte mich packen. Aber auch diesmal konnte die Aufnahmeleitung es schnell regeln.

Ein anderes Mal trat ein Ehepaar mit einer etwa 15-jährigen Tochter und einem zehnjährigen Sohn an mich heran. Die waren glücklicherweise aus Deutschland. Der Vater fragte mich in gebrochenem Französisch, wo denn ein McDonalds zu finden sei. Die Tochter meinte daraufhin genervt zu ihrem Bruder: »Oh Mann, so wie Papa den Bullen fragt, kommen wir nie zu McDonalds.«

Darauf sagte ich: »Wenn Sie hier vorne links die nächste Querstraße nehmen, zwei Straßen weiter rechts abbiegen, dann haben Sie in 80 Metern auf der rechten Seite McDonalds.«

Große Augen, und sie marschierten davon.

Am nächsten Tag kam ich früh aus meinem kleinen Hotel, das sich in einer Seitenstraße befand. Ich hatte die Jacke meiner Uniform offen, die Mütze auf halb acht, den Gummiknüppel im Hosenbund, das Koppel, das man über die Jacke schnallte, hing um meinen Hals, und im Gehen rauchte ich eine Zigarette. Nun ergab es sich, dass just in diesem Moment vor dem Hotel ein deutscher Reisebus stand.

Die Urlauber – sie waren aus Wanne-Eickel – drückten sich an den Scheiben ihre Nasen platt und zeigten mit den Fingern in meine Richtung. Ich hörte förmlich, wie sie sagten: »Guck mal, wie die französischen Polizisten rumlaufen.«

Ich trat an den Buseinstieg heran – hier hatten sich bereits einige der Insassen versammelt – und sagte: »Guten Morgen, meine Damen und Herren. Sie sind aus Deutschland, lese ich gerade. Da wünsche ich Ihnen doch, dass Sie in unserer schönen Stadt Paris einen angenehmen Aufenthalt haben. Und wenn Sie Fragen haben, wenden Sie sich an meine Kollegen. Viele von ihnen sprechen Deutsch ...«

In dem Moment stieß jemand hinten im Bus einen Kampfschrei aus, drängelte sich nach vorn, sprang mich von der Einstiegstreppe direkt an, umklammerte mich mit seinen Beinen an der Hüfte, klopfte mir auf die Schulter, riss sein Revers hoch und rief: »Du musst in der Legion gewesen sein ... Du hier ...«

Er rutschte an mir herunter – war einen Kopf kleiner als ich – stellte sich vor mir auf und salutierte.

»Kumpel«, brummte ich, während ich mich zu ihm hinunterbeugte. »Ich muss zum Dienst.«

Beide knallten wir die Hacken zusammen – und ich ging meiner Wege.

Kannste mal lachen

In jener Zeit – etwa zwischen 1979 und 1984 – machte ich eine Menge Werbung. Nicht nur für Zigaretten, Lutschdragées und Jeans, auch die Autoindustrie vergab viele Aufträge. Hier war präzises und oft schnelles Autofahren gefragt. Häufig handelte es sich nicht nur um kurze Werbeclips, sondern auch um lange Image-Filme für Automessen oder für die Händler in ihren Verkaufsräumen.

Als zum Beispiel der »Baby Benz« – Mercedes der Baureihe W 201 – auf den Markt kam, hatten wir auf Gran Canaria für die IAA einen 45-minütigen Werbefilm zu drehen. Das nahm eine Zeit von drei Wochen in Anspruch.

Die Koordinierung oblag mir, was zum Teil eine große Herausforderung darstellte. Man stelle sich vor: Da fahren acht Mercedes auf unterschiedlichen Wegen zum Flughafen. Alle rollen durch malerische Landschaften. Darüber schwebt ein Drachenflieger, und noch höher fliegt in einem Hubschrauber die Kamera, die alles in Achse aufnehmen muss. Einer nach dem anderen schließt sich dem immer länger werden Konvoi an, bis dieser am Flughafen ankommt. Und dort fahren fie Wagen in Formation über das Rollfeld, fächern auseinander und kommen synchron wieder zusammen.

Meist drehten wir von 9.00 bis gegen 11.30 Uhr und am Nachmittag zwischen 15.00 und 17.00 Uhr. Dazu zwangen uns die Lichtverhältnisse. Mittags war es zu hart und zu steil. Zu den Fahrern gehörten vier Stuntleute aus Deutschland und vier aus Spanien. Die kamen alle aus dem Rennsport, darunter der spanische Go-Cart-Meister.

Für Poggenpohl Küchen spielte ich Peter Falk, ließ mich für die Allianz mit einem Salto aus einem Fenster rücklings in eine Rikscha fallen, entschärfte für eine Ford-Werbung drei Neuwagen, die aus einer Plakatwand herausflogen – und, und, und.

Als diese Filme entstanden, war ich schon gut im Stuntgeschäft der Bundesrepublik angekommen. Der für mich nicht so spannende Model-Job blieb auf der Strecke. Vieles lief jetzt über direkte Kontakte zu den Produktionen oder Regisseuren.

Ich war heilfroh, dass sich die Foto-Shootings mehr und mehr erübrigten. Dieses »Kannste mal lachen« oder »Kannste mal dies oder jenes machen« finde ich heute noch völlig unpassend für mich.

Ich konnte es mir mittlerweile sogar leisten, nicht mehr alle Werbespots anzunehmen, für die ich angefragt wurde.

Schauspieler sah man damals in der Werbung eher selten. Es war in der Branche geradezu verpönt. Einer der ersten, der sich in TV-Werbe-Clips zeigte, war Klausjürgen Wussow. Er hatte über mehrere Jahre den Arzt Professor Brinkmann in der »Schwarzwaldklinik« gespielt. Als die Serie 1988 abgedreht war, galt er für das deutsche Fernsehen erst einmal als verbrannt. Eine Verpflichtung für einen »Tatort« oder ein ambitioniertes Fernsehspiel kam zu dieser Zeit selten infrage. Wussow ist dann mit einem Boulevard-Theater zwei Jahre auf Tournee gegangen. Dafür wurde er natürlich blendend bezahlt, weil sein Name zog – denn die »Schwarzwaldklinik« hatte traumhafte Quoten erzielt. Er sorgte für ausverkaufte Häuser, sodass sich sein Brötchengeber nicht verbiegen musste, wenn Wussow honorige Abendgagen verlangte. Und dann war da der Werbejob. Verpönt oder nicht – das war ihm wohl egal, da ihn ARD und ZDF nicht mehr besetzten. Außerdem ging das Gerücht, dass er einen Millionenbetrag für drei Kaffee-Haag-Werbespots erhalten haben soll.

Ich musste mich diesen Marktstrategien nicht unterwerfen, da ich nie ein Gesicht fürs Fernsehen gewesen bin. Ich konnte Werbung machen ohne Ende. Klar, ich spielte mal hier und da eine kleine Rolle, zu der es Anschlussdrehtage gab. Das war es dann aber auch schon. In erster Linie wurde ich als Stuntman verpflichtet, die Schauspielerei blieb nur Beiwerk.

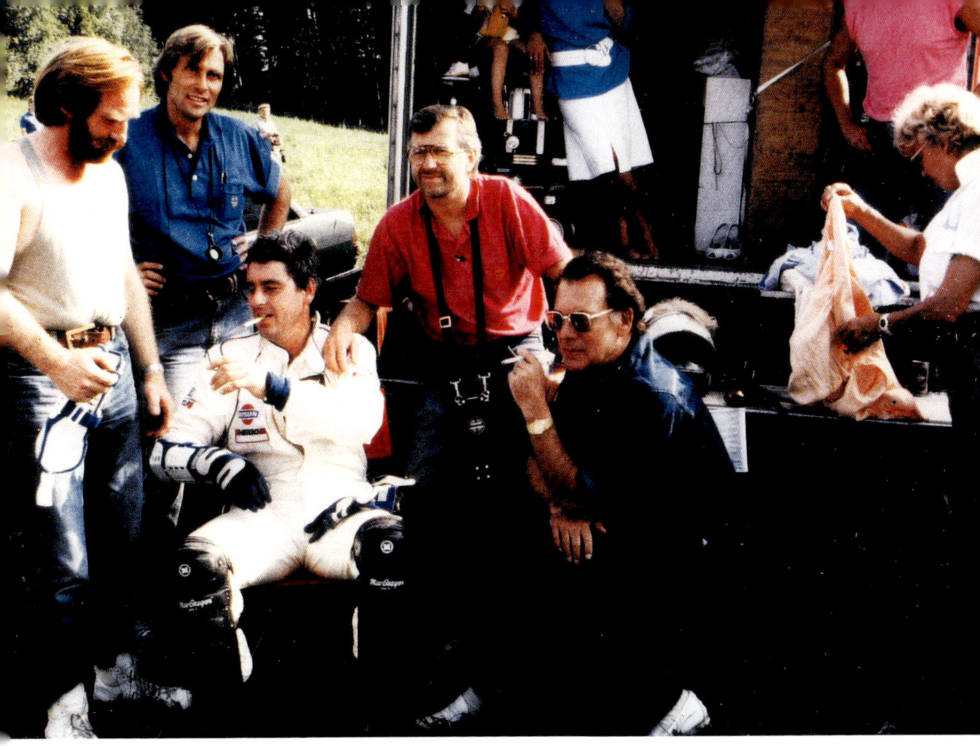

Bei den Dreharbeiten zur »Schwarzwaldklinik«, unter anderem mit Klausjürgen Wussow.

»So gab ich mal einen Kriminalassistenten in einer deutsch-italienischen Koproduktion, in der von vornherein die spektakulären Bilder im Vordergrund standen. Es gab Autoüberschläge, Schlägereien und Treppenstürze. Also meinte der Regisseur: »Peter, da kannst du die Rolle doch gleich selbst übernehmen. Text ist ja nicht viel.«

Trotzdem war ich immer froh, wenn ich nur aufs Motorrad zu steigen brauchte und von meinem Helm das Visier herunterklappen konnte.

Der Schatz im Silbersee

1978 war mein erstes Jahr bei den Karl-May-Spielen. Aufgeführt wurde »Durchs wilde Kurdistan«, ich spielte einen Kurdenanführer – eine Nebenrolle mit ein wenig Text. 1979 war ich bei »Old Firehand« als einer von Fosters Leuten wieder für eine Nebenfigur verpflichtet. 1980 änderte sich alles: Manfred Reddemann, einer der Hauptdarsteller von »Im Tal des Todes«, hatte sich den Mittelfußknochen gebrochen. Dadurch kam es innerhalb des Ensembles zu Umbesetzungen. An die Stelle des Hauptakteurs rutschte Gerd Zimmermann, der bisherige Sam Hawkins. Und diese Rolle sollte ich übernehmen.

»Aber nur, wenn ich den auf Sächsisch machen kann«, sagte ich.

Intendant und Regisseur Harry Walther willigte ein.

Das war bei den Spielen in Bad Segeberg ein Novum. Ich war bei »Karl May« der erste richtige Sachse. Beim Publikum kam das aber so gut an, dass ich im darauffolgenden Jahr für die Inszenierung »Der Schatz im Silbersee« wieder als Sachse besetzt

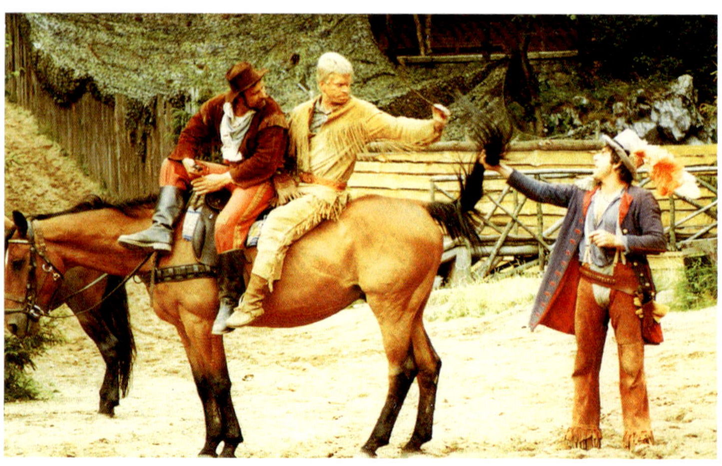

Als Hobble-Frank in Bad Segeberg (oben rechts), …

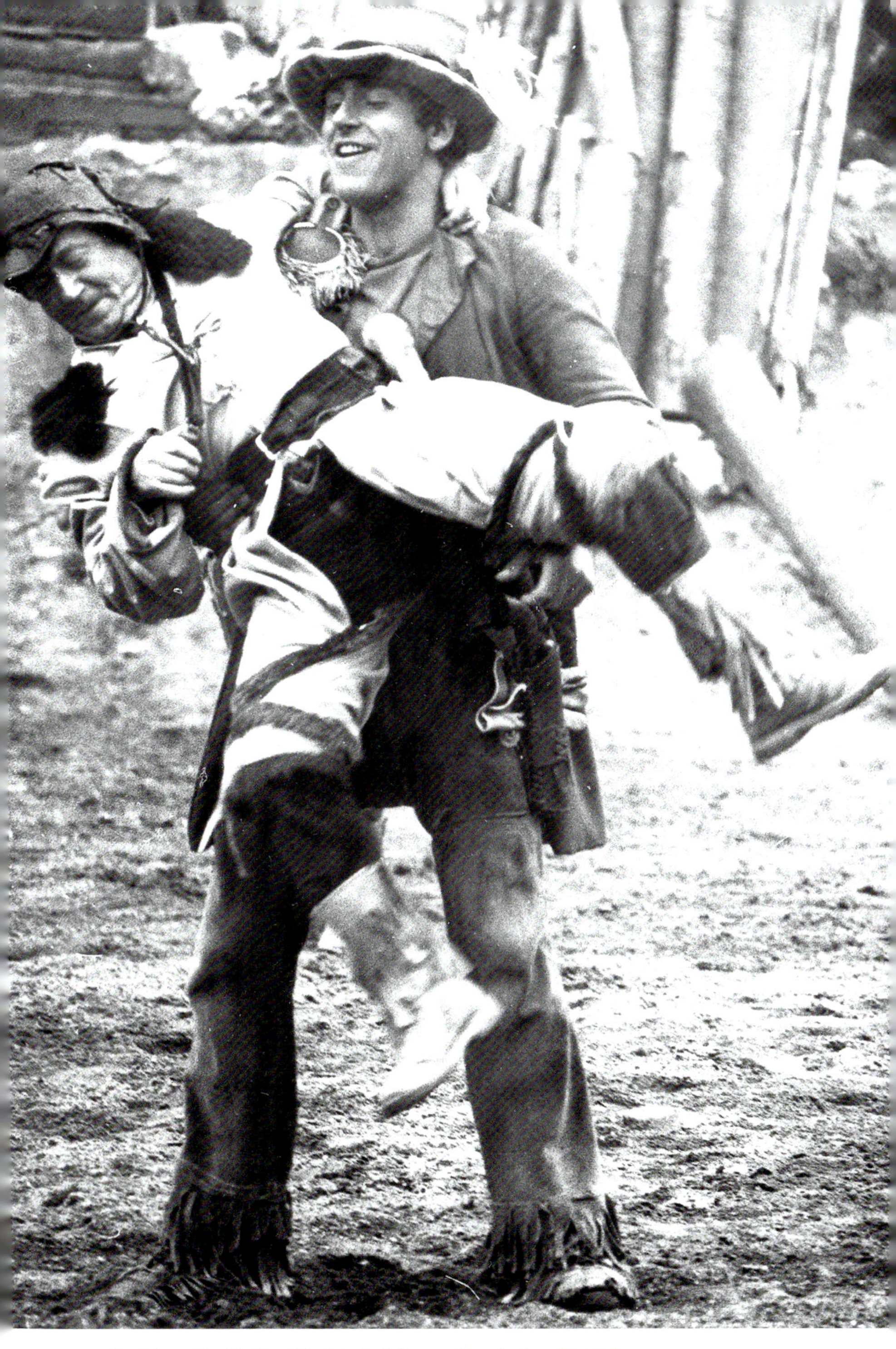

… der Tante Droll alias Eberhard Cohrs auch mal über die Bühne trug.

wurde: Ich spielte den Hobble-Frank. Der hatte ein steifes Bein, das er immer ein bisschen nachzog. Aber sobald es in Schlägereien ging oder andere aktionsgeladene Momente anstanden, konnte er plötzlich richtig laufen.

Ein zusätzlicher Gag bestand darin, dass Hobble-Frank im Wilden Westen mit Tante Droll einen weiteren Sachsen wiedertraf, mit dem er über drei Ecken verwandt war. Und den spielte Eberhard Cohrs.

Der war 1977 in den Westen gekommen. In der DDR hatte er als kalauernder Sachse zu den Publikumslieblingen gehört, in der Bundesrepublik kam seine Art weniger an. Dagegen lief es für ihn jedoch im Boulevard-Theater blendend. Darüber hinaus war er sehr fleißig und schrieb für Show-Größen wie Rudi Carrell Sketche und Gags.

Cohrs wohnte genau wie wir in Bad Bramstedt. Vielleicht drei Kilometer Luftlinie von uns entfernt. Und so schlug ich in Bad Segeberg vor, zwei witzelnde Sachsen auftreten zu lassen.

Wir wurden die großen Publikumslieblinge. Das »Hamburger Abendblatt« titelte zur Premiere 1980: »Komiker-Duo spielt Shatterhand und Winnetou an den Kalkbergfelsen«.

Harry Walther wurde 1980 durch Klaus-Hagen Latwesen abgelöst, mit dem bei den Karl-May-Spielen eine neue Professionalität Einzug hielt. Aus der Filmbranche konnte er Thomas Pröve als Regieassistenten sowie Dagmar Kurr und Archie Görding als Aufnahmeleiter verpflichten. Die verstanden ihr Handwerk, waren fleißig und gut organisiert. Für die Kollegen gab es ein fertiges Skript, einen ausgefeilten Probenplan und täglich eine Dispo für den nächsten Tag. Für sich selbst hatte Klaus-Hagen mit der Kalkberg GmbH einen tollen Vertrag ausgehandelt: Er war Intendant, Autor, Regisseur in Personalunion – und er spielte den Winnetou.

1982 ritt ich in »Winnetou, der rote Gentleman« als Rattler an der Seite von Santer. Laut Buch wurde Nscho-tschi von Santer er-

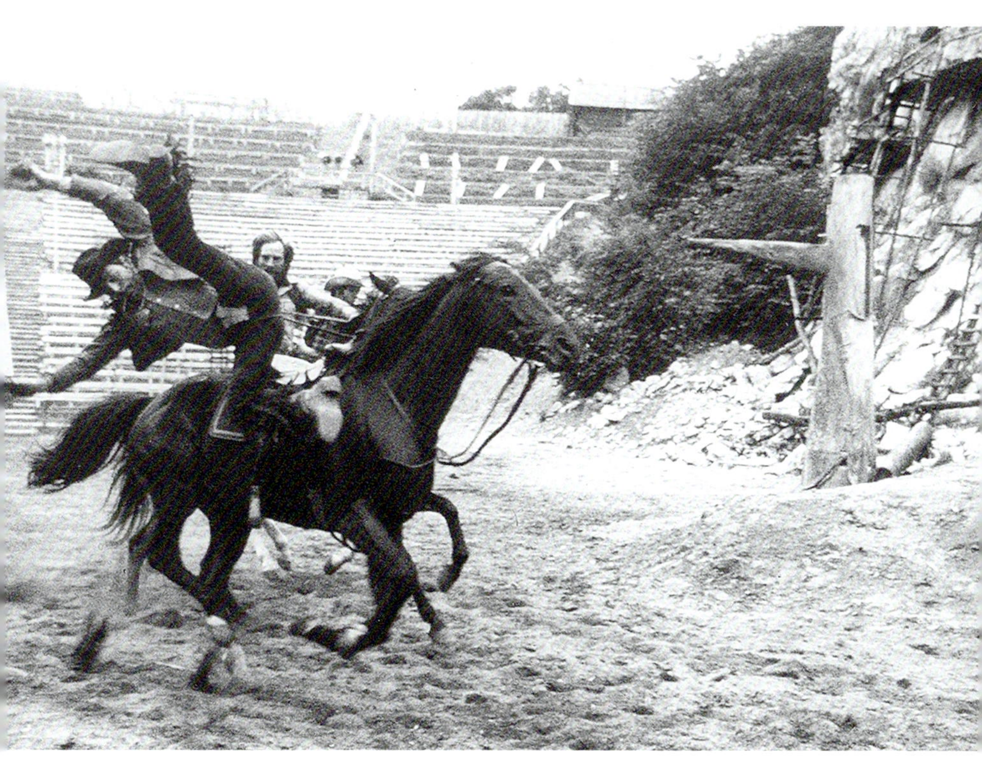

Bei Proben mit Willi Zander auf der Bühne in Bad Segeberg

mordet. Darsteller Ulli Kinalzik hatte sich für die Rolle aus dem Requisitenfundus ein großes, verchromtes Schießeisen gegriffen. Das machte eine Menge her, war allerdings schwer zu händeln. In einer der ersten Vorstellungen, als Nscho-tschi szenengerecht angelaufen kam, während wir ihr entgegenritten, zog er seinen Revolver – und bekam wegen dessen Größe den Hahn nicht mit einer Hand gespannt … schon war Nscho-tschi aus seinem Schusskreis. Also ritten wir in der Arena eine weitere Runde, Ulli visierte Winnetous Schwester erneut an – und wieder bekam er den Hahn nicht gespannt. In dem Moment schrie er mir zu: »Rattler, erschieß du sie.« Völlig überrascht parierte ich mein Pferd

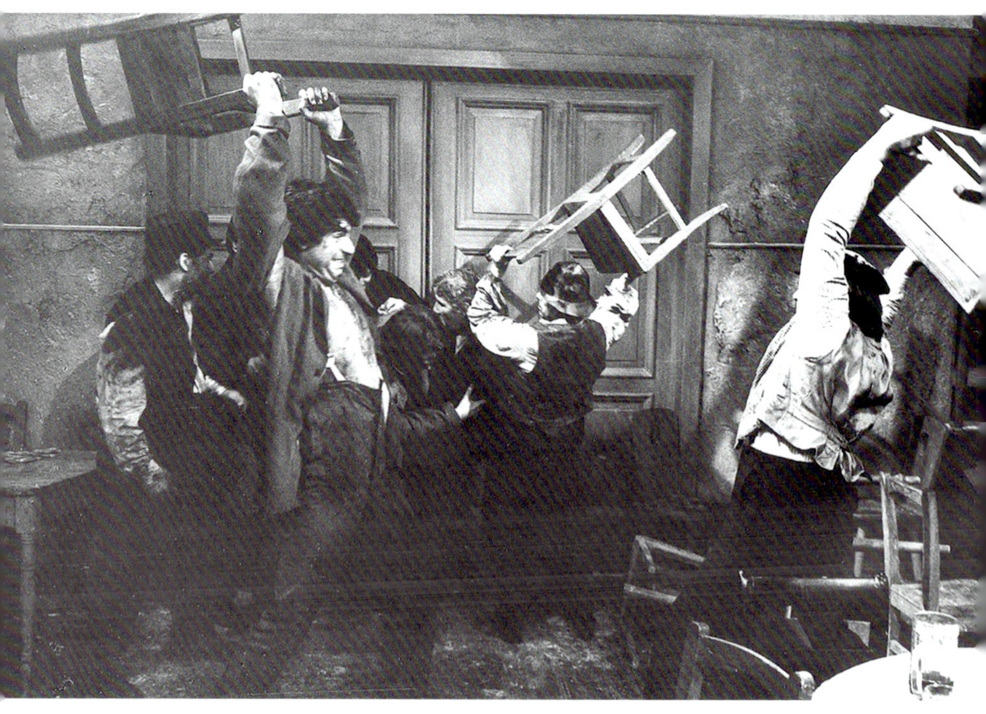

Gehört auch zum Stunt-Repertoire: die Schlägerei in Wirtshaus beziehungsweise Saloon

durch, zog meinen Revolver aus dem Holster und erschoss die schöne Frau. Im Gegensatz zu Mario Adorf, der den Santer einst in den Karl-May-Filmen gespielt hatte und wegen Nscho-tschis Ermordung regelrecht angefeindet worden war, landete meine Untat in der Kiste für Kurioses.

In meinen Rollen war ich oft in den finalen Kampf verwickelt, der dann natürlich spektakulär ausfallen musste. Mal prügelte ich mich in 15 Metern Höhe über einem brennenden Vulkan, in den ich nach dem K.o.-Schlag rücklings hineinstürzte, oder ich verbrannte als Old Wabble in einem Wagen, der mit hoch lodernden Flammen aus der Szene gefahren wurde.

Seit 1984 arbeitete ich bereits für die »Schwarzwaldklinik«. Bis 1986 hatte die Produktionsleitung der TV-Serie die Drehtage danach ausgerichtet, dass ich nur Montag, Dienstag und Mittwoch abkömmlich war und für die Stunts zur Verfügung stand. Das sorgte allerdings immer wieder für logistische Probleme. Schließlich stellte mir Produzent Wolfgang Rademann freundlich ein Ultimatum: Entweder wir können dich nach Bedarf fest auf Termine setzen, oder wir müssen uns einen neuen Stunt-Koordinator suchen. In der Branche war allgemein bekannt: Wer Rademann eine Absage erteilte, bekam danach lange keine weitere Chance. Er stellte jedoch für alle, die für ihn arbeiteten, eine sichere Bank dar. Er war eine treue Seele – aber eben auch ein Produzent. Also stieg ich als Darsteller in Bad Segeberg aus.

Nach »Moritz, lieber Moritz« hatte sich in der Branche rumgesprochen, dass ich nicht nur spektakuläre Bilder liefern konnte, sondern auch sehr präzise arbeitete und gut organisiert war. Und so hatte ich ziemlich schnell die nächsten Aufträge. Dieses »beinahe nicht funktioniert«, diese halbprofessionelle Arbeit, bei der sich die Akteure auf ihr Glück verließen, war weit verbreitet im westdeutschen Stunt-Geschäft. Und jetzt war da plötzlich jemand, der die Stunts bis ins letzte Detail vorbereitete und dementsprechende Ergebnisse erzielte.

Nach meiner ersten Arbeit für einen Kinofilm machte ich gleich einen Vierteiler für den NDR. 25 Motorräder, Mutproben, Randale durch Städte. Wir drehten auf den Straßen in Schleswig-Holstein, oft in einer Kiesgrube in Kaltenkirchen, in Darmstadt – da war sehr viel zu tun.

Oder ich erinnere mich an einen Dreh in der Schweiz für einen Kinofilm mit Uwe Ochsenknecht, »Die Dollarfalle«. Er musste sich in einer Szene durch die Räder eines fahrenden Zuges von der einen Seite des Gleisbettes auf die andere rollen. Der Zug fährt an einem vorbei, man rollt zwischen den Achsen des einen Waggons unter diesen, bleibt kurz auf den Bohlen liegen und rollt beim nächsten Waggon wieder raus – eine sehr heftige Geschichte mit hoher Nervenanspannung, denn im Ablauf ist nichts zu stoppen. Hast du einen Arm oder Fuß nicht schnell genug vom Gleis, dann ist er weg.

Ich wies darauf hin, dass die Waggons alle den gleichen Achsenabstand haben müssten. Im besagten Fall 13 Meter. Keine 9,50 Meter, auch keine 12,80 Meter – es mussten exakt die gleichen Abstände sein. Der Lokführer fuhr mit verschiedenen Geschwindigkeiten für mich Probe. Resultierend daraus wurde ein Tempo von 18 km/h festgelegt. Mir blieben drei Sekunden, um unter den Zug zu kommen, und wiederum drei Sekunden zum

Herausrollen. Nach der dritten Sekunde war jeweils die nächste Achse da.

Der Zug fuhr an mir vorüber und ich konnte mir genau überlegen, wie ich den Stunt vollführen würde. In jenem Moment hätte ich mich auch noch entscheiden können, es nicht zu tun, wäre es mir zu gefährlich erschienen. Aber ich war mir sicher, dass drei Sekunden ausreichen würden. Ein wenig erschwerend kam hinzu, dass mit einem C-Schlauch eine Regensituation simuliert wurde. Das hieß: Ich musste zusätzlich aufpassen, dass mir das Wasser nicht in die Augen lief.

Schließlich – volle Konzentration: Achse und rein! Schön, jetzt liegst du erstmal trocken: Achse und raus!

Wir haben die Nummer zweimal gedreht. Alles funktionierte perfekt. Ich bedankte mich bei allen und war entlassen. Das Hotel in Zürich nahm ich nicht in Anspruch, sondern setzte mich in mein Auto mit einer Zwölfhunderter Yamaha auf dem Anhänger und fuhr gleich weiter zu einer Produktion nach München. Dort wurde eine weitere populäre Serie gedreht, die hieß »Anna«.

Solche strammen Terminkalender hatte ich immer wieder. Da blieb keine Muße, mich für die Schauspieler zu interessieren oder mit ihnen womöglich Zeit zu verbringen. Ich wurde damals schon und auch heute noch immer wieder gefragt, wer denn bei dem jeweiligen Film, an dem ich als Stuntman beteiligt war, mitgespielt habe. Meist wusste ich das tatsächlich nicht, habe es erst erfahren, wenn der Film im Kino lief oder im Fernsehen ausgestrahlt wurde. Wenn ich in nur vier Tagen an drei verschiedenen Drehorten mit rund 90 Leuten zusammenkam, hatte ich nicht die Zeit, mich auch noch für die Besetzung zu interessieren. Ich machte meinen Job, zog zum nächsten, und schon bald war der vorangegangene vergessen.

Ausnahmen, bei denen sich Begegnungen in die Erinnerung einbrannten, waren kurze persönliche Kontakte wie jener, als ich für meine Mutter mal ein Autogramm mitbringen sollte: »Peter, du doubelst da diesen Hans Söhnker, das ist ein deutscher Schauspieler, mit dem ich alt geworden bin. Der war schon vor dem Krieg bei der Ufa ein Star. Der hat mir immer gefallen. Kannst du mir von dem ein Foto unterschreiben lassen?«

Die Arbeit an dem Film mit ihm war eine nette und einfache Aufgabe. Hans Söhnker spielte einen Pfarrer, der wegen sehr lauten Motorenlärms aus seiner Kirche gerannt kam, auf der Straße die heranfahrenden Autos stoppen wollte, dabei angefahren wurde und starb. Mein Freund Willi Zander fuhr das Auto, ich doubelte Hans Söhnker. In den längeren Vorbereitungsphasen am Set stan-

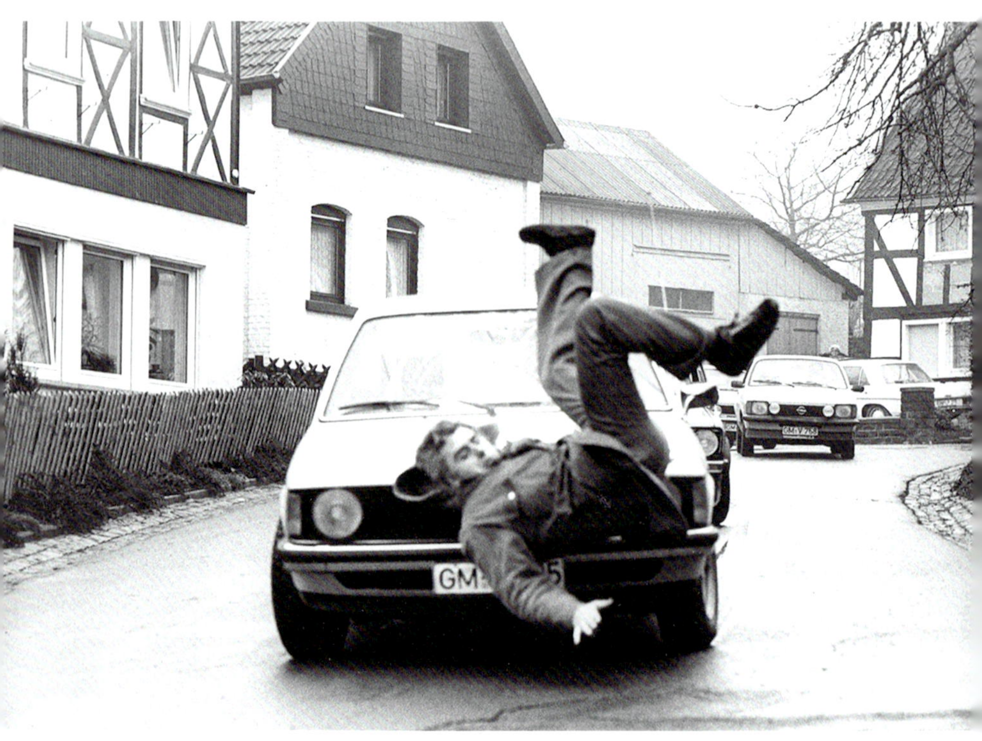

Die Szene, in der ich Hans Söhnker doubelte

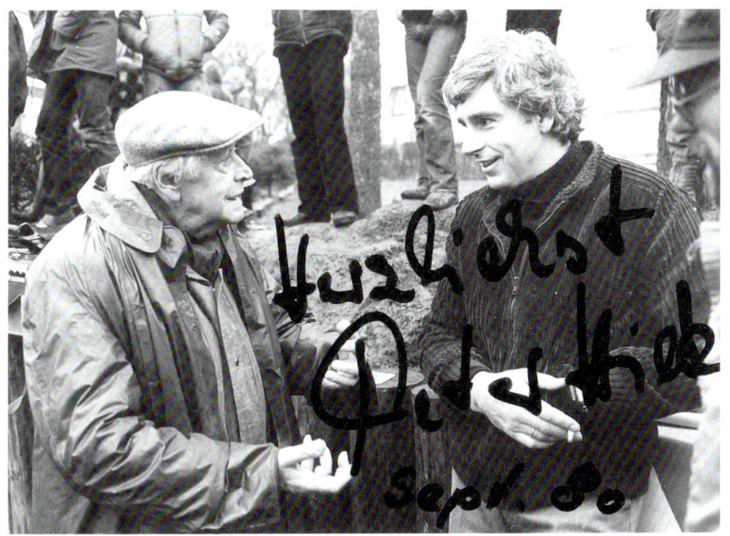

Mit Hans Söhnker am Set

den Willi und ich mit Söhnker einmal an der Seite, tranken Kaffee und redeten. Eine gute Gelegenheit, ihn zu fragen.

»Sind Sie so nett«, sagte ich. »Meine alte Dame ist eine Begleiterin durch Ihr Leben und sie hätte so gern ein Autogramm von Ihnen.«

»Ja, das mache ich doch sehr gern«, erwiderte er und signierte das Foto mit »Für Margarete«.

An Hans Söhnker erinnere ich mich gern. Er war ein sehr freundlicher Mensch.

Ich selbst habe mir nie Autogramme von Kollegen geholt, mit denen ich gedreht habe – egal wie berühmt sie waren.

Stunt unlimited

1982 war ein gutes, spannendes und erfolgreiches Jahr. Wir waren aus der zwar netten, aber doch kleineren Mietwohnung in Hamburg in unser erstes Haus gezogen. Unsere Tochter Anna, gewünscht und willkommen, kam gesund auf die Welt. Ruth musste sich zwar ein paar Tage länger erholen, hatten sich die Ärzte doch im Gewicht des Kindes vertan, denn Anna brachte stattliche 4990 Gramm auf die Waage, was Ruth bei der Geburt doch ziemlich strapaziert hatte. Aber beide waren gesund – und Annas Ankunft machte uns endgültig zur Familie.

Hatten wir in Hamburg noch 70 Quadratmeter Wohnfläche gehabt, besaßen wir jetzt in Hitzhusen bei Bad Bramstedt 200. Das bot reichlich Platz für ein schönes Kinderzimmer. Ruth restaurierte und bemalte für unsere Tochter ihr 30 Jahre altes Kinderbett mit viel Geschick und Liebe. Alles in allem verspürten wir ein neues Lebensgefühl.

Ab 1982 hatte ich auch im Geschäft richtig gut Fuß gefasst. Das wurde mir klar, als mein Steuerbüro auf mich zukam. Bisher war ich bei jeder Produktion, an der ich mitwirkte, als Angestellter registriert gewesen. Die Auftraggeber mochten das eigentlich nicht so sehr, da sie die finanzielle Belastung durch die Sozialabgaben tragen mussten. Jetzt meinte mein Steuerberater: »Herr Hick, Sie verdienen einfach zu viel, Sie sollten sich selbstständig machen. Außerdem haben Sie auch viel zu viel Equipment.«

Schon sehr zeitig hatte ich begonnen, mich mit entsprechendem Gerät auszustatten. Ich baute mir zum Beispiel zusammenklappbare Rampen, die höhenverstellbar waren. Ich konstruierte mir für den Innenraum von Autos Kameraaufhängungen für Überschläge. Ich kaufte mir eine Biegemaschine, die mich in die Lage versetzte, Überrollbügel nicht in jedem Fall zu Hause vorbereiten, sondern auch unterwegs am Set einbauen zu können. Ich war in der Bundesrepublik auch einer der ersten, der sich einen Airbag

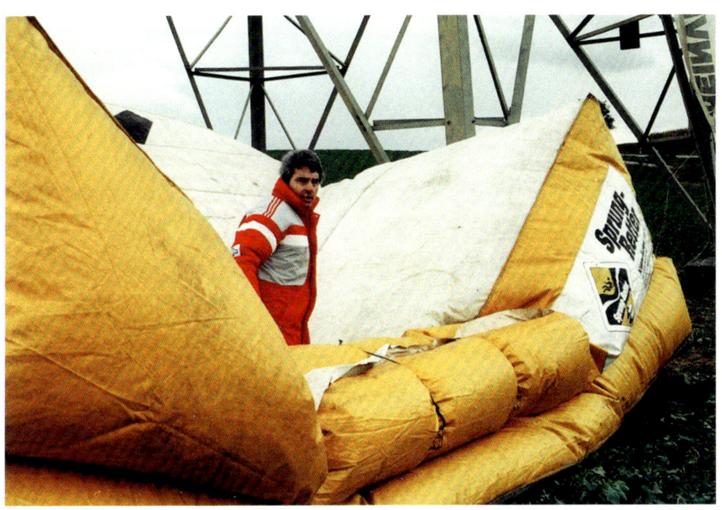

Airbag für Luftsprünge aus großen Höhen

zugelegt hatte – als Luftkissen für Sprünge aus großen Höhen. Anschaffungskosten hierfür: 32 000 Mark. Dieser Airbag hatte den Vorteil, dass man nicht ohne Ende Pappkartons falten und aufstapeln musste, um Stürze abzufangen. Das stellte nämlich eine kleine Wissenschaft dar. So mussten unten große und stabile Kartons benutzt werden, während nach oben hin immer kleinere und leichtere zu verwenden waren. Sprang man zum Beispiel aus einer fünften Etage, sollten vorher wenigstens Pappkartons in Höhe von 1,80 Meter gestapelt worden sein. Auch in der Breite wurde eine bestimmte Sicherheitszone benötigt, denn bei einem Sprung mit Anlauf und womöglich durch ein Hindernis konnte und kann sich die vorausberechnete Flugbahn auch mal leicht verschieben. Oder es kam Wind auf, oder es fing an zu regnen – und dann patschten die Pappkartons einfach zusammen.

Wenn der Sprung vollzogen war, wurde dort, wo man den »Schauspieler« einschlagen gesehen hatte, in der Regel weitergedreht. Also mussten die Kartons erst einmal beseitigt werden.

Und da sie Geld kosteten, wurden sie wieder ordentlich zusammengefaltet, gestapelt und verpackt.

Fazit: Für solch einen High Fall, wie ein höherer Absturz in der Branche genannt wird, war man selbst mit der Unterstützung von drei Leuten zwei, drei Stunden allein mit der Vor- und Nachbereitung beschäftigt.

Mit dem Luftkissen ist es ein ganz anderes Arbeiten: vom Hänger runternehmen, Spanngurte lösen, Kissen ausrollen, Lüfter davorstellen, Aggregatstecker in die Steckdose ... es macht »Pffffffffft« und innerhalb von fünf Minuten ist alles aufgebaut. Zum Schluss wird der Stecker wieder gezogen, zieht man das Kissen an großen Schlaufen zehn Meter beiseite, faltet es in Ruhe zusammen, rollt es ein und verlädt es wieder. Dabei spart die Produktion sehr viel Zeit.

Da ich ja – wie gesagt – einer der ersten mit einem Airbag war, konnte ich ihn für 1 800 Mark am Tag plus Transportkosten an die Filmfirmen vermieten. Der hohe Anschaffungspreis machte sich logischerweise sehr schnell bezahlt.

Meine Firma nannte sich »Stunt unlimited«. Zuallererst bestand das Personal aus mir, allerdings kaufte ich für bestimmte Produktionen immer wieder Kollegen ein. Ich agierte völlig anders, als es bisher im Westen üblich gewesen war. Oft stellten sich hier Stunt-Koordinatoren die schlechtesten Typen an die Seite. Sie sollten ihnen nämlich keine Konkurrenz machen. Ich wiederum umgab mich mit den besten. Wenn ich mich als Stunt-Koordinator nicht durchsetzte, wenn es mir nicht gelang, dass mich alle respektierten, hätte ich als Einzelkämpfer weiter durch die Welt laufen müssen. Ich wusste, wie die Jobs funktionierten, und die anderen mussten in der Lage sein, sie auszuführen. Es war ziemlich einfach, die guten Leute zu verpflichten, denn ich hatte mir ein ordentliches Gagen-Level erarbeitet. Das heißt: Die Produktionen akzeptierten meine Preise auch für die anderen Kollegen.

Cover des Werbeflyers von »Stunt unlimited«

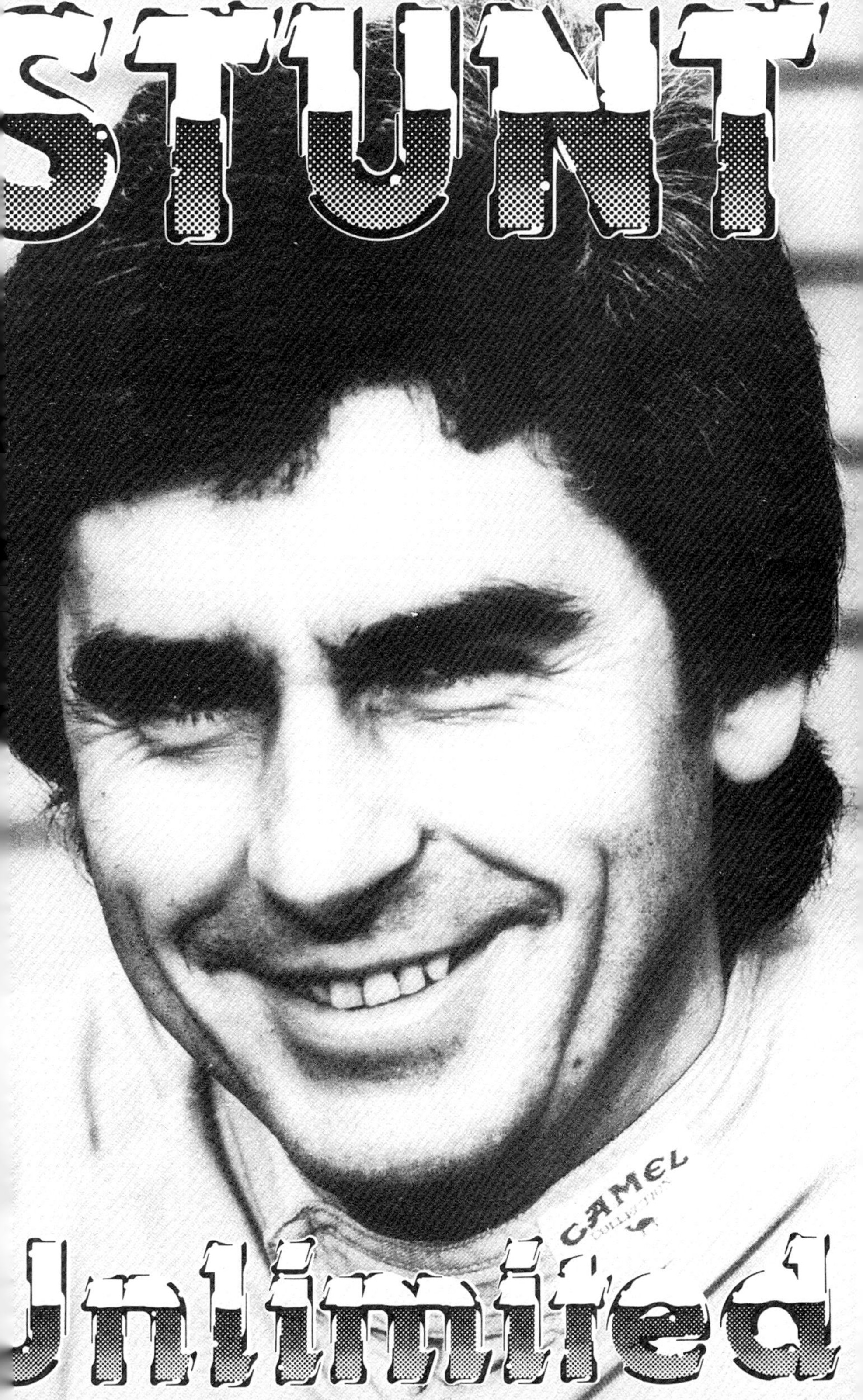
STUNT
Unlimited
CAMEL
CAMEL

Zu denen, die ich gern engagierte, gehörten Sybille und Werner Brandl. Sie waren damals ein Ehepaar. Sybille war zu jener Zeit das einzige Stuntgirl in der Bundesrepublik, das ohne mit den Wimpern zu zucken auch mal aus dem fünften Stock sprang. Für sie eine Selbstverständlichkeit, die selbst bei vielen Männern nicht zu finden war.

Mit Fred Bräutigam, der sehr beweglich war, habe ich damals schon viel zusammengearbeitet. Später sollte er sich zu einem Spezialisten für Pyrotechnik entwickeln. Wenn es um Pferde ging, war sowieso Willi der beste Ansprechpartner. Achim Anscheidt verpflichtete ich fürs Motorradfahren. Er kam zwar nicht vom Film, war aber einer der besten Trial-Fahrer, konnte im Gelände die waghalsigsten Manöver vollführen. Achim zeigte mir auch, wie man über eine schräg angestellte Palette auf das Dach eines Mercedes Transporter kommt. Er hat dort, ohne die Füße von den Rasten zu nehmen, gewendet und ist – schwupp – die 2,40 Meter wieder hinuntergesprungen und weitergefahren.

Mit Achim Anscheidt hatte ich einmal für »Allein gegen die Mafia« eine Verfolgung zu drehen. Ich war in einem schnellen BMW unterwegs und er raste auf dem Motorrad vor mir her. Dann gab es die schon fast klassische Situation, dass der Fliehende eine Abkürzung sieht, die es ihm ermöglicht, den Vorsprung zum Verfolger auszubauen. Allerdings war diese Abkürzung nicht leicht zu fahren.

Während ich auf der Straße Gas gab, feuerte Anscheidt den Bürgersteig entlang und stellte das Motorrad vor einem Treppenabgang quer: Sechs Stufen, Absatz, sechs Stufen, wieder ein kleiner Absatz, sechs Stufen – und dann war er wieder auf der Straße. Das muss man erst einmal fahren. Und zuweilen zwei- oder dreimal. Achim Anscheidt konnte das.

Solche Leute wie ihn habe ich gern verpflichtet. Er hatte es wohl im Blut. Sein Vater Hans-Georg war dreimal Weltmeister in der 125-Kubikzentimeter-Klasse und hatte jede Menge Grand-Prix-Titel gewonnen.

Fünfmal die Kniescheibe gebrochen

In der Branche gab es einen Spruch: Wenn du dich das erste Mal verletzt, ist es Unerfahrenheit. Bei der zweiten Verletzung ist es Routine und du warst zu unvorsichtig. Verletzt du dich zum dritten Mal, solltest du aufhören, denn dann hast du keine Ahnung.

Selbst wenn sich Drehbuchautoren oder Regisseure gern ständig riskantere Action-Szenen ausdachten, waren es immer noch die Stunt-Leute, die bestimmten, wie weit gegangen werden konnten.

Berengar Pfahl drehte eine Serie, in der er jemanden in einer Szene mit dem Motorrad über den Berliner Landwehrkanal springen lassen wollte. »Berengar«, sagte ich ihm, »den Sprung bringe ich nicht.«

Ich empfahl ihm Jürgen Baumgarten – einen bekannten Cross-Rennfahrer mit großer Risikobereitschaft –, der mit seinem Motorrad schon einmal über den Elbe-Lübeck-Kanal gesprungen und nach einem Flug von 64,80 Metern sicher auf der anderen Seite gelandet war.

Also rief ich Jürgen an. Der stimmte zu, hatte aber genaue Vorstellungen von der Gage. Deren Höhe Berengar Pfahl den Kommentar abrang: »Von diesem Geld drehen wir ja eine ganze Folge ab.«

»Wir können es auch anders lösen«, schlug ich vor. »Wir drehen den Absprung und ich lande nach 35 bis 40 Metern im Wasser. Da hast du dann den Absprung und ein Stück Flugphase im Kasten. Danach stellen wir die Rampen eng zusammen und drehen die Landung.« Mein Problem war, dass ich kein so spezialisierter und professioneller Motorradfahrer war, der einen 65-Meter-Sprung mal so ohne Weiteres sauber gestanden hätte.

Da die Rampen gleichfalls ziemlich viel Geld gekostet hätten, wurde das Ganze nicht gedreht. Stattdessen gab es eine Szene im Studio vor der blauen Wand.

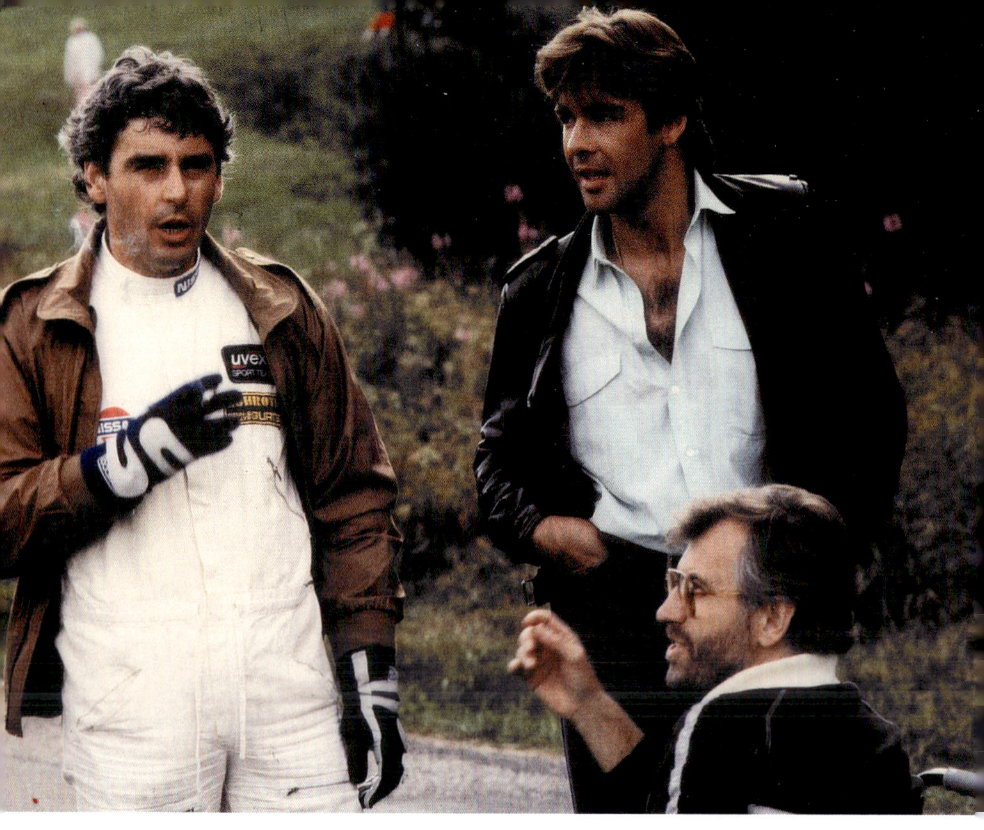

Mit Sascha Hehn, hier am Set der »Schwarzwaldklinik«

Leichtsinn gab es bei mir nicht. Im reinen Stuntgeschäft ist mir ziemlich wenig passiert. Wenn, dann hat mal das Material nicht gehalten.

Bei einem Film – ich doubelte Sascha Hehn – sollte ich mit einem Motorrad auf einen Hinterhof fahren und mit 70 Stundenkilometern frontal in einen geparkten Mercedes crashen. Wir drehten das in zwei Einstellungen. Sascha Hehn kam auf dem Motorrad sitzend auf den Hof gefahren und steuerte an dem Benz vorbei. Die Maschine war ein Chopper mit tiefem Sitz und einem sehr hohen Lenker. Ich kaufte zwei massiv wirkende Fußrasten und schraubte diese neben der Sitzbank an. Mit einem längeren Anlauf beschleunigte ich das Motorrad auf 70 Stundenkilometern, stieg dann auf die höher angebrachten Fußrasten und kam so schon in Hockstellung vor dem Benz an. Ich musste mich nur noch zwei Meter vor dem Mercedes abdrücken, denn der Schwung der Geschwindigkeit hätte mich im hohen Bogen über das Auto getragen. Dahinter gab es eine Zehn-Meter-Zone mit einer Lage Pappkartons, Schaumstoff darüber, auf dem ich sauber gelandet wäre. Stattdessen brach die linke Fußraste – die unter meinem Absprungbein – weg und ich blieb am Lenker des Choppers mit den Kniescheiben hängen, die ich mir dabei völlig überdehnte. Dann überschlug ich mich – die Frontscheibe hielt zum Glück –, krachte mit dem Kreuz aufs Dach, drehte mich zwei-, dreimal, bevor es mich schließlich auf der Seite herunterschleuderte. In den Mustern habe ich später gesehen, dass ich beim Absturz vom Auto schon wieder die Arme ausgebreitet hatte, um den Fall abzufangen.

Der Notarzt kam und tastete sofort meine Beine ab.

»Spüren Sie meine Hände? Haben Sie Gefühle in den Füßen?«, fragte er.

Ich wollte aber erst einmal Eisbeutel.

»Kriegen Sie gleich«, sagte der Arzt.

»Nee«, sagte ich. »Als Erstes benötige ich Eisbeutel. Ich weiß, wie morgen meine Knie aussehen.«

Dann hatten wir einen Disput von zehn Sekunden, bis ich energischer wurde.

»Ich möchte erst die Eisbeutel.«

Daraufhin schickte er jemanden zum Notarztwagen, der die Beutel holte.

»So, jetzt können Sie weitermachen«, sagte ich. »Kneifen Sie mir in den Zeh, ich habe Gefühl darin. Ich war mit einem richtig guten Rückenprotektor ausgestattet, mit meiner Wirbelsäule ist nichts.«

Nun fuhren sie mich per Rettungswagen ins Krankenhaus, wo ich geröntgt wurde.

»Sie haben sich schon fünfmal die Kniescheibe gebrochen«, sagte der Arzt, nachdem er die Röntgenbilder betrachtet hatte. »Wann war denn das?«

»Keine Ahnung«, sagte ich. »Davon habe ich nie etwas gemerkt. Ich erfahre jetzt zum ersten Mal, dass ich eine gebrochene Kniescheibe hatte.«

»Bänder sind nicht gerissen, gebrochen ist ebenfalls nichts«, meinte der Arzt. »Aber dicke Knie werden Sie die nächsten Tage haben. Und schlecht laufen können. Aber von mir aus dürfen Sie nach Hause.«

Inzwischen war es drei Uhr nachts geworden.

Damals hatte ich die ganze Zeit Ronnie Paul an meiner Seite. Erst beim Dreh als Assistent, jetzt im Krankenhaus.

Eines Tages war mir aus meiner Familie angetragen worden, dass der Sohn einer Arbeitskollegin einen Job suche. Das war Ronnie. Er war in Los Angeles aufgewachsen, bei der Union Stuntmen ausgebildet worden und dann nach Deutschland gekommen. Ein Jahr hatte er sich vergeblich um einen Job bemüht.

In der Kantine vom Studio Hamburg hatte ich mich mit ihm getroffen, bei einem Kaffee hatten wir miteinander geredet. Noch wusste ich nicht, ob ich ihn gebrauchen könnte. Er war sympathisch und machte einen professionellen Eindruck – aber ich hatte eigentlich keine Aufgabe für ihn. Wir tauschten Telefonnummern und Adressen aus und trennten uns.

Letztlich sollte es dann doch mit unserer Zusammenarbeit schnell gehen: Als ich mit meiner Frau für eine Woche zu ihrer Familie in die Schweiz gefahren war, hatte mich ein Anruf von der Polyphon erreicht. Ob wir einen in acht Tagen geplanten Autoüberschlag vorziehen könnten? Eigentlich kein Problem. Zu Hause hatte ich bereits das dafür präparierte Auto stehen. Es musste nur schnellstens in den Schwarzwald. Willi konnte ich nicht erreichen, Fred drehte irgendwo selbst. Der konnte auch nicht. Da fiel mir Ronnie ein.

Er war sofort bereit, holte sich bei meiner Mutter in Hitzhusen die Autoschlüssel für meinen Geländewagen ab und lud den für den Stunt vorgesehenen Wagen auf einen Anhänger. 15 Stunden später rollte er in der Schweiz sauber und sicher auf den Hof. Das war der Beginn einer langen und freundschaftlichen Zusammenarbeit.

An dem Tag, als ich mir die Kniescheiben verletzte, wollte Ronnie mich nach Hause fahren. Er wohnte im Norden von Hamburg und ich 35 Kilometer weiter in Bad Bramstedt. Also sagte ich ihm: »Lass mal, das wird schon gehen.«

Ich setzte mich hinters Lenkrad und fuhr los. Während der Fahrt merkte ich jedoch bald, dass es immer schwieriger wurde. Und schließlich musste ich beim Betätigen von Kupplung und Bremse zur Unterstützung der Beine die Hände zur Hilfe nehmen.

Ich schaffte es aber bis nach Hause, wo ich früh um 4.00 Uhr ankam. Um aus dem Auto zu kommen, brauchte ich gefühlt eine Ewigkeit. Dann kroch ich auf allen Vieren über den Hof. Im Knien schloss ich die Haustür auf, robbte über die Treppe in die erste Etage und blickte auf die nackten Füße meiner Frau, die in einen Bademantel gehüllt vor mir stand.

»Ein doppelter Fernet und ein Eisbeutel?«, fragte sie.

»Ja, bitte«, entgegnete ich. »Genau in dieser Reihenfolge.«

Ich quälte mich auf einen Barhocker an unserem Tresen und genehmigte mir den doppelten Fernet und ein Glas Wein.

Am nächsten Tag besorgte Ruth Krücken für mich, weil es ohne einfach nicht ging.

Zehn bis 14 Tage bin ich an zwei Krücken gegangen. Danach kam ich mit einer zurecht, die ich nach kurzer Zeit ebenfalls ablegen konnte.

Da verlieren Sie Ihren Finger

In der Nacht vor einer Karl-May-Aufführung waren mehrere große Felsen aus dem Gesteinsmassiv am Kalkbergfelsen herausgebrochen und auf die Bühne gestürzt. Sie lagen weit verstreut auf dem Areal und konnten wegen ihrer Größe und ihres Gewichts nicht bis zum Beginn der Vorstellung weggeräumt werden. Und so wurden sie zu einer zusätzlichen Herausforderung.

Nach einem inszenierten Postkutschenüberfall musste ich mir das Pferd eines Indianers schnappen und im Galopp mit dem Kosakensprung aufsteigen, damit ich in wilder Flucht das Weite suchen konnte. Durch das herumliegende Gestein wurde ich allerdings aus dem Rhythmus gebracht. Wir näherten uns einem Felsen, der genau in meinem Abritt lag. Da ich jedoch immer noch am Sattelknauf hing, konnte ich das Pferd kaum dirigieren.

Nun lief das Tier – nur seine eigene Körperausdehnung im Blick – aber bereits so dicht an den Felsen heran, dass es praktisch zwischen sich und dem Gestein keine Luft mehr ließ und mich am Brocken einfach abgestreift hätte.

Ich riss die Beine in die Höhe und knallte mit den Sohlen voller Wucht gegen den Felsen. Die Hacken meiner Stiefel hatte ich wegen der Kosakensprünge durchbohrt und mit Zehnerschrauben und Unterlegscheiben versehen. Beim Aufprall schlug die linke Schraube in meine Ferse und spaltete das Fersenbein.

Da sich diese Szene unmittelbar vor der Pause abspielte, kamen die anderen hinter der Bühne zu mir und fragten, ob mit mir alles in Ordnung sei.

Ich meinte, dass mir zwar der Fuß weh tue, ich mich ansonsten aber »okay« fühle.

»Zieh doch mal die Stiefel aus.«

»Nee«, sagte ich. »Dann kriege ich die nicht mehr wieder an.«

Ich spielte das Stück zu Ende, zog dann in der Garderobe die Stiefel aus, duschte mich und fuhr nach Hamburg, wie ich jeden

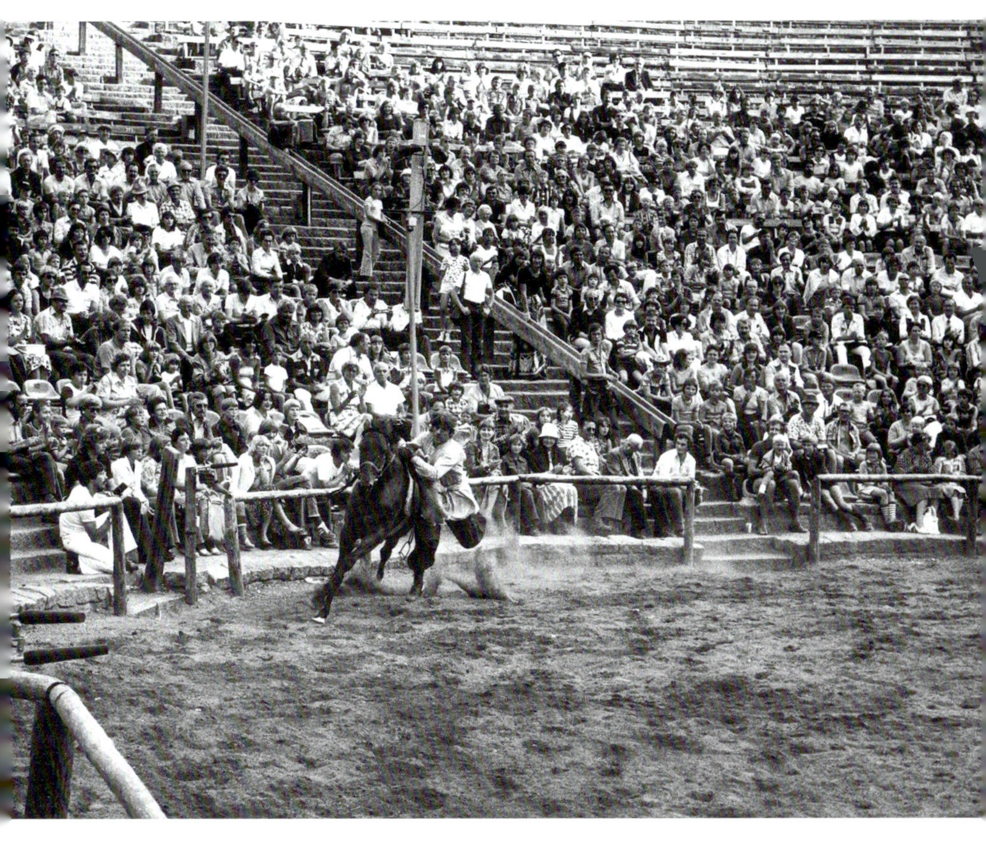

Auf der Freilichtbühne der Karl-May-Spiele in Bad Segeberg

Abend nach den Vorstellungen nach Hause fuhr. Am nächsten Morgen sagte ich zu Ruth, dass da wohl irgendetwas mit dem Bein sei und wir mal in die Uni-Klinik fahren sollten.

Gegen 10.00 Uhr waren wir in der Notaufnahme, gingen in den Warteraum. Dort saßen all die Akutfälle. Dem einen fehlte ein Stück Ohr, der nächste blutete aus der Nase …

»Und was haben Sie?«, wurde ich gefragt.

»Ich bin gestern Abend gegen einen Felsen geritten«, antwortete ich. »Mit meinem Fersenbein stimmt etwas nicht.«

»Das haben Sie sich sicherlich geprellt«, sagte eine der Schwestern. »Wir müssen erst einmal die anderen Fälle versorgen.«

Ich wartete geduldig zweieinhalb Stunden, bevor ich intervenierte: »Entschuldigung, aber können Sie mal gucken, was mit meinem Bein ist? Ich habe um 15 Uhr die nächste Vorstellung in Bad Segeberg. Und da muss ich erst noch hinfahren.«

Nachdem ich geröntgt worden war, kam der Arzt aufgeregt zu mir.

»Ihr Fersenbein ist ja gebrochen«, sagte er. »Es ist gespalten. Und die Achillessehne hat den Bruch aufgezogen.«

Ich bekam einen Gipsverband.

»Nicht so fest«, bat ich. »Ich muss noch auftreten.«

Ich fuhr nach Bad Segeberg, baute mir aus Waschleder einen Mokassin, der den Gips verdecken sollte, und spielte humpelnd alles im Wesentlichen auf einem Fuß – die Schlägereien etwa, die Reiteinlagen, im Galopp aufs Pferd.

Ein anderes Mal hatten wir die große Pressekonferenz für die anstehende Saison mit circa 50 Journalisten, bei denen zu derartigen Terminen Action-Fotos immer willkommen waren. Wir hatten einen Abschuss vom galoppierenden Pferd angeboten. Willi kniete sich mit einer doppelläufigen Flinte in den Abritt, damit er den Blick auf mich nicht verdeckte, wenn ich vom Pferd fiel. Ich galoppierte an und als ich mich auf Willis Höhe befand, gab dieser seine zwei Schüsse ab. Ich stieg mit einer Rolle rückwärts ab, was den Journalisten gut gefiel.

»Können wir das nicht noch einmal haben?«, riefen sie. Und wir wiederholten die Nummer.

Dem Tier gefiel das aber weniger. In dem Moment, als ich mich bei der Rolle rückwärts auf der Kruppe des Pferdes befand, buckelte es, schleuderte mich in die Luft, und ich flog jetzt natürlich viel weiter als vorher. Diesmal landete ich also nicht im Sand, sondern schon auf dem harten Boden, der sich wie Beton anfühlte. Der Aufprall schlug mir das gesamte Fettgewebe vom rechten Oberschenkel los.

Im ersten Moment brummte es im Bein. Das konnte man aber ertragen. Am nächsten Tag hatten sich hier allerdings 1,5 Liter Wasser gesammelt, was ordentlich schwappte.

Ich fuhr zu meinem Hausarzt. Er stellte mir in seinem Büro eine Nierenschale auf den Schreibtisch, stach mir eine fette Kanüle in meinen Oberschenkel und ich streifte das Wasser heraus. Während dieser Prozedur versorgte mein Arzt erst einmal einen anderen Patienten, bevor er mein Bein mit einem straffen Verband umwickelte.

Diese Prozedur wiederholte ich über längere Zeit jeden Tag, bis alles von oben langsam wieder zusammenwuchs.

Noch drei Jahre danach kribbelte es immer dann in meinem Oberschenkel, wenn sich das Wetter änderte.

Wenn ich mich verletzte, dann fast immer bei »Karl May«. Gründe dafür gab es mehrere: Es war immer live, das Wetter beeinflusste Abläufe, machte Stunts manchmal komplizierter.

So rutschte ich nach einem Regenguss beim Endkampf in 40 Metern Höhe im Kalkbergfelsen auf einem Rasenplateau aus, fiel einen Meter, wurde aber von der vorher am Arm befestigten Fangleine vor einem schlimmen Absturz bewahrt. Allerdings schlug ich mir die Strecksehne vom kleinen Finger durch und riss mir den Handballen auf, der dadurch sehr stark blutete. Unsere Leute im Leitstand hatten das gesehen, den Krankenwagen informiert, und der fuhr mich zur Erstversorgung ins Bad Segeberger Kreiskrankenhaus. Der dortige Arzt bohrte mir einen Stahlstift durch alle Gelenke des kleinen Fingers, um das Anwachsen der Strecksehne wieder zu ermöglichen.

Zwei Millimeter schaute vorn der Stift heraus, was mir gar nicht behagte. Denn wenn ich mich nachts im Bett drehte, stand ich senkrecht vor Schmerz, weil ich mir durch die Bewegung den Draht immer wieder durch die Gelenke schob.

Am nächsten Morgen fuhr ich in das Krankenhaus der Berufsgenossenschaft nach Boberg, um das Konstrukt an meinem Finger noch einmal begutachten zu lassen.

Als der Arzt das sah, sagte er: »Ich muss jetzt erst einmal einen Fotoapparat und zwei Kollegen holen … Wo haben Sie das machen lassen? In Bad Segeberg im Kreiskrankenhaus? … Eine Wunde bis in die Gelenke provozieren und möglicherweise Bakterien eindringen lassen … da verlieren Sie Ihren Finger. War der Arzt älter?«

»Nein«, sagte ich. »Der war relativ jung.«

Der Mediziner schüttelte den Kopf: »Wir fotografieren das für die Berufsgenossenschaft. Ansonsten alles runter, fürs Operieren ist es zu spät, den Stahlstift nehmen wir wieder heraus und Sie bekommen eine Plastikschiene.«

Gesagt – getan. Und dann bin ich wieder zu »Karl May« gefahren.

Das alles waren Unfälle, die einen nicht total außer Gefecht setzten, aber zu Einschränkungen führten. Mal musste ich mit einem Verband umherlaufen, ein anderes Mal war ich für bestimmte Action-Szenen nicht voll bewegungsfähig.

Es gab auch Situationen, bei denen solch ein Unfall wirklich lustig abging.

Unsere Postkutsche wurde wieder einmal von heulenden und wild um sich schießenden Indianern überfallen. Mit dem Rücken zum Publikum wollte ich mich gerade von der Tür aufs Dach schwingen – da brach das rechte Vorderrad. Die Kutsche kippte in die Barriere, die die Spielfläche vom Publikum trennt. Um nicht zwischen Kutsche und Holzbarriere zerdrückt zu werden, stieß ich mich nach oben ab und machte einen ziemlichen Satz, der mich in die Zuschauerreihen beförderte. Ich landete in der fünften Reihe rücklings direkt auf dem Schoß einer äußerst fülligen Dame. Die erschrak sich furchtbar, verletzte sich aber nicht. Ich bat um Entschuldigung, die Leute lachten und klatschten, und ich bin wieder auf die Bühne zurück.

Als Kind und als junger Stuntman habe ich mir keine Gedanken darüber gemacht, ob eine Verletzung womöglich schmerzhafter hätte sein müssen, als ich sie empfand. Als ich aber Fälle wie mit den Kniescheiben oder dem Fersenbein registrierte, dachte ich schon darüber nach, ob mein Schmerzempfinden unterentwickelt sein könnte. Vielleicht hat die Natur bei mir diesbezüglich eine andere, von der Norm abweichende Programmierung vorgenommen.

Possession

Im Jahr 1981 wurde ich in Berlin für eine deutsch-französische Koproduktion verpflichtet, in der ich zwei Sechszylinder Honda-Motorräder verheizte. Der Film nannte sich »Possession« und kam nie in die Kinos, sondern wurde direkt für den Videomarkt produziert.

Isabelle Adjani spielte die Hauptrolle, die in dem Streifen zwar mit einem schönen Mann verheiratet war, deren Ehe jedoch nicht richtig funktionierte. Irgendwann hatte sie in der U-Bahn eine Schleimgeburt, packte diese in ein Tiefkühlfach und baute sich mit Hilfe dieses Materials einen neuen Mann zusammen – ein Ebenbild ihres Angetrauten. Diese zwei Typen standen sich bald als Gegner gegenüber, bekämpften sich. Der echte Mann gewann letztlich den Kampf. »Possession«, wohl als erotischer Horrorfilm gedacht, war für meine Begriffe aber ziemlich grenzwertig.

Regisseur war Andrzej Żuławski, ein gutaussehender Mann, ein Jesus-Typ, der von Roman Polanski protegiert worden war. Er hatte mit »Die Nachtblende« einen beachtlichen Film gedreht, in dem Romy Schneider die Hauptrolle spielte. Aber alle sozialen Gedanken in jenem Film widersprachen seinem tatsächlichen Verhalten am Set von »Possession«.

Am Anfang der Dreharbeiten hatte ich mich mit ihm gut verstanden. Er war mit dem, was ich als Koordinator und Stuntman ablieferte, sehr zufrieden. Allerdings kam es mit der Zeit zu einem Missverhältnis. Auslöser war meine Weigerung, den Hauptdarsteller bei einer Sex-Szene zu doubeln.

Das Monster – also die durch Isabelle Adjani selbstgebastelte Version ihres Ehemannes – vollzog eine langsame Metamorphose. Es gab demnach eine Phase, da war diese Kreatur oben noch ein Schleimwesen, unten herum aber schon ein vollwertiger Mann. In diesem Zustand sollte das Monster mit Isabelle Adjani im Bad von hinten Sex haben.

In einer Mittagspause bei einem Italiener holte mich die Regieassistentin an den Tisch der Regie und übersetzte, was Żuławski sagte: »Wir haben beschlossen – und darüber haben wir auch schon mit Isabelle gesprochen, sie ist mit deiner Person einverstanden –, dass du den Hauptdarsteller in dieser Szene doubelst.«

»Andrzej, du verwechselt da etwas«, erwiderte ich. »Stunt bedeutet nicht, dass mein Gerät steht.«

»Du bekommst dafür 5000 Mark«, sagte Andrzej Żuławski, der diese Art von Szenen in seinem Film auch während der Dreharbeiten live und echt sehen wollte.

»Andrzej, für dieses Geld kannst du zwei oder drei gute Sexdarsteller aus guten Nachtclubs mit einer Bescheinigung, dass sie gesund sind, einkaufen. Ich werde das definitiv nicht machen.«

Nun herrschte erst einmal helle Aufregung. Er sagte, ich würde mich seiner Kunst verweigern. Darüber hinaus würde er meine Absage als persönliche Beleidigung auffassen.

Von diesem Moment an war das Verhältnis zwischen mir und dem Regisseur empfindlich gestört. Da wir uns aber sowieso nur über die Regieassistentin verständigten, nahm ich die ganze Geschichte ziemlich gelassen hin und maß dem nicht besonders viel Bedeutung bei. Das sollte sich im weiteren Verlauf der Dreharbeiten aber als Irrtum erweisen.

Gleich in der nächsten großen Action-Sequenz ging es los. Die Adjani ging durch die Stadt, ganz versonnen und nicht auf die Umgebung achtend, als sie einem Autotransporter direkt in die Spur lief. Der musste ausweichen, geriet auf zwei Räder und verlor so seine gesamte Ladung – vier Schrottautos, die dabei wild über die Straße schießen sollten. Für diese Szene hatte ich über die Produktion einen großartigen Autotransporter geordert. Hinter der Fahrerkabine befand sich ein Kran, dessen Arm ich seitlich flach über die Ladefläche neben die Schrottautos legte. Aus der Kabine konnte man ihn über eine Hydraulik seitwärts derart bewegen, dass er die Fahrzeuge beim Ausweichmanöver quasi von der

Pritsche wischte. Die Bedienung der Hydraulik übernahm Willi, der als Beifahrer mitfuhr.

Die Regieassistentin kam auf mich zu und meinte: »Andrzej möchte, dass Du bei diesem Manöver den Transporter auf die Seite legst.«

Ich antwortete nur: »Wenn die Produktionsleitung das genehmigt, bekommt er es.«

Ich ging zum deutschen Produktionsleiter und schilderte das mir angetragene Vorhaben. Immerhin ging es darum, dass ein wirklich schicker Autotransporter für 180000 bis 200000 Mark zerlegt werden sollte.

»Bist du wahnsinnig?«, erhielt ich als Antwort. »Was glaubt dieser Künstler, was er hier für Material verheizen kann? Peter, du lädst nur die Autos ab.«

Żuławski reagierte erbost: »Diese blöden Geldleute. Ich will hier einen guten Film mit etwas Action machen.«

Die Produktion erklärte, dass sie gar nicht zustimmen könne, da der Transporter als beabsichtigter Totalschaden überhaupt nicht versichert sei.

Die Regieassistentin lief bei diesem Dialog dreimal hin und her, um zu vermitteln – und ich latschte mit.

Am Ende sagte ich: »Andrzej, du bist nicht derjenige, der mich hier bezahlt. Ich werde das machen, was die Produktion sagt. Ich werde den Transportlaster sauber auf zwei Räder stellen und danach die Autos wie geplant abladen.«

Ich lieferte meine Szene nach Drehbuch ab und Kamera sowie Produktion waren zufrieden.

Aber es ging weiter, denn Żuławski wollte Blut sehen.

Im Drehbuch gab es eine Szene, in der der von mir gedoubelte Schauspieler mit einer Honda durch mehrere Hinterhöfe direkt auf die Kamera zukam, das Motorrad scharf abbremste, dann stand, es aber – weil er angeschossen war und keine Kraft mehr hatte – einfach umfallen ließ und zur Seite in ein Haus abging.

Nicht jede Motorradszene verlief so unschön wie die bei »Possession«.

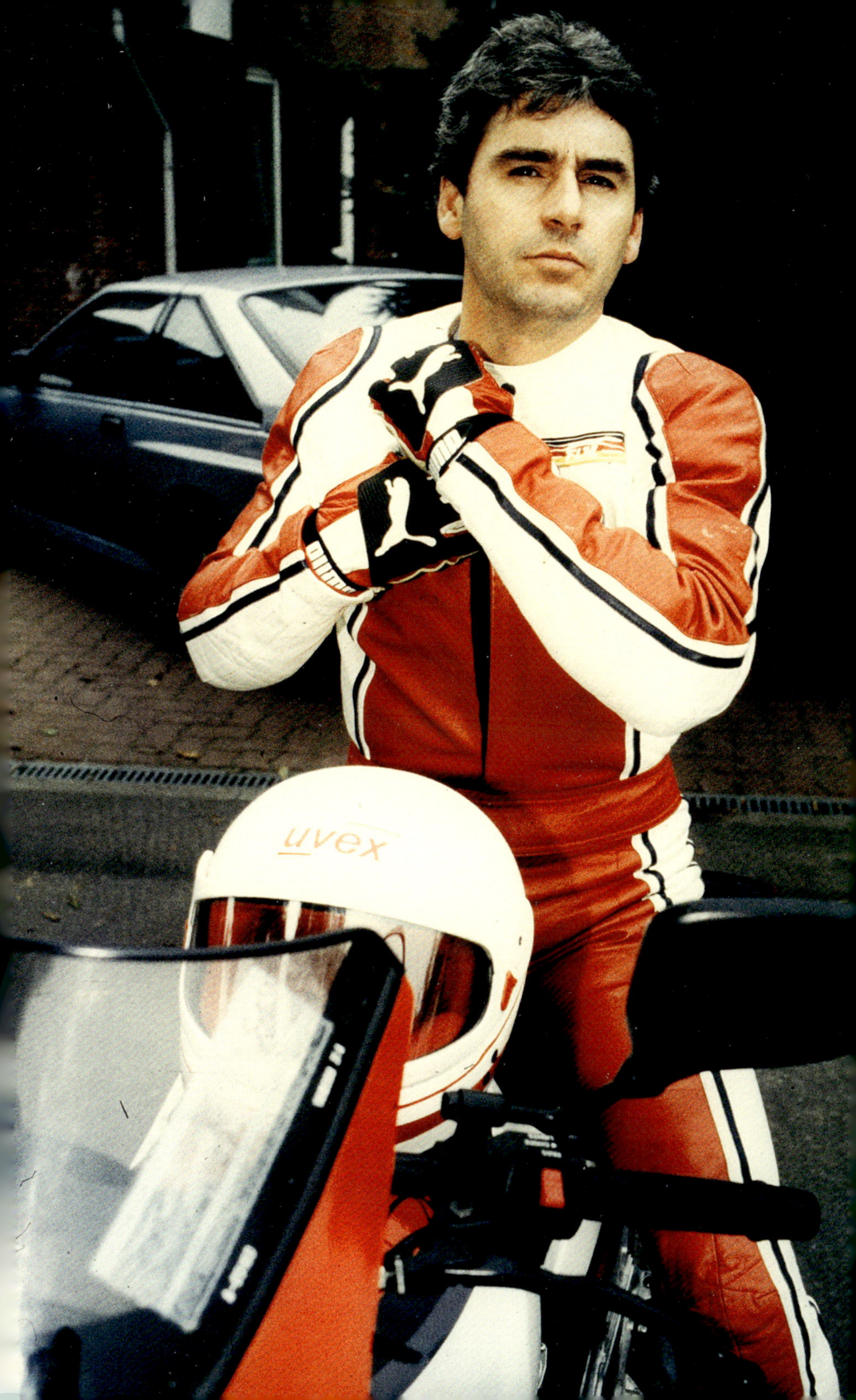
uvex

Ich musste durch die Hinterhöfe Probe fahren. Als ich das mit 50 oder 60 Stundenkilometern absolvierte, sagte Żuławski: »Viel zu langsam.«

Also beschleunigte ich auf 80 und 90, was ihm immer noch nicht genügte, so dass ich am Ende schließlich bei 130 Stundenkilometern ankam.

Das gefiel ihm.

Alles ging auf Anfang. Die Kameras liefen und ich bekam mein »Action bitte!«

Ich rauschte mit 130 durch die Hinterhöfe, ging in die Eisen, kam in eine Schicht Industriestaub und bemerkte, dass ich das Motorrad nie vor dem abschließenden Eisengitter zum Halten bekommen würde. Das kleine Problem dabei: Das Eisengitter war ein Geländer zum angrenzenden Landwehrkanal, und der war an dieser Stelle Territorium der DDR. Also nahm ich die Vorderbremse dazu, was dazu führte, dass die Maschine vorne wegging und ich mit ihr auf das Geländer zuschlitterte. Kurz vor dem Eisengitter drehte ich mich von der Maschine, während diese mit voller Wucht ins Geländer einschlug. Ich landete etwas heftig mit dem Rücken im Gitter.

»Das sah ganz gut aus«, sagte der Regisseur. »Aber kannst du schon gestürzt aus der letzten Durchfahrt des Hinterhofes kommen?«

Ich hatte mir das Handgelenk geprellt und es erst einmal schnell mit Eisspray behandelt.

Bei der Wiederholung der Einstellung legte ich die Maschine schon in der Durchfahrt von einem Hinterhof in den anderen unter mir auf die Seite, so dass ich auf ihr mitrutschend vor der Kamera ankam. Das Motorrad war mittlerweile ziemlich ramponiert, der Lenker verbogen und abgeschliffen. Ein Seitenbügel und die linke Fußraste waren abgerissen, der Motorblock und der Tank angeschliffen. Etwa zehn Meter vor dem Endpunkt drehte ich mich von der Maschine.

Meine Hose und mein Hemd waren zerschunden. Darunter hatte ich lange, aber wenigstens keine tiefen Risswunden in der Haut.

Doch Żuławski wollte mehr. Ich sollte schon im Hinterhof vor der Durchfahrt die Maschine flachlegen, damit die Schlitterphase noch länger werden würde. Dafür benötigte ich noch weitaus stabilere Kleidung. Die hatte ich aber in Bad Bramstedt. Also sagte ich dem Regisseur, dass wir die Szene gern am nächsten Tag drehen könnten, wenn ich mir eine widerstandsfähigere Ausrüstung geholt hätte. Mir für die Kunst die Haut in Streifen abzuziehen, hätte ich keine Lust.

Da erwiderte Żuławski: »Entweder du machst das jetzt noch einmal, oder du bist fristlos entlassen.«

»Du hast schon hoch fünf von dem abgeliefert, was im Drehbuch gefordert wurde«, sagte jedoch die Produktionsleitung. »Dort steht, du sollst mit 50 oder 60 Stundenkilometern den Hof befahren und nicht mit 130.«

Ich bedankte mich bei der Produktion und Żuławski entließ mich. Und so bin ich noch am selben Abend – mit mir im inneren Frieden – zurück in Richtung Hamburg gefahren.

Es hatte für »Possession« ohnehin nur noch ein Stunt angestanden, den dann Kollegen realisierten, die ich nicht kannte.

In den Anrufen der deutschen Produktion, die mich später erreichten, schwang sehr viel Genugtuung mit, als man mir erzählte, dass mit dem letzten Stunt praktisch alles schiefgegangen war.

Gott sei Dank gab und gibt es auf der Welt nicht allzu viele Regisseure wie Żuławski, die im Namen der von ihnen beschworenen Kunst echtes Blut fließen sehen wollen.

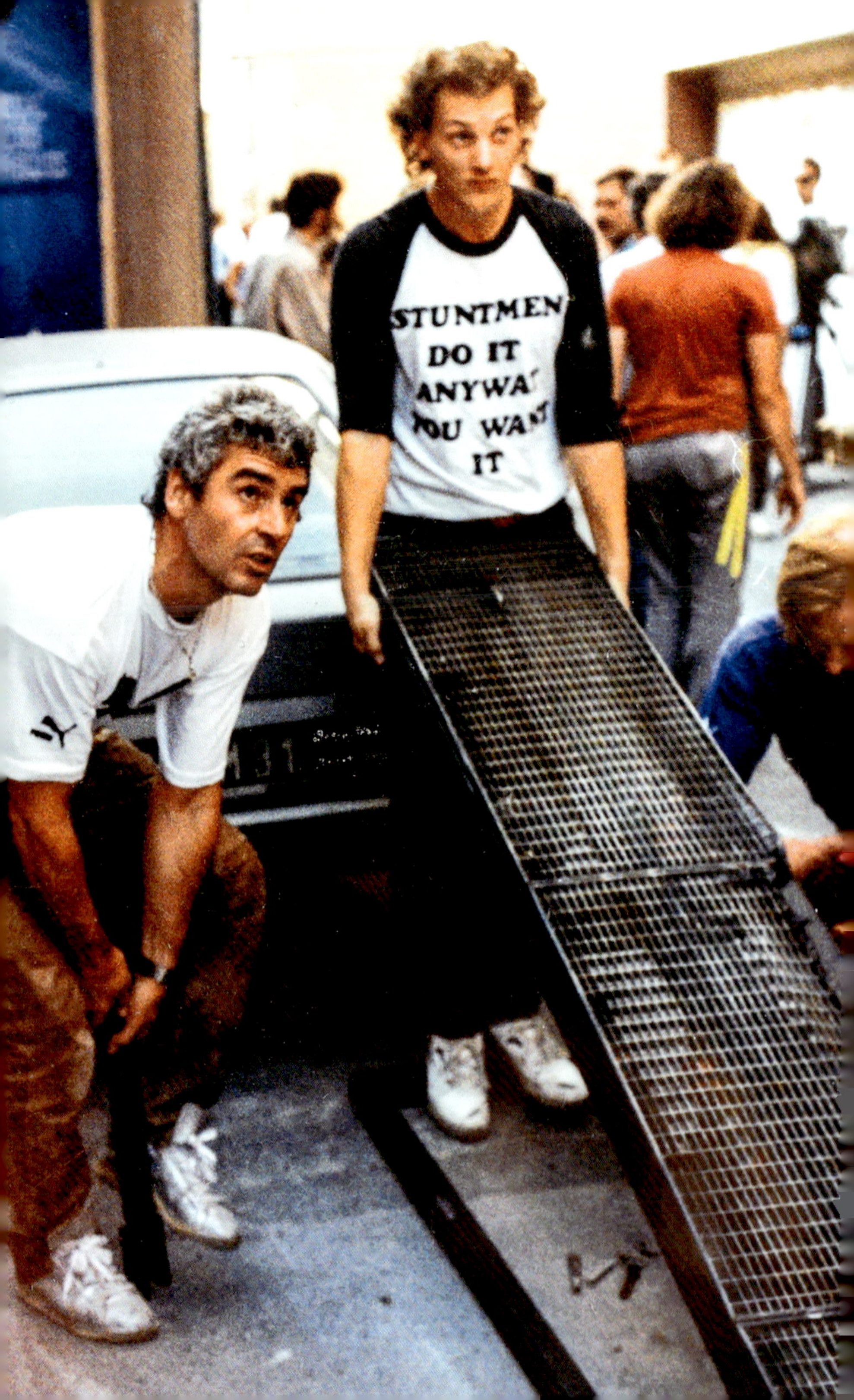
STUNTMEN
DO IT
ANYWAY
YOU WANT
IT

And the winner is …

Die Franzosen suchten 1989 weltweit Stunt-Leute zusammen, von denen sie wussten, dass diese in ihrer jeweiligen Heimat eine große Aufmerksamkeit genossen. Geplant war, in Toulouse eine Weltmeisterschaft für Stuntmen zu veranstalten, da diese Branche bei den Oskars nie Berücksichtigung fand. Aus Amerika holten sie sich als Aushängeschild Jimmy Lynn Davis. Der hatte als Stunt-Koordinator schon den James-Bond-Film »Sag niemals nie«, »Indiana Jones« und ungefähr 50 Folgen von »Ein Colt für alle Fälle« mit Lee Majors betreut.

Die Aufgabe der Teilnehmer bestand darin, nach 24 Stunden einen Kurzfilm mit einer Länge von dreieinhalb bis fünf Minuten abzuliefern. Dieser Clip sollte ohne Text auskommen und allein durch die mit Musik unterlegten Bilder eine Kurzgeschichte erzählen, die für alle verständlich war. Natürlich musste er reich an Action-Szenen sein.

Jimmy Lynn Davis wählte eine Story, die an »Indiana Jones« erinnerte. Die Ursache dafür, dass dies nicht funktionierte, lag am Ende vor allem in der Kürze der zur Verfügung stehenden Produktionszeit. Bei den Drehs waren die Amerikaner zu Hause nie so unter Druck wie wir in Deutschland. Wenn sie zum Beispiel einen Autoüberschlag fahren sollten, konnten sie von vornherein auf zwei oder drei Fahrzeuge zurückgreifen. Wir verfügten am Set in der Regel nur über einen teuren Wagen für die entsprechende Szene. Da musste es auf Anhieb funktionieren, denn Film und Fernsehen in Deutschland verfügten nicht annähernd über die finanziellen Mittel wie Filmproduktionen in Amerika.

Aus Australien kam Max Aspin, genannt Mad Max, weil er 1981 »Mad Max 2« gemacht hatte. Bekannt war er auch für seine Arbeit an »Crocodile Dundee« (1986).

Vorbereitung eine Szene während der Stunt-Weltmeisterschaft 1989

Und ich wurde als Vertreter für Deutschland angefragt.

Für den Festivalbeitrag hatten wir nach einer viertägigen Vorbereitungsphase zwölf Stunden Zeit zu drehen, die anderen zwölf Stunden blieben für den Schnitt und die Vertonung. Das Team konnte man sich allein zusammenstellen, und so begleiteten mich Willi Zander, Sybille und Werner Brandl, Ronnie Paul, Armin Jäger plus Assistent, Fred Bräutigam plus Assistent und Achim Anscheidt. Unsere Truppe zählte zehn Personen. Die Crew aus der Sowjetunion umfasste 22 Köpfe, von denen wohl allein acht aus den Reihen der Kommunistischen Partei hinzudelegiert worden waren. Die Handlung der Geschichte hatte man im Vorfeld einzureichen. Auch musste man auflisten, welche Technik man mit sich führen würde.

Unsere Story heckten wir im »Arlequine« aus, einem netten Restaurant in der Berner Altstadt. Bei einem Glas Rotwein kreierten Ruth und ich die Abfolge einer unglücklichen Kettenreaktion.

Früh morgens kommt ein Typ mit Ohrringen und Gettoblaster tanzend die Straße entlang. Er schmeißt seine Kippe weg, die noch glühend in ein Bauzelt am Straßenrand hineinrollt, unter dem gerade an einer Gasleitung gearbeitet wird. Dieses Zelt explodiert, was weitere Dinge auslöst: Ein Bauarbeiter mit einer Riesenbohle auf der Schulter dreht sich erschrocken um und behindert dadurch einen Radfahrer, der gerade vom Bäcker kommt. Der Radler muss sich ducken, verliert den Halt, überschlägt sich und fällt einem anderen Bauarbeiter in den Rücken, der gerade an einem Baugerüst einen Eimer Zement hochzieht. Oben bekommt ein Maurer den Eimer an den Hintern, fällt mit einem Überschlag hinunter und katapultiert dabei einen Zementsack auf die Frontscheibe eines Autos – und so weiter. Bis zum Schluss der tanzende Typ vom Anfang auf einer Bananenschale ausrutscht, beinahe hinfällt und gerade noch so seinen Gettoblaster auffangen kann. Dann zwin-

Dreharbeiten während der Stunt-Weltmeisterschaft 1989

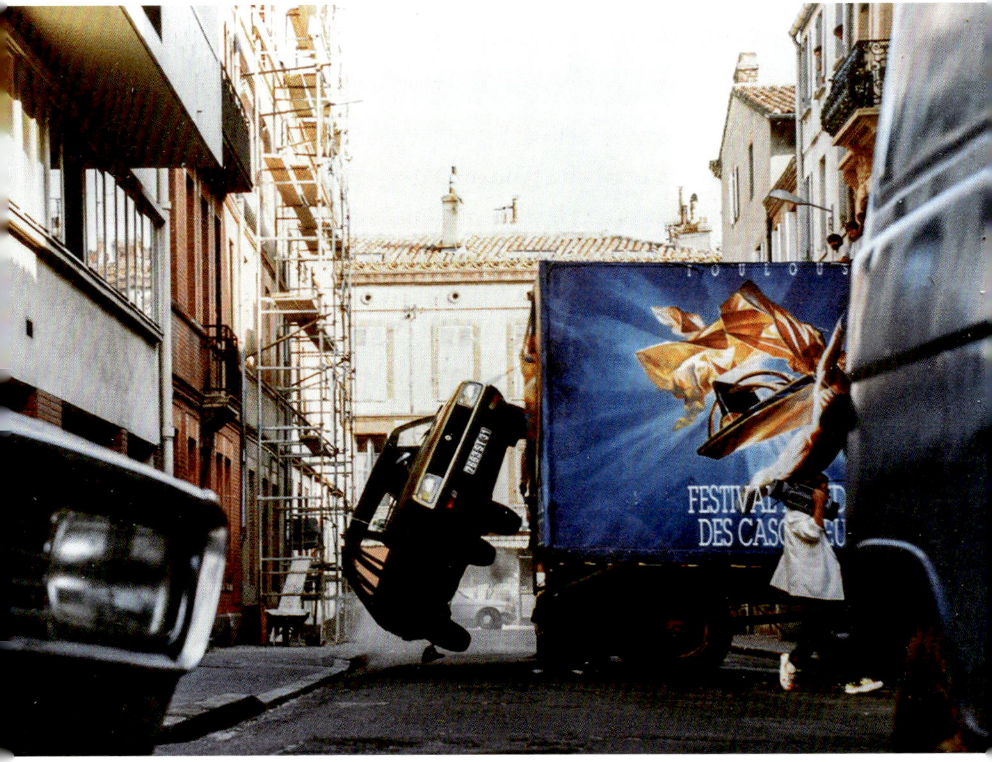

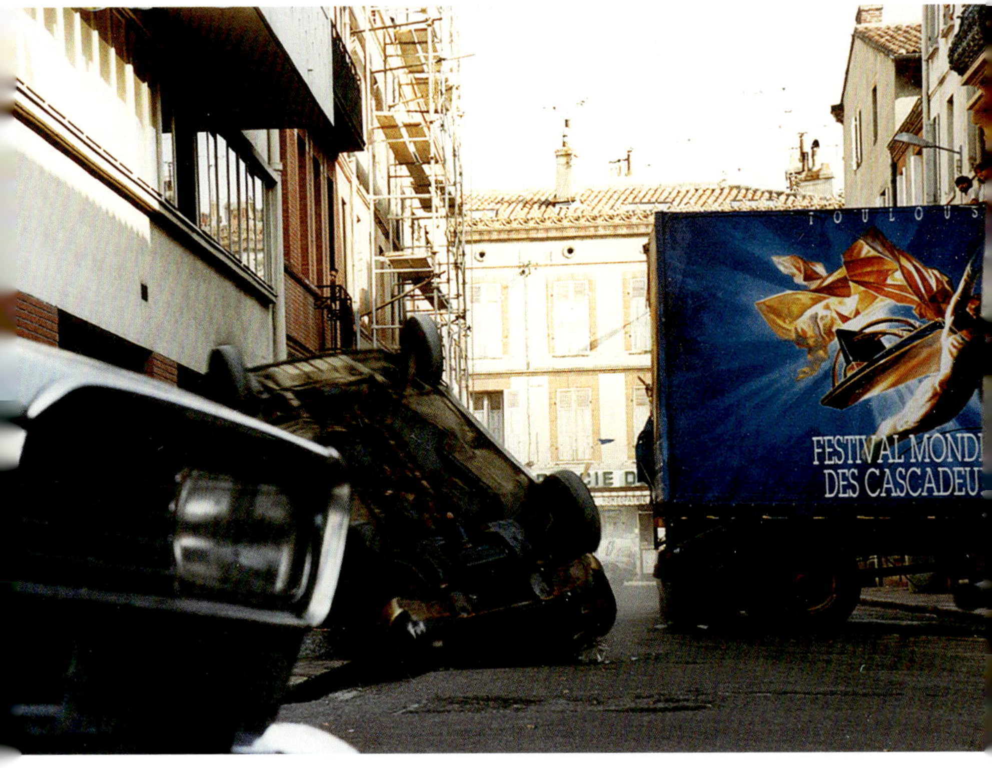

kert er in die Kamera, sagt: »Da habe ich aber Schwein gehabt«, drückt auf einen Knopf und sprengt die ganze Straße in die Luft.

Wir waren im Prinzip die einzigen, die tatsächlich einen fertigen Film abgeliefert haben – einen, der sogar mit einer kleinen Prise Humor gewürzt war. Denn wir hatten das Ganze so konzipiert, dass wir alles in einer einzigen Straße drehen konnten. Die anderen hatten es sich da ungleich schwerer gemacht. Die Engländer wechselten die Orte, die Franzosen und die Amerikaner auch.

Ich erinnere mich sehr intensiv daran, dass beim Team aus der Sowjetunion ein schwerer Unfall geschah. Zwei Männer, Alexander und Wassile, waren von einem ungefähr 25 Meter hohen Kranausleger gesprungen. Wassile machte den Stunt richtig gut. Alexander allerdings – er hatte über 600 Fallschirmsprünge absolviert – legte sich während des Absturzes auf die Luft und schlug unten bäuchlings auf, was ihm das Kreuz brach. Die hier gefragte völlig andere Falltechnik hatte die sowjetische Crew wohl nie trainiert.

So makaber es klingen mag, Alexander – er war 26 oder 27 Jahre alt – hatte noch das Glück im Unglück, dass ihm der Unfall in Frankreich passiert war, denn die Weltmeisterschaftsveranstalter hatten alle Teilnehmer sehr gut versichert.

Ein Jahr später, als wir uns erneut bei der Weltmeisterschaft trafen, habe ich Alexanders Rollstuhl mitgeschoben. Es war so ein Elend, und die ganze Zeit liefen mir die Tränen über das Gesicht. 1991 ist er schließlich von der Sowjetunion nach Frankreich ausgewandert.

Bei den Australiern ging auch etwas schief, was einer dilettantischen Ausführung geschuldet war. Sie hatten ein Auto über eine Rampe geschickt und dabei den Fahrer – übrigens der Sohn von Max Aspin – nur mit einem Bauchgurt gesichert. Der Wagen landete an einem Laternenmast. Dabei brach sich Aspin junior ein Bein. Das heilte wenigstens bald wieder.

Die Jury war illuster besetzt: Der Bruder von Schauspieler Gérard Depardieu, der ein bekannter Boxer war, der Bürgermeister von Toulouse, ein Kind, Journalisten … Begrüßt wurden wir als Teilnehmer auf dem Marktplatz der Stadt, wo man eine opulente Show veranstaltete. Am Rathaus gab es eine Laser-Installation, die Teams wurden durch die Veranstalter jeweils besonders präsentiert, kamen mit Quads vorgefahren, andere ritten auf Pferden ein. Übertragen wurde dieses Ereignis in öffentlich-rechtlichen Programmen von Frankreich und Italien. Auch die Szene, die für einen Eklat sorgte.

Obwohl vereinbart worden war, dass zum besseren Verstehen untereinander in Englisch kommuniziert werden sollte, sprach mich die Moderatorin der Veranstaltung auf Französisch an.

»Sie sind als Deutscher nach Toulouse gekommen. Wollen Sie es denn wieder erobern wie 1943?«, wurde sie politisch. Ich verstand das natürlich nicht sofort und benötigte erst eine Übersetzung.

Die Moderatorin wurde nach der Veranstaltung sofort entlassen und gegen Désirée Nosbusch ausgetauscht.

Die Weltmeisterschaftsbeiträge präsentierte man schließlich während einer riesigen Samstagabend-Show im Sportpalast in Toulouse vor 6000 Leuten der Öffentlichkeit und vergab die Platzierungen. Auch hier liefen wieder TV-Übertragungen – diesmal in 23 Ländern weltweit. Durch die Show führten eine französische TV-Größe und Désirée Nosbusch. Die war für diesen Job bestens geeignet, sprach sie doch so ziemlich alle Sprachen der Teilnehmer-Teams.

Zwischen den einzelnen Wettbewerbsfilmen waren verschiedene Show-Acts eingebaut. Mal gab es eine spezielle Moderation, mal trat ein Gesangskünstler auf, dann wieder wurde Akrobatik gezeigt …

Wir waren nach der Abgabe unseres Films abgereist, denn ich hatte zu keinem Zeitpunkt erwartet, bei diesen Weltmeisterschaften einen Preis zu gewinnen.

Dann kam allerdings ein Anruf. Ich war schon zehn Tage zu Hause und wollte gerade zu einem »Tatort«-Dreh nach Hessen fahren. »Peter, ihr würdet mit auf dem Treppchen stehen«, hieß es am Telefon. »Leider ist niemand von euch hier, und wir möchten euch bei der Preisvergabe nicht übergehen. Allerdings erfordert das eure Anwesenheit. Wenn du also sagst, du kommst und bringst noch zwei, drei Leutchen aus deinem Team mit, werdet ihr garantiert mit ausgezeichnet.«

»Alles klar, wir kommen«, entgegnete ich und startete sofort einen Rundruf bei den Kollegen, die mich nach Frankreich begleitet hatten. Fred Bräutigam kam mit, Sybille Brandl ebenfalls.

Vor der Preisverleihung hatten wir den Zuschauerraum verlassen müssen, lediglich Ruth und Fred Bräutigams Frau blieben dort sitzen. Wir standen in einem Kellergang vor einem Monitor, wie man das aus einschlägigen Casting-Sendungen von heute kennt. Es wurde der dritte Platz verkündet ... Dann folgte Rang zwei ... Ich war nicht nur verwundert, ich fühlte mich verschaukelt. Die Amerikaner fehlten noch, die Franzosen auch. Hatte man mich auf den Arm genommen, als es hieß, wir würden mit auf dem Treppchen stehen? War ich völlig umsonst mit meiner Frau noch einmal 1 800 Kilometer angereist, um am Ende allein hier hinter der Bühne zu stehen?

Plötzlich sagte der Moderator: »And the winner is ----- Germany!«

Da schrie Désirée: »Peter, komm auf die Bühne! Deutschland hat gewonnen.«

Wir sind nach oben getobt, ich habe Désirée umfasst, einmal im Kreis gedreht und bin beinahe mit ihr hingefallen. Das war für uns ein völlig überwältigender Moment.

Für meine Leute und mich bedeutete die Auszeichnung eine enorme Reputation. Schon allein dadurch, dass unser Film in vielen Ländern gezeigt wurde. In Deutschland registrierte man unseren Erfolg natürlich ebenfalls.

Allemands, Australiens et Anglaises aux anges

Intense émotion, samedi soir, sur la scène du Palais des sports de Toulouse. Ils sont venus, ils sont tous là. Tous les cascadeurs, qui ont participé, cette semaine, au premier Festival des cascadeurs cinématographiques, sont montés sur le plateau de l'émission de télévision filmée par FR 3, à l'occasion de cette soirée de gala finale, avec remise des prix, les Anges d'or, d'argent et de bronze.

Tous sauf un, retenu dans sa chambre d'hôpital après le terrible accident qui l'immobilise pour l'instant sur son lit de douleur. Sacha Alexander, blessé pour la cause de la cascade.

Ses amis cascadeurs viennent de remettre à l'équipe soviétique une palme spéciale pour leur prestation, tandis que Michel Drey, le présentateur annonce : « la vente d'affiches du Festival ira au profit du cascadeur soviétique blessé, Sacha Alexander ».

Mais le spectacle continue. D'ailleurs la Nuit de la Cascade, qui venait de prendre fin sur cette note plutôt triste, l'avait prouvé par la qualité et l'humour des films présentés par le talent du « Jazz Band Orchestra », de Salif Keita et de Bernard Lavilliers, les invités de cette soirée-spectacle.

Sur la scène, trois équipes étaient particulièrement heureuses. Les Allemands venaient de remporter le premier prix, l'Ange d'or, pour leur film plein de fantaisie, aux cascades époustouflantes et au rythme fort bien soutenu par un montage parfait.

Les Australiens, toujours aussi décontractés sous leurs chapeaux de cow-boys des antipodes, avaient reçu le second prix, l'Ange d'argent des mains des présidents du jury, le comédien Bernard-Pierre Donnadieu et la sportive Brigitte Jimenez. Les Anglaises, la seule équipe entièrement féminine, se voyaient attribuer l'Ange de bronze pour une prestation à la Benny Hill, les cascades en plus. Français et Américains, non primés, se réconfortaient mutuellement en espérant faire mieux la prochaine fois.

La prochaine fois, on espère qu'elle aura lieu à Toulouse. Tous les participants ont fait part de leur bonheur d'avoir été accueillis aussi chaleureusement par la population et la ville de Toulouse.

On parle déjà d'un hommage rendu à Frank Valverde, le cascadeur d'origine toulousaine.

Les anges du Festival pourraient bien à nouveau passer par la case Toulouse.

Philippe EMERY.

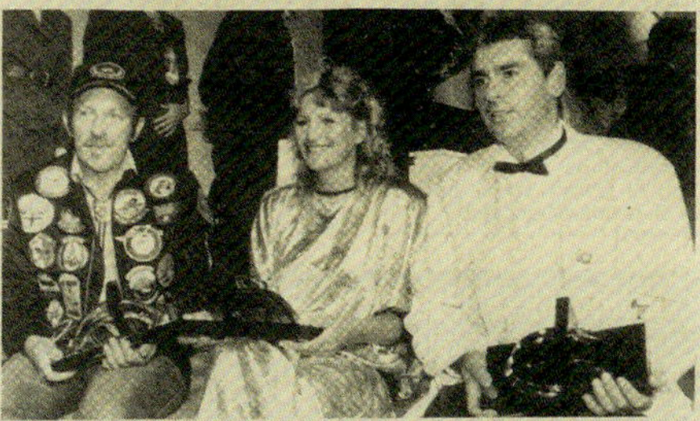

Les anges sont passés : de gauche à droite : **l'argent pour l'Australie; le bronze pour la Grande-Bretagne; l'or pour la R.f.a.**

Le jury

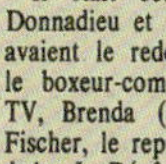

Il était composé de sept membres. Le comédien Bernard-Pierre Donnadieu et la championne de France de Funboard, Brigitte Jimenez, avaient le redoutable privilège d'assumer la présidence. A leurs côtés, le boxeur-comédien Stéphane Ferrara, la plus jeune présentatrice de TV, Brenda (« Samdynamite »-FR 3), le réalisateur TV canadien Max Fischer, le représentant de l'U.a.p. Jean-Pierre Labarre et notre confrère de la « La Dépêche du Midi » Bernard Lescure.

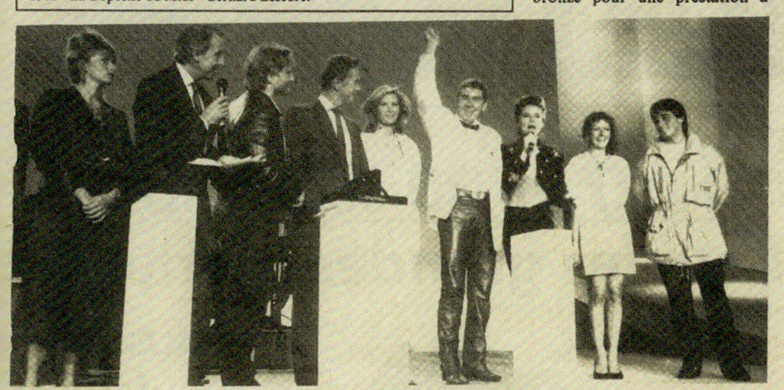

Sur la scène du Palais des congrès.

Die französischen Medien berichteten viel von den Stunt-Weltmeisterschaften, so auch am 25. September 1989 »La Depeche« über die Preisverleihung.

Die Klette

Aus Los Angeles bekam ich noch 1989 ein Angebot für ein B-Movie, für das ich dann vier Monate in Chile arbeitete. Dabei hatte ich den Vorteil, Stunt-Leute aus Deutschland mitbringen zu können. Also nahm ich die beiden Brandls und Ronnie Paul mit.

Sybille Brandl war richtig gut. Manchmal allerdings war sie recht übermütig, musste man aufpassen, dass sie nicht außer Kontrolle geriet. Unter anderem beim Autofahren, wo sie gern mal zu stark aufs Gaspedal drückte.

Der Film hieß »The Secret of the Ice Cave« und war eine Rauschgiftgeschichte, in der David Mendenhall die jugendliche Hauptrolle spielte. Den kannte man noch aus dem Kino-Blockbuster »Over the Top«, in dem er 1987 neben Sylvester Stallone als dessen Sohn zu sehen gewesen war.

In dem Chile-Streifen macht sich ein junger Mann auf in den Dschungel, um seine Mutter, die dort als Forscherin unterwegs ist, zu besuchen. Am Anfang schmuggelt er sich ins Land, in einen kleinen Flieger, dessen Pilot allerdings vergiftet wurde. Und als dieser mehr und mehr das Bewusstsein verliert, geht er im Tiefflug über einen See, wo der junge Held herausspringen muss.

Der Film war gespickt mit Stunts. Natürlich gehörten riskante Reitsequenzen dazu. Und einmal musste ich im Rahmen einer Verfolgungsjagd mit einem Mack-Truck durch einen riesigen Wasserturm fahren und ein Pärchen überrollen.

Chile als Drehort hatte für die US-Amerikaner einige Vorteile. Einer davon war, dass sie sich für ihre Angestellten nicht mit Auflagen der jeweiligen Gewerkschaften herumschlagen mussten. Dazu gehörte, dass Stunt-Leute aus den USA 25 Prozent mehr kosteten als Kollegen aus anderen Regionen der Erde: Die 25 Prozent mussten an die Gewerkschaft abgeführt werden. Dieses Geld konnte sich die Produktion bei uns sparen. Ansonsten bezahlten sie uns wie die amerikanischen Kollegen.

Wenngleich es bei diesem Streifen in Sachen Stunts ordentlich zur Sache ging, kann ich nicht sagen, dass »The Secret of the Ice Cave« für mich die größte Herausforderung war. Es gibt keinen Film, dem ich diese Kategorie zuschreiben würde. Auch keinen, der mich komplett an meine Grenzen führte. Wenn ich zurückschaue, dann sehe ich mich bei jedem Auftrag vor neue Aufgaben gestellt, die gelöst werden mussten.

In diesem Zusammenhang erinnere ich mich an »Die Klette«. Die Dreharbeiten fanden 1986 auf einem stillgelegten Gleis in der Nähe von Lüneburg statt.

In dem Thriller spielte Désirée Nosbusch eine junge Frau, die versucht, sich umzubringen. Dabei rennt sie nachts einem heranfahrenden Zug entgegen. Ein Mann – dargestellt von Peter Sattmann – läuft ihr hinterher und rettet sie, indem er sie im allerletzten Moment zur Seite reißt.

Die Regie kam zu mir und fragte: »Peter, können wir das so drehen, dass die beiden unmittelbar vor der Lok verschwinden und dadurch offen bleibt, ob es dem Mann gelungen ist, die junge Frau zu retten?« – »Ja, das bringe ich.«

Ich hängte vorn an die Puffer eine Plattform, die nur knapp zwei Zentimeter über den Gleisen schwebte und zum Zug hin geschlossen war, sodass man nach dem Aufspringen gegen eine Rückwand rollen konnte, ohne sich zu verletzen. Zusätzlich war sie mit Schaumstoffmatten ausgepolstert und mit Fangnetzen gesichert. An den Seiten hatten wir zur Stabilisierung Stahlseile angebracht.

Der Schotter zwischen den Bahnschwellen wurde mit einem dunklen Kies aufgeschüttet, damit es sich für die Stunt-Leute besser lief, denn der Schienenbereich war nur spärlich beleuchtet. Straßenlaternen warfen einen schwachen Schein auf das Gleisbett. Bei diesen Lichtverhältnissen würde die Manipulation zwischen den Schwellen nicht zu sehen sein.

Peter Sattmann wurde von mir gedoubelt, die Rolle von Désirée Nosbusch sollte eine junge Frau übernehmen, die unbedingt ins Stunt-Geschäft wollte und bei mir schon ein paar kleinere Sachen gemacht hatte.

Der Dreh begann. Der Zug kam mit circa 30 Stundenkilometern herangerollt. Wir liefen dem Stahlkoloss entgegen, sie vorneweg, ich unmittelbar hinter ihr – als sie im letzten Moment Panik bekam und versuchte, mit einem seitlichen Hechtsprung vom Zug wegzukommen. Eines der Stahlseile erwischte sie am Oberschenkel, was die junge Frau ein Stück in die Höhe katapultierte, sodass sie sich überschlug und in den schrägen Bahndamm flog.

Der Notarzt kam und stellte außer ein paar Beulen und Prellungen keine weiteren Verletzungen fest. Ich hatte das große Glück, dass Fred Bräutigam, der in derselben Nacht 20 Kilometer weiter einen Job bei Dreharbeiten erledigt hatte, danach zu uns gekommen war, um zuzuschauen.

Als nach dem »Seitensprung« meiner Partnerin die Regie ratlos fragte: »Was machen wir denn jetzt?«, meinte ich: »Fred Bräutigam ist gekommen.«

Er war damals schlank wie eine Pinie. So ging er ins Kostüm und in die Maske. Nach einer halben Stunde kam er als Désirée Nosbusch drehfertig zurück. Die Bahn rollte zurück auf Anfang. Wir haben die Einstellung dann einmal gedreht. Alles klappte wunderbar. Dank Fred Bräutigam.

Ein Fall für Zwei

Ich bin in den Achtzigern an sehr vielen, auch sehr großen Produktionen beteiligt gewesen. Für Amerikaner, in Deutschland oder für die BBC. Manchmal ging es nur um einen einzigen Stunt.

So holte man mich einmal für eine Unfallszene nach Lugano, bei der ich mit einem Jaguar vor einem Pelzgeschäft in zwei Blumenkübel krachen musste. Dazu hatte ich den Jaguar präpariert und die Blumenkübel so verankert, dass ich mit ihnen beim Aufprall nicht unwillkürlich bis ins Geschäft durchrauschte.

Allerdings war der eigentliche »Stunt« auf dem Weg in die Schweiz zu bewältigen gewesen.

Ich hatte Fred Bräutigam mitgenommen und wir befanden uns gerade auf der Strecke Richtung Kassel. Es war ziemlich windig, wir fuhren an die 200 Stundenkilometer. Das Auto war bis unters Dach mit allem Möglichen vollgeladen. Der Wagen schlingerte leicht, was ich mir mit dem Zusammenspiel aus Wind, Tempo und Gewicht erklärte.

Plötzlich tauchte neben uns ein 7er-BMW auf, dessen Fahrer eindringlich zu uns herüberschaute und mit Handzeichen Hinweise gab. Ich verstand nicht, was er uns mitzuteilen versuchte, bis Fred in den Seitenspiegel blickte und trocken sagte: »Peter, unser rechtes Hinterrad brennt.«

Wir stoppten. Fred sprang aus dem Auto, griff sich eine seiner beiden Cola-Flaschen, schüttelte sie ordentlich und benutzte sie dann als Handfeuerlöscher. Die zweite musste auch noch herhalten, bis er das Feuer bändigen konnte.

Wir entluden das gesamte Auto und zogen ein neues Rad auf. Dabei handelte es sich allerdings lediglich um ein Notrad, mit dem man bestenfalls 80 Stundenkilometer fahren durfte. Wir luden also alles wieder ein, schlichen vorsichtig bis zur nächsten Raststätte und telefonierten mit Nissan – meinem Hauptsponsor. Ein

Handy hätte das alles sicher abkürzen können, aber so etwas gab es damals noch nicht.

Der Chef der Nissan-Presseabteilung, Michael Köhler, reagierte sofort: »Hick, ich lasse Ihnen beim Pförtner ein neues Hinterrad hinstellen.«

Also fuhren wir nach Neuss in die Nissan-Hauptniederlassung, entluden das Auto wieder, wechselten erneut das Rad, packten alles ein weiteres Mal ein, um dann den Weg fortzusetzen. Natürlich kamen wir viel später in Lugano an, als wir es geplant hatten.

So funktionierte die Arbeit: ankommen, am nächsten Morgen den Stunt vorbereiten, die Aktion drehen, einpacken und weiter. Bei solchen Aufträgen, die womöglich in eng gestrickten Terminen aufeinanderfolgten, hatte ich meistens bestenfalls Kontakt zum Regisseur. Oder mir begegnete kurz der Schauspieler, den ich doubeln sollte. Worum es in dem Film ging oder wer daran beteiligt war, bekam ich häufig erst hinterher mit. Zum Beispiel auch, dass ich einmal für eine Produktion gearbeitet habe, in der Kirk Douglas mitgespielt hat.

So ging es mir in den Jahren nach meiner aktiven Stuntman-Zeit immer wieder: Wenn ich mir Filme anschaute, für die ich Jobs erledigt hatte, stellte ich manches Mal überrascht fest, wer da alles auf der Besetzungsliste gestanden hatte.

Selbst wenn ich wusste, wer beteiligt war, bedeutete das nicht, dass es zu einem direkten Kontakt kam. So auch bei einer Folge der Reihe »Ein Fall für Zwei«. Mit dabei Günther Strack und Judy Winter.

Wir drehten nachts in Frankfurt am Main auf dem Stadtring. Die von Judy Winter zu spielende Figur sollte umgebracht werden, weshalb jemand das rechte Vorderrad ihres Rolls Royce manipuliert hatte. In der Nacht schneite es und an den Straßenrändern lagen große, von Räumdiensten zusammengekarrte Schneehaufen. In einen von denen sollte Judy Winters Auto rutschen, ohne den

Wagen zu beschädigen, weshalb ich den Schneeklumpen vorher noch präparieren musste.

Dann bekam ich ihren Pelzmantel umgelegt, erhielt ein Goldkäppchen auf den Kopf, setzte mich ans Lenkrad und fuhr los. Nachdem ich in den Haufen gekracht war, riss Günther Strack die Fahrertür auf, rief »Gnädige Frau, ist Ihnen etwas passiert?«, schaute mir ins unrasierte Gesicht – und bekam einen Lachanfall.

In der zweiten Einstellung fuhren wir wieder eine Runde um den Block und mussten an einer Ampel halten. Neben mir stoppte ein Porsche, dessen Fahrer zu mir herüberschaute und stutzte. Die Ampel schaltete auf Grün, wir traten aufs Gaspedal, ich machte meinen Crash mit dem Schneehaufen und der Porschefahrer trat voll in die Eisen. Dann stieß er zurück, kurbelte die Seitenscheibe herunter und rief: »Du Tunte! Und Auto fahren kannst du auch nicht.«

Schließlich haben wir die Einstellung noch einmal gedreht.

Judy Winter war in jener Nacht zwar vor Ort, bei der Szene aber nicht zugegen. Ihr bin ihr nicht begegnet.

»Ein Fall für Zwei« bot mir fünf, sechs Jahre lang häufig Arbeit. Ebenso der »Tatort« oder »Der Alte«. Wie viele Leute ich in dieser Zeit bei den Krimi-Episoden gedoubelt habe, kann ich nicht sagen.

Bei dem Film in Chile war das anders. Wenn man an einer Produktion über Wochen oder Monate beteiligt ist, läuft einem mit der Zeit jeder Mitwirkende mindestens einmal über den Weg.

Das Erbe der Guldenburgs

Als ich mit »Stunt Unlimited« an den Start ging, gab es in der Bundesrepublik ungefähr 250 Stunt-Leute. Darunter befanden sich viele, die schlecht bezahlt waren und keine Versicherungen hatten. Sie arbeiteten als Kellner oder Türsteher, und irgendwann wurden sie mal von jemandem angerufen, ob sie nicht für einen Stunt zur Verfügung stünden.

Dann kamen diese Stuntmen zum Set, hatten aber keine Ausrüstung, nicht einmal entsprechende Kleidung, die sie vor Verletzungen schützen konnte. Sie besaßen vielleicht Knieschützer vom Volleyball oder ähnliches, das bei harten Unfall- und Sturz-Szenen natürlich vollkommen ungeeignet war.

Nachdem ich in den Westen gekommen war, hatte ich mir in der Anfangsphase meine Ausrüstung selbst gefertigt. Und das etwa nicht nur, weil es teuer gewesen wäre, sich alles zu kaufen. Vielmehr war kaum etwas auf dem Markt. Aus GFK Glasfaser mit Metalleinlage fertigte ich mir für die Ellenbogen, die Unterarme, die Knie und Schienbeine auf Körpermaß meine eigenen Sachen. Die konnte ich bei Treppenstürzen unterziehen oder wenn ich angefahren wurde. Meine Kollegen besaßen so etwas grundsätzlich nicht.

Als ich Hans Söhnker in einer Szene doubelte, in der er als Pfarrer von einem Auto angefahren werden sollte, hatte ich auf dem Kopf aus GFK einen Schutz, den man sich wie einen eng anliegenden Helm vorstellen muss – ähnlich einer Fliegerhaube, wie sie Doppeldeckerpiloten in der ersten Hälfte des 20. Jahrhunderts trugen. In diese Haube war eine Bleiplatte eingearbeitet. Darüber trug ich die Söhnker-Perücke.

Bei dem Crash knallte ich mit dem Kopf in die Frontscheibe des mich rammenden Fahrzeugs, die dabei zerbarst. Wenn man so etwas ungeschützt gemacht hätte, wären hinterher sicher nicht nur ein paar Kopfschmerzen die Folge gewesen.

Neben mir gab es noch zwei Leute, die damals sehr gut beschäftigt waren. Der eine war Hermann Joha, der anfangs alle Unfälle für »Der 7. Sinn« gedreht hatte. Der saß in Köln. Später produzierte er für RTL »Cobra 11«. Die Serie zog er hochprofessionell auf und ließ sich dafür extra fünf Kilometer Autobahn mit Brücke bauen. Dort tobte er sich richtig aus.

Und dann war da noch François Doge, der aus dem Umfeld des großen französischen Stuntman Rémy Julienne stammte.

Julienne kam aus dem Rennfahrerbereich, besaß Autowerkstätten, betreute in der Frühphase die James-Bond-Streifen und choreografierte Verfolgungsjagden in Alain-Delon- und Jean-Paul-Belmondo-Filmen. Doge arbeitete eine Zeit lang für ihn, verlegte seinen Standort aber dann nach München und war sofort ebenfalls sehr gut im Geschäft.

Wenn es um teure Filme ging, wurden grundsätzlich wir drei angefragt. Irgendwann telefonierten wir uns zusammen und trafen eine Preisabsprache. Derjenige, der als Erster in schriftlicher Form für eine bestimmte Produktion ein Angebot abgegeben und dieses dann den anderen zugesandt hatte, durfte nicht mehr unterboten werden.

Wenn eine Produktion allerdings einen von uns bevorzugte, spielte diese Absprache keine Rolle mehr, denn dann durfte der »Auserwählte« 2000 oder 3000 Mark teurer sein, weil ihn die Auftraggeber sowieso haben wollten.

Wir kamen uns nie in die Quere und standen uns auch nicht im Weg, wenn sich ein Regisseur plötzlich umentschied – wie es mir einmal widerfuhr. Ich musste eine Produktion verlassen, weil ich mit dem Regisseur Gero Erhardt, dem Sohn von Heinz Erhardt, große Differenzen hatte. Es ging um eine Szene aus der Serie »Das Erbe der Guldenburgs«, die sich um eine Geständniserpressung drehte.

Wolf Roth, in tragender und großer Rolle, hatte in einer Tiefgarage das Auto eines Intriganten zu zerlegen, indem er eiskalt und präzise Pfeiler, Fahrzeuge und Wände rammte. Auf dem Beifahrersitz sollte sein Widerpart kauern, der mit jedem Crash mehr in sich zusammenzusinken und schließlich vor lauter Angst zu gestehen hatte, dass er die Intrige eingefädelt habe.

Gero Erhardt zeigte mir einen Ausschnitt aus »The Driver« mit Ryan O'Neal. O'Neal spielte in dem Film einen professionellen Fluchtfahrer, der selbst für das FBI nicht zu fassen war. In der besagten Szene traf er drei Gangster mit einem goldfarbenen Mercedes vor einer Tiefgarage. Sie wollten einen Banküberfall besprechen und O'Neal verlangte eine Beteiligung von 20 Prozent. Die Gangster waren skeptisch und meinten, sie wüssten ja nicht einmal, ob er fahren könne. Daraufhin setzte er sich ans Lenkrad des Mercedes und zerlegt das teure Fahrzeug in der Tiefgarage nach allen Regeln der Kunst. Unter anderem gab es eine Sequenz, in der er an Säulen entlangraste und die daran angebrachten Wasserzapfhähne abriss. Hinter dem Auto schossen jedes Mal die Wasserfontänen heraus. In einer weiteren Einstellung fuhr er an einer Wand entlang, sodass Funkenstrahlen hinter dem Wagen hervorspritzten.

Den lieben langen Tag hatte Gero Erhardt an dem Dialog zwischen Wolf Roth und dem Intriganten gedreht. Gegen 18 Uhr sollte das Film-Team die Tiefgarage wieder verlassen haben. Um 16 Uhr kam er auf mich zu und meinte: »Peter, wir kommen jetzt zum Stunt.«

Wir drehten zwei, drei Szenen, bis ich zum Regisseur sagte, er müsse jetzt ungefähr 20 Minuten warten, damit Fred Bräutigam das Auto für den Funkenregen präparieren könne. Denn wenn man mit dem Blech einfach so an einer Wand entlangfahre, funke da gar nichts.

»Wir müssen jetzt 20 Minuten warten?«, zeigte sich Gero überrascht.

»Ja«, sagte ich.

»Wir müssen hier gleich raus«, ging Gero mich vor dem gesamten Team an. »Das ist ja total unprofessionell.«

»Gero«, sagte ich ruhig. »Ich habe mir diesen Film mit Ryan O'Neal angeschaut und auch ein bisschen recherchiert. Hollywood hat an dieser Einstellung sieben Tage gedreht. Und du möchtest das von mir in zwei Stunden haben? Da frage ich mich, wer von uns beiden hier unprofessionell ist.«

Vor dem nächsten Stunt, bei dem ein Auto von mir von der Fahrbahn abkommen sollte, um danach 25 Meter durch die Luft zu fliegen, teilte die Produktion mir mit, dass Erhardt nicht mehr mit mir zusammenarbeiten wollte: »Er will den Hermann Joha haben.«

»Das ist völlig in Ordnung«, entgegnete ich.

»Aber du hast hier ja noch den Vertrag …«

»Vergiss den Vertrag. Ich bin für alles, was ich gedreht habe, bezahlt. Lass das den Hermann machen, denn ich werde ab sofort die Wünsche von Gero nicht mehr erfüllen können. Er wird bei mir das Haar in der Suppe suchen. Und dazu habe ich keine Lust.«

Eine ähnliche Geschichte erlebte ich auch mit dem »Stahlnetz«-Erfinder Jürgen Roland.

Ronnie Paul und Fred Bräutigam mussten für eine Szene in einem Elbe-Fleet ins Wasser. Dieser Kanal hatte eine nicht zu verachtende Strömung, außerdem änderte sich der Wasserspiegel bei Ebbe und Flut in regelmäßigen Abständen.

»Jürgen, das müssen wir endlich drehen«, sagte ich zu einem bestimmten Zeitpunkt, der für die Schwimmer am ungefährlichsten war. »Wir kriegen sonst ablaufendes Wasser und die beiden müssen gegen die Strömung schwimmen.«

Doch das Dreh-Team trödelte weiter herum und wir bekamen ablaufendes Wasser. Bis zum nächsten günstigen Pegel hätten wir sechs Stunden warten müssen und es wäre dunkel gewesen. Also rein! Allerdings kamen Ronnie und Fred jetzt nicht vom Fleck. Da brach es aus Jürgen Roland heraus, was ich denn für Leute hätte, und ob die nicht schwimmen könnten.

»Du musst nicht gegen meine Kollegen pöbeln. Spring ins Wasser und zeig uns, wie es geht. Ich möchte dich hier gern schwimmen sehen.«

Danach habe ich zwei Jahre nicht mehr für Jürgen Roland gearbeitet.

Nicht dass jedoch ein falscher Eindruck entsteht: Zu 99,9 Prozent liefen die Kontakte zu den Regisseuren und Auftraggebern sehr friedlich ab.

»Stunt Unlimited« war eine Einmannfirma. Die Produktionen riefen mich an und gaben die Aufgaben vor. An mir war es dann, so zu verhandeln, dass ich sicher sein konnte, die zusätzlich benötigten Kollegen bezahlen zu können. Sie zu verpflichten, war danach nur reine Formsache. Ich stellte den Produktionen eine Gesamtrechnung, die Kollegen rechneten ihre Gage mit mir ab.

Als wieder ein Dreh zur Serie »Anna« in München anstand, wollte ich entsprechend der Anforderung zwei Fahrer von meinen Leuten mitbringen. Die Produktion lehnte das ab und gab mir zu verstehen, dass sie lieber Stunt-Leute vor Ort verpflichten würde. Ein Wunsch, der sicher damit zu tun hatte, dass Stuntmen im Norden um einiges besser bezahlt wurden als die im Süden der Bundesrepublik.

Ich hatte einen Stunt mit dem Motorrad zu fahren, bei dem mir ein Auto entgegenkommen sollte, an dem ich links im Gegenverkehr zwischen Pkw und Bordsteinkante noch geradeso vorbeikommen würde. Die von der Produktion verpflichtete Truppe, die die Fahrt mit dem Auto zu bewerkstelligen hatte, bestand aus drei Jungs, mit denen ich im Vorfeld der Aktion den Ablauf besprach.

»Wenn du mich kommen siehst, musst du die Lücke so weit aufmachen, dass ich mich noch leicht nach rechts runterlegen kann«, erklärte ich einem Fahrer. »Ich muss mein Motorrad soweit in die Kurve legen können, dass mir die Bordsteinkante nicht zum Verhängnis wird. Ich brauche einen Meter fünfzig. Du weichst mir praktisch ein Stück aus und ich fahr an der verkehrten Seite an dir vorbei.«

Daraufhin fragte er mich unter vorgehaltener Hand:

»Sagst du mir, was du für diesen Drehtag hier heute bekommst?«

»Kann ich machen, wenn du mir erzählt, was man euch geben will«, entgegnete ich.

»Jeder von uns bekommt 600 Mark.«

»Ich kriege 2500.«

Als wir den Stunt fuhren, vergaß er das Ausweichen vollkommen. Nur indem ich senkrecht auf dem Motorrad blieb und allein die Maschine gedankenschnell unter mir abwinkelte, konnte ich verhindern, mit dem Oberkörper ins Auto zu geraten.

Ich stieg wütend vom Motorrad und fuhr ihn an: »Du bist mir nicht einen Zentimeter ausgewichen. Und jetzt weißt du, warum du 600 bekommst und ich 2500. Weil du nämlich keine Ahnung vom Geschäft hast.«

Eine Konstellation dieser Art hatte ich allerdings ganz selten. Fast immer konnte ich durchsetzen, mit Leuten zu arbeiten, die ich kannte.

Wenn ich Kollegen wie Ronnie Paul, Fred Bräutigam, Achim Anscheidt oder die Brandls mitnehmen wollte, fragte ich jeden zuerst nach seiner Wunschgage und nach dem Minimum. Und nach den Verhandlungen mit den Produktionen lag ich meist eher bei den Wunschgagen. Wenn also einer von den Genannten zu mir gesagt hatte, »mein Wunsch liegt bei 1800 Mark pro Drehtag, mein Minimum bei 900«, dann hat er wenigstens 1600 Mark bekommen. Deshalb haben sehr viele Kollegen gerne mit mir gearbeitet. Zum einen sparten sie sich die Gagen-Verhandlungen, zum anderen bekamen sie gutes Geld. Vor allem die Brandls, die aus München stammten, wo sonst eben nicht so gut bezahlt wurde.

Die Qualität der Arbeit eines per se schon guten Stuntman steigt mit dem Verständnis für die Abläufe und Blickwinkel am Set. Wenn man zum Beispiel versteht, wie Kameraoptiken funktionieren, kann man Stunts viel spektakulärer gestalten. Im Westen nahm sich damals aber niemand die Zeit, den Stuntmen diese Optiken zu erläutern. Bei der DEFA hatte ich eine Art Praktikum zu absolvieren – insgesamt drei Monate. Dieses beinhaltete die

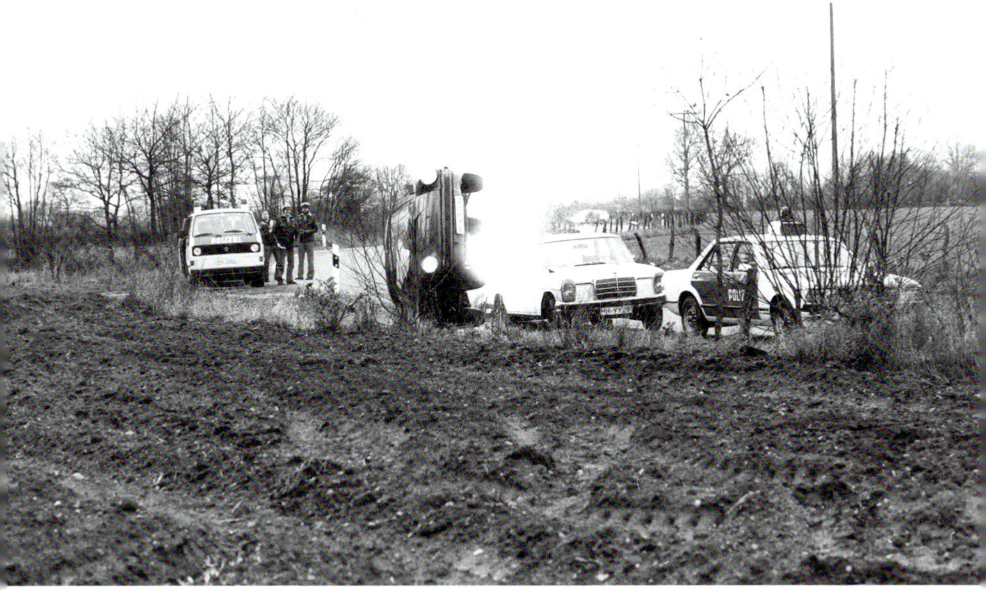

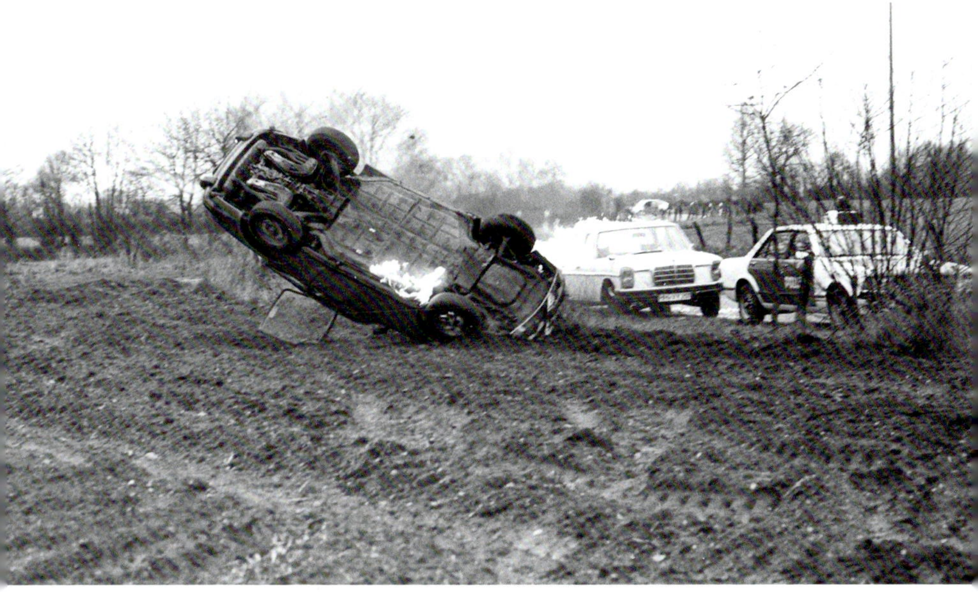

Als ich als Stuntman in Westdeutschland zu arbeiten begann, gehörte ich zu den ersten Deutschen, die Autoüberschläge machten.

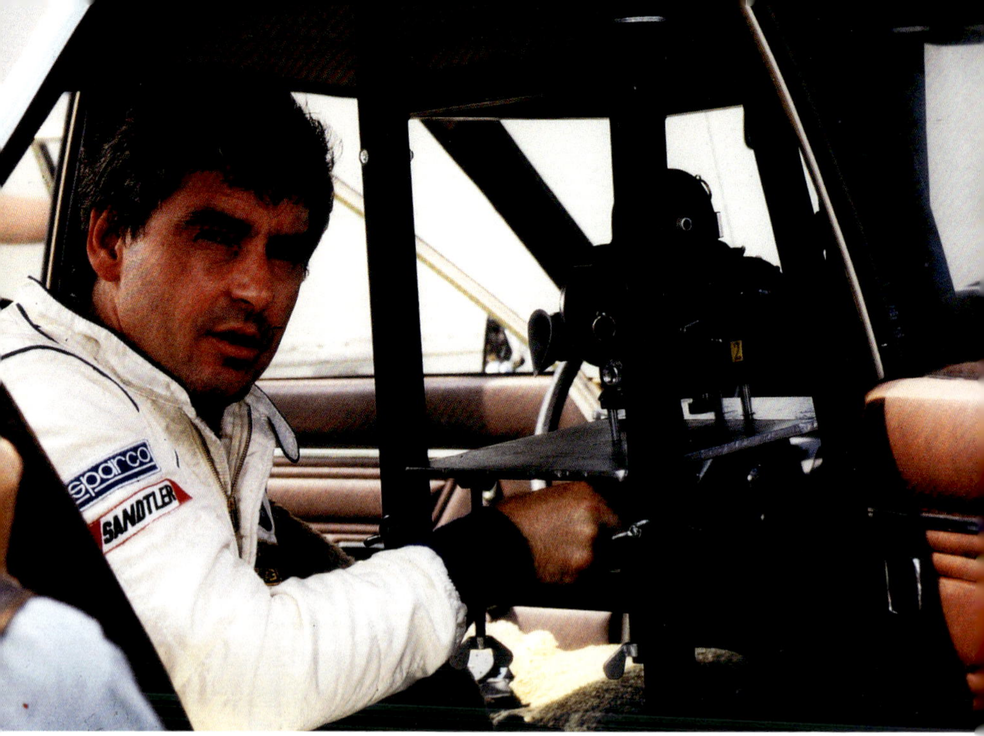

Equipment und dessen durchdachter Einsatz – wichtig für gelungene Stunts

Kameraassistenz, die Arbeit als Aufnahmeleiter, aber auch die in der Requisite. So lernte man die Branche aus allen möglichen Perspektiven kennen.

Dass im Westen komplett anders gearbeitet wurde, merkte ich schon daran, dass zu jenem Zeitpunkt, als ich hinzukam, noch niemand einen Autoüberschlag gefahren war. Für solche Szenen holten sich die bundesdeutschen Produktionsfirmen immer erfahrene Engländer oder Franzosen.

In meiner frühen Phase rief mich ein deutscher Stunt-Koordinator an, dem zu Ohren gekommen war, dass ich Aktionen im Programm hatte, die eher ungewöhnlich waren.

»Bringst du einen Autoüberschlag?«, fragte er.

»Klar«, sagte ich. »Wie schnell soll der denn sein?«

»Nicht schnell. 60 Stundenkilometer vielleicht.«

»Mache ich.«

Kurz danach hieß es: Da hat ein Deutscher einen Autoüberschlag gemacht. Hast du das gesehen? Hast du davon gehört?

In der Bundesrepublik besaßen viele Leute kein Equipment – ein großes Problem. Ich war Schlosser und baute mir beispielsweise Aufhängungen für Kameras im Auto, wodurch es möglich wurde, aus Sicht des Fahrers eine sogenannte Subjektive drehen zu können. Denn bei einem Auto-Crash oder bei einem Überschlag konnte man ja niemanden mitnehmen, der eine Kamera hielt. Meine Aufhängung war justierbar und diente gleichzeitig in der Mitte vom Dach als zusätzliche Stütze. Mit vier Streben war dort eine kleine Plattform befestigt, die man hoch und runter stellen sowie neigen konnte. Auf dieser Plattform schraubte man die ARRI mit Doppelgreifer, die sogenannte Action-Kamera, fest, die man als Stuntman über eine Fernbedienung ein- und ausschalten konnte. Kameraaufhängungen stellte ich auch für den Außenbereich her, indem ich etwa spezielle Halterungen an den Wagen anbrachte, um besondere Bilder vom Vorderrad zu bekommen.

Es gab aber auch ganz andersgeartete Aufgaben und Konstruktionen. Bei einem Dreh zu einer Folge von »Ein Fall für Zwei« sollte ein Opel Admiral mit gerade einmal 6000 Kilometern auf der Uhr, mit Ledersitzen und einer Innenausstattung vom Feinsten 40 Meter hinab in einen Steinbruch fallen. Zu Anfang der Sequenz war zudem vorgesehen, vom Rücksitz einen Strauß Blumen aus dem Fenster fliegen zu lassen. Wie aber beförderst du während des Sturzes einen Blumenstrauß aus dem Fahrzeug? Mitfahren konnte ja keiner, denn der Admiral sollte beim ersten Aufschlag sofort explodieren. Also baute ich eine Blumenstraußwurfmaschine. Dazu nahm ich mir ein dünnwandiges Stahlrohr, setzte eine Feder ein, die mit einem Zughebel arretiert werden konnte, und befestigte die Konstruktion auf einer schräg gestellten Platte – so konnte ich die Flugrichtung durch die heruntergelassene Fensterscheibe sichern. Die Arretierung wurde mit einem festen Strick aus der Pyrotechnik angebunden, der beim Kontakt mit Feuer oder Funken wegbrannte wie Zunder. Daran befestigte Fred Bräutigam den Zünder. Als das Auto dann in der Luft war, drückte er auf einen Knopf – schon flog in einem eleganten Bogen ein Blumenstrauß aus dem Rückfenster.

Ein anderes Mal kam die Regie und meinte, die Hauptdarstellerin müsse sich die Pulsadern aufschneiden. Niemand in der Requisite hatte etwas, womit solch eine Szene umgesetzt werden konnte. Ich lötete Rasierklingen zusammen, zwischen die ich die Kanüle einer Spritze installierte. Daran befand sich ein Schlauch und an dessen Ende ein Blutbeutel mit Pumpe. Der konnte dann wahlweise am Körper des Darstellers angebracht oder von jemandem außerhalb der zu drehenden Szene bedient werden. Zog man die Rasierklingenattrappe über die Haut, quoll dort das Blut heraus.

Zwei Tage hatte die Vorbereitung gekostet: die nötigen Materialien einkaufen, alles zusammenbasteln. Später hatte ich einen ganzen Koffer voller Schneidewerkzeuge, aus denen Blut hervorquoll, wenn man sie benutzte.

Auch bei »Schwarz Rot Gold« kam mir mein stetig wachsendes Equipment-Arsenal zugute. Vorher war jedoch eine andere Situation zu bewältigen. In einer Folge der Serie mit Uwe Friedrichsen in der Hauptrolle, in der es um die Zollfahndung ging, spielte Volker Lechtenbrink einen Drogendealer, der ein junges Mädchen an die Nadel gebracht hatte. Der Vater und die Fahnder jagten ihn nun, weshalb es zahlreiche Verfolgungsszenen zu drehen gab. Eine davon geriet außer Kontrolle, als ich für Lechtenbrink mit einem gemieteten Benz 350 SE verkehrt herum eine Einbahnstraße hinauffahren und im Gegenverkehr einem Lkw ausweichen musste. Ich fuhr aufs Trottoir, nagelte dort mehrere Mülltonnen um und steuerte auf eine Straße zu, in die ich in einem Winkel von 90 Grad einzubiegen hatte. In jedem Aufgang der anliegenden

Häuser hatte ich einen Aufnahmeleiter postiert, damit mir auf keinen Fall jemand vors Auto lief.

Schließlich bog ich in die Straße ein, in der sich gleich gegenüber eine Shell-Tankstelle befand. Diese war mit Betonpfosten gesichert, die ungefähr 40 Zentimeter aus der Erde ragten und circa 25 Zentimeter im Durchmesser hatten. Als ich mit quietschenden Reifen die scharfe Kurve nahm, sah ich vor mir plötzlich eine alte Dame mit Spazierstock und Einkaufstasche über die Fahrbahn tippeln. Nichts war dort abgesperrt worden.

In jenem Moment hatte ich die Wahl zwischen der alten Dame und den Betonpfosten – ich entschied mich für Letztere. Die Folge war ein Totalschaden an dem nagelneuen Benz. Ich bin ausgestiegen und habe nur wütend gesagt: »Absperren dürft ihr wenigstens.«

Mein Equipment-Arsenal half mir auch in der Schlussszene. Ich konnte die bereits für »Die Klette« gebaute Plattform erfolgreich zum Einsatz bringen. Der Showdown fand in der S-Bahn-Station Hoheluftchaussee in Hamburg statt. Der Vater des Mädchens, gespielt von Klaus Löwitsch, sollte den Drogendealer alias Volker Lechtenbrink mit sich vor eine einfahrende S-Bahn reißen. Natürlich musste ein derart dramatisches Film-Ende gut inszeniert werden und perfekt aussehen. Der Vater wusste, dass er sterben wird, nahm aber in der Verzweiflung über den Tod seiner Tochter auch dem Dealer das Leben. Der Stuntman Klaus Schichan passte wunderbar auf Löwitsch. Mir hatte man eine teure Blondhaarperücke als Double von Volker verpasst. Die Sequenz wurde mit Highspeed, das sind 150 Bilder pro Sekunde, gedreht. Aber durch die Dynamik in der Szene hat nicht einmal meine Frau erkannt, dass ihr Mann im Einsatz war.

Nur über meine Leiche

Ich glaube nicht, dass mich der Erfolg im Stuntgeschäft verändert hat. Finanziell ging es mir besser, ansonsten blieb ich der Typ, der ich schon im Osten gewesen war. Beifall habe ich nie erwartet. Ich hatte Aufträge, und die waren abzuarbeiten. Am Ende habe ich mich freundlich dafür bedankt, dass ich verpflichtet worden war, habe allen das Beste gewünscht, bin ins Auto gestiegen und zum nächsten Job gefahren.

Ich wollte auch nie Schauspieler werden. Wenn ich doch einmal kleinere Rollen übernahm, war das eine zusätzliche Einnahmequelle. Ernsthaft auseinandergesetzt habe ich mich mit einer Karriere als Darsteller jedoch zu keinem Zeitpunkt.

Selbst der Weltmeistertitel versetzte mich nicht in einen Höhenflug.

Was ich an dem Abend der Preisverleihung noch nicht wusste: Die Anerkennung meiner Arbeit durch den Titel stellte den Höhepunkt meiner Karriere als Stuntman dar, denn schon drei Jahre später verließ ich die Branche.

Neue Aufgaben verlangten meine ganze Aufmerksamkeit, okkupierten die gesamte mir zur Verfügung stehende Zeit.

Veränderungen deuteten sich bereits an, als ich 1988 Intendant der Bad Segeberger Karl-May-Spiele wurde. 1987 hatte ich dort kein Engagement.

Trotzdem rief mich im Herbst des Jahres der Geschäftsführer Ernst Reher an und bat mich, bei ihm vorbeizukommen. In dem sich anschließenden Gespräch trug er mir an, ab 1988 die Karl-May-Spiele als Theaterleiter zu übernehmen.

»Würden Sie sich dann auch selbst eine Rolle als Darsteller in das Stück schreiben?«, fragte mich Reher.

»Ganz sicher nicht«, entgegnete ich. »Als Intendant möchte ich mich nicht selbst inszenieren.«

Das Angebot war so überraschend gekommen, dass ich mich im ersten Moment überfahren fühlte. Ich erbat mir eine Bedenkzeit von 24 Stunden, denn dass der Job zu Veränderungen in meinem bisherigen Leben führen würde, war mir sofort klar. Hinzu kam, dass wir mit dem damaligen Theaterleiter, Klaus-Hagen Latwesen, befreundet waren. So etwas musste in der Familie beraten werden.

Dass man bei »Karl May« über Veränderungen nachdachte, überraschte mich wiederum weniger. Die Zuschauerzahlen waren hinter den Erwartungen des Aufsichtsrats zurückgeblieben und die Stadtkasse butterte meist mehr in die Spiele hinein, als sie einnahm.

1987 drängten folglich alle Beteiligten auf Veränderungen. Dazu gehörte als Erstes, die Titelrolle neu zu besetzen. Mit Pierre Brice glaubte man, einen zugkräftign Star verpflichten zu können, und startete Verhandlungen. Sehr zum Leidwesen Klaus-Hagens, der damit überhaupt nicht einverstanden war. Er weigerte sich, den französischen Schauspieler, der in den Sechzigern als das Gesicht von Winnetou Filmgeschichte geschrieben hatte, in Bad Segeberg den Apachen-Häuptling spielen zu lassen.

»Nur über meine Leiche«, erklärte er immer wieder öffentlich über die Medien. Er blieb fest davon überzeugt, der bessere Winnetou zu sein, sportlicher und jünger sowieso, denn Pierre Brice war 1987 fast 60 Jahre alt und Klaus-Hagen noch keine 50.

Ein Wechsel an der Spitze lag auf der Hand. Mit mir als Intendant versprach man sich für die vorgesehenen Veränderungen offenbar einen gangbaren Weg. Schon während der vorangegangenen Spielzeiten hatte ich mir als Komiker oder permanenter Gegenspieler von Winnetou und Old Shatterhand Achtung erarbeitet. Ich war wohl eine Art Sinnbild für Aktion und neue Ideen und sollte für frischen Wind sorgen. Außerdem hatte ich in der grauen Eminenz der Spiele, in Wolfgang Spahr, einen wichtigen Fürsprecher.

Spahr hatte mit der Kalkberg GmbH zwar »nur« einen Beratervertrag, befand sich aber in einer derart exponierten Position, dass praktisch keine Entscheidung ohne ihn getroffen wurde. Er war zuständig für die Werbung, fürs Programmheft, für die Plakate. Er besaß in Bad Segeberg den Verlag »Zeitpunkte« mit sehr guten Mitarbeitern, die die gesamte Hintergrundarbeit für die Spiele abwickelten. Spahrs Ansagen waren knallhart und deutlich.

Klaus-Hagen Latwesen war mit der Nachricht über die Pläne, den »Original-Winnetou« verpflichten zu wollen, zu uns nach Hause gekommen. Aufgelöst, enttäuscht, verärgert. Dabei hatte ihm die Kalkberg GmbH ein gutes Angebot gemacht: Er sollte Intendant bleiben und weiter die Regie führen dürfen, wodurch er immer noch maßgeblichen Einfluss auf das Buch gehabt hätte. Sein Gehalt sollte in vollem Umfang weitergezahlt werden, obwohl er nicht mehr auf der Bühne zu stehen brauchte.

»Mensch, Klaus-Hagen«, sagte meine Frau an jenem Nachmittag zu ihm. »Pierre Brice ist ein ganzes Stück älter als du. Der wird das maximal drei oder vier Jahre spielen können. Danach kannst du doch wieder die Rolle des Winnetou übernehmen.«

Er blieb stur.

Wie sehr er sich verletzt gefühlt haben musste, zeigten ein paar öffentlichkeitswirksame Aktionen.

So riss er sich beim Applaus nach der letzten Aufführung 1987 die Perücke von Kopf und rief: »Ich falle Spahr-Maßnahmen zum Opfer.« Da kaum einer im Publikum Wolfgang Spahr kannte, verpuffte die Demonstration. Später ließ er sich eine kleine dreistufige Bibliotheksleiter bringen, um mit ihrer Hilfe aufs Pferd zu kommen und dies mit »So wird Winnetou nächstes Jahr in den Sattel steigen« zu kommentieren.

Das waren unschöne Aktionen. Allerdings bestärkten ihn dabei Leute, die sich klar für ihn positionierten. Er hatte auch eine Reihe Journalisten auf seiner Seite.

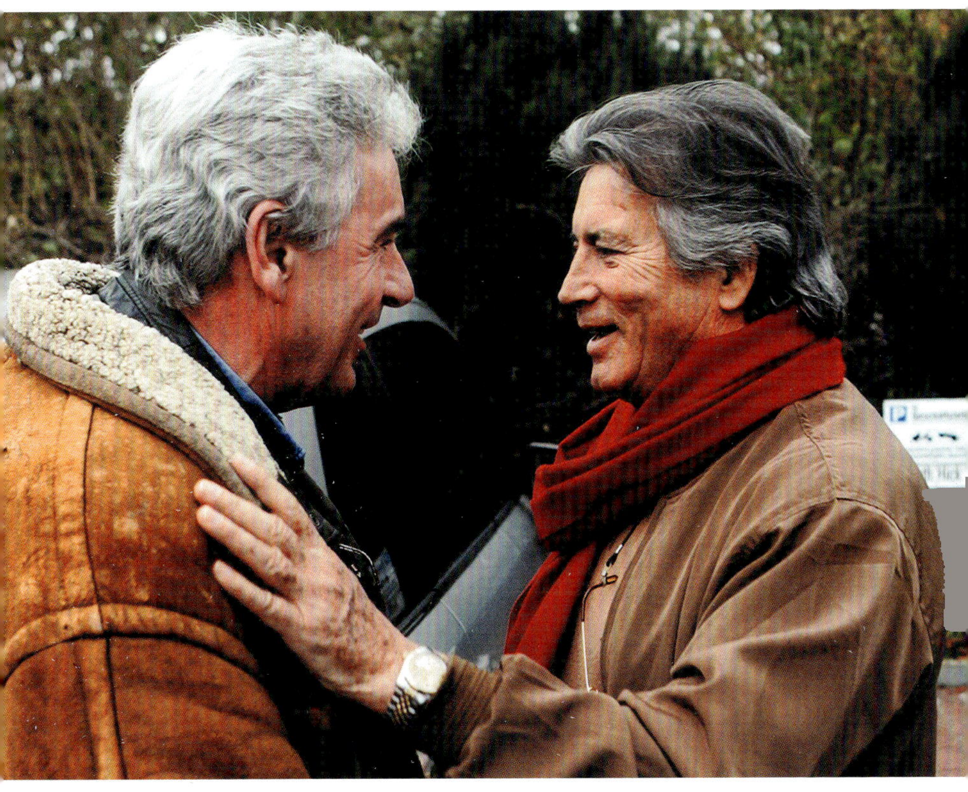

Auch nach meiner Zeit in Bad Segeberg traf ich mich mit Pierre Brice.

Geschäftsführung und Aufsichtsrat standen Mitte des Jahres 1987 auf jedem Fall vor dem Problem, ab Herbst keinen Intendanten mehr zu haben. Deshalb trat man an mich heran.

Nach den 24 Stunden Bedenkzeit sagte ich zu. Kurz vor meiner Verpflichtung musste die Kalkberg GmbH allerdings eine herbe Schlappe einstecken, da die Verhandlungen mit Pierre Brice gescheitert waren. Angeblich hatte man sich über das Honorar nicht einigen können.

Somit wurde meine erste Amtshandlung als Intendant eine Fahrt nach München, wo der berühmte Winnetou-Darsteller lebte. Ich packte mir Computer und Drucker ins Auto, mietete mich auf der Leopoldstraße ins »Holiday Inn« ein und verhandelte drei Tage mit Pierre und seiner Frau Hella.

Die begleitete ihn eigentlich immer. Und beide hatten für Gespräche, Talk Shows oder Verhandlungen eine Strategie entwickelt, die Pierre Brice auch in ziemlich rasch geführten Dialogen Zeit einräumte, kurz nachzudenken. Er tat dann manchmal einfach so, als würde er die gestellte Frage nicht richtig verstehen und zog Hella zu Rate, bat sie, ihm das Gesagte noch einmal kurz ins Französische zu übersetzen. Erst dann gab er eine Antwort.

In diesen drei Tagen sprachen wir tatsächlich fast ausschließlich über Punkte des Vertrags. Zwischendurch hielt Pierre immer mal wieder Rücksprache mit dem prominenten Rechtsanwalt Dr. Schmalisch. Schließlich kristallisierte sich ein Punkt heraus, um den sich alles drehte: Er wollte in allen künstlerischen Fragen das letzte Wort haben. Die Kalkberg GmbH hatte ihm bei den ersten Verhandlungen wohl einen entsprechenden Floh ins Ohr gesetzt.

»Pierre, bei aller Liebe, aber das geht einfach nicht«, sagte ich ihm. »Ich werde versuchen, dich bestmöglich in Szene zu setzen. Denn mein Job hängt genauso an unserem Erfolg wie deine Reputation. Allerdings können wir das nur gemeinsam erreichen. Ich ebne dir alle Wege, du wirst das Beste vom Besten kriegen, die Entscheidungsgewalt liegt am Ende aber in meiner Hand.«

Ich konnte finanziell jedoch ein sehr verlockendes Angebot machen. Die GmbH hatte mir den ökonomischen Rahmen aufgezeigt. Ab dem 160000. Besucher würde man in die Gewinnzone kommen. Also konnte ich Pierre anbieten, dass er ab dieser Zuschauerzahl eine großzügige Einnahmebeteiligung am Kartenverkauf erhalten könne.

Pierre Brice sagte zu.

Klaus-Hagen Latwesen war 1981 mit 82400 Gästen gestartet und hatte die Publikumszahlen bis 1986 auf 164800 verdoppelt. Allerdings hatte er damit anscheinend seinen Höhepunkt erreicht, denn 1987 war bei einer Gesamtbesucherzahl von 146700 ein deutlicher Rückgang verzeichnet worden.

Ich begann meine Tätigkeit als Intendant mit kleinen Veränderungen, hob die Summe der Vorstellungen als Erstes von 46 auf 54 an.

Am Anfang war Pierre Brice ziemlich angespannt. Ihm war klar, dass sich fast alles auf ihn fokussieren würde. Für viele Zuschauer entwickelte sich der Trip nach Bad Segeberg tatsächlich zu einer Art Pilgerreise, an deren Ende die Segnung durch Winnetou stand. Die Fans hielten ihm ihre Kinder hin, denen er wie Jesus sanft über den Kopf strich, oder sie streckten ihm nach den Vorstellungen am Abritt ihre Hände entgegen, die er beim Vorbeireiten dezent mit seiner Handfläche berührte.

Es war wie ein Rausch. An manchen Abenden musste Pierre viermal auf die Bühne, um all die Blumen und Geschenke entgegenzunehmen.

Auf Anhieb erreichten wir 1988 die stattliche Zahl von 251 500 Besuchern. In den Spielzeiten danach wurden es immer mehr. Im vierten und letzten Jahr meiner Karl-May-Zeit landeten wir bei 317 000 zahlenden Gästen.

Winnetou – Das Vermächtnis

Der von mir mit Pierre Brice ausgehandelte Vertrag lief in der ersten Instanz über drei Jahre. Als die vorbei waren, deutete er an, noch ein viertes Jahr dranhängen zu wollen. Damit stellte er uns in Bezug auf die zu erzählende Geschichte vor eine Herausforderung, denn wir hatten nach »Winnetou – Der Apache« 1988, »Der Schatz im Silbersee« 1989 und »Winnetous letzter Kampf« den berühmten Indianer 1990 sterben lassen.

Und das war eine richtig gute Nummer gewesen.

Ich hatte eine Felszunge bauen lassen, die in die Arena hineinragte und am Ende platt auslief, so dass dort jemand aufgebahrt werden konnte.

Am Ende des 90er-Stücks wurde an dieser Stelle der tödlich verletzte Winnetou zur letzten Ruhe gebettet und mit einem Büffelfell zugedeckt. Dieses war nicht nur sehr schwer, sondern auch derart verstärkt, dass es nicht in sich zusammenfallen konnte.

Mit dem Kopf lag er zum Felsen ausgerichtet, wo sich eine Klappe befand. In diese wurde Pierre Brice hineingezogen und ein Double mit dem gleichen Kostüm unter das steife Fell auf eine Lore gerollt.

Schließlich nahmen einige Krieger seines Stammes den toten Häuptling auf und trugen ihn in einer Zeremonie durch die gesamte Arena, um sich schließlich einen Weg durch die Zuschauer bis zum äußeren Rundgang hinter den Sitzreihen zu bahnen. Dort hatten wir eine Bahre auf Stelzen errichtet, wie man es von der Hochbestattung nordamerikanischer Indianer kennt. Während des gesamten Rituals schauten am Fußende die Mokassins von Winnetou heraus.

Dies war solch ein emotionales Ereignis, dass sich viele Zuschauer von ihren Sitzen erhoben und den Trägern wie in einem Trauerzug hinterhergingen. Unter dem Hochgrab wurde schließlich noch ein bengalisches Feuer entzündet.

In die versammelte Trauer des Auditoriums spielten wir dann die »Winnetou«-Melodie ein und aus dem Off die Ansage des Sprechers: »Winnetou wird nicht sterben, er wird weiterleben. In den Herzen der Menschen, in ihren Köpfen ...«

In diese Ansage hinein kam aus einer Nebelwand im hinteren Bereich der Bühne Pierre Brice geritten. Das war für die Besucher eine echte Überraschung. Und es erwies sich als dramaturgischer Schachzug, löste sich dadurch doch die gedrückte Atmosphäre auf.

Nun hatten wir ihn würdevoll sterben lassen – und wollten ihm ebenso würdig 1991 eine Rückkehr ermöglichen. Das realisierten wir über eine Traumsequenz, weshalb ich Ralf Wolter, den Sam Hawkins aus den Winnetou-Kinofilmen, in seiner Paraderolle verpflichtete.

Das Stück »Winnetou – Das Vermächtnis« begann damit, dass Hawkins mit Indianer- und Farmerkindern am Feuer saß und diese ihn nach dem Apachen-Häuptling und Old Shatterhand fragten. Mit den Worten »Damals, mein Freund Winnetou ...« hob er an, aus seinen Erinnerungen zu berichten. In dem Moment kam Pierre Brice aus dem Nebel in die Arena geritten. Gleichzeitig verschwanden die Kinder und Sam Hawkins am Feuer, so dass der Eindruck entstand, die Handlung sei eine Erzählung des kleinen Trappers. In der letzten Szene legten wir erneut Nebel über die Feuerstelle. Als er sich verzog, saßen dort wieder die Kinder, und Sam Hawkins erzählte seine Geschichte zu Ende, was die Aufführung beschloss.

Auch wenn meine Zeit als Intendant mit der Verpflichtung von Pierre Brice zusammenfiel, und selbst wenn ich die rettenden Verhandlungen mit dem Schauspieler führte – ich bin nicht der Mann, der den »Original-Winnetou« nach Bad Segeberg holte. Es darf nämlich nicht übersehen werden, dass die Idee nicht von mir stammte und erste Absprachen mit Pierre schon vor meiner Verpflichtung als Intendant geführt worden waren.

Das gesamte Medieninteresse fixierte sich auf ihn. So konnte ich als Intendant im Hintergrund meine Arbeit weitgehend ungestört verrichten.

Für Pierre war die Zeit am Kalkbergfelsen der reinste Triumphzug. Aber nicht nur die Verehrung wird den Franzosen dazu bewogen haben, nach Erfüllung des dreijährigen Vertrages noch eine Saison anzuhängen. Er wurde dafür auch fürstlich honoriert.

Neben der Verpflichtung von Pierre Brice sorgte ich für einige wesentliche technische Veränderungen im Segeberger Theater.

Bevor ich die Karl-May-Spiele übernahm, gab es keine verdeckten Auftritte. Wer in die jeweilige Szene kam, musste dies mitten über die Bühne tun. Umgekehrt genauso.

Nehmen wir als Beispiel einen Saloon, der zentral im Bühnenbild stand. Als Erstes kam die Saloon-Lilly quer über die Bühne gedackelt und verschwand hinter der Schwingtür. Von der anderen Seite ritten zwei Cowboys heran, weshalb die Schwingtür wieder aufging und Saloon-Lilly die Ankömmlinge meinetwegen mit »Hallo Jungs, was kann ich euch einschenken?« begrüßte. Die banden ihre Pferde fest, machten ein paar Sprüche und verschwanden im Inneren. Wenn die Szene vorbei war, ritten die beiden Cowboys auf der einen Seite raus und Saloon-Lilly musste wieder über die Bühne abgehen.

Um solche Manöver zu vermeiden, ließ ich vor den Kalkbergfelsen noch eine zweite Gebirgswand errichten, auf der sich in einer Höhe von ungefähr acht Metern eine dreieinhalb Meter breite, in den Berg gehauene Straße befand. An diesem Massiv konnte man so entlangreiten, dass man im Hintergrund verschwand. Und wenn sich eine Kulisse direkt vor diesem Felsen befand, war es möglich, wie durch einen Tunnel ins Szenenbild zu kommen oder sich daraus wieder zu entfernen.

Auf diese Weise wurden die Stücke straffer, denn die langen Auftritte der Darsteller, die sie absolvieren mussten, um überhaupt erst zum Ort der Handlung zu gelangen, hatten die Vorführung insgesamt immer sehr in die Länge gezogen.

Ich glaube, dass meine Art, Dinge anzupacken, ohne lange darüber zu reden, für die Kalkberg-GmbH ein Grund gewesen war, mir die Intendanz anzutragen. Hinzu kam, dass mich im Stunt-Geschäft auch große Produktionen beschäftigten und ich als seriöser und zuverlässiger Zeitgenosse galt. Die Verantwortlichen wollten jemanden haben, der den Theaterbetrieb verstand und in der Lage war, die Aufführungen spektakulär aufzubereiten. Gleichzeitig wusste ich allerdings, dass ich eine Art Notnagel und meine Besetzung in dieser Position ein Novum gewesen war.

Mein Vertrag mit der Kalkberg GmbH ließ mir genügend Spielraum, das Stunt-Geschäft nicht aufgeben zu müssen. Finanziell wäre das auch nicht klug gewesen, erzielte ich doch über den Intendanten-Job lediglich 20 Prozent meiner jährlichen Einnahmen.

Die Geschäftsleitung hatte Verständnis für mein Streben nach finanzieller Ausgewogenheit. So legte mein Vertrag lediglich fest, dass ich ein fertiges Buch zu liefern hatte – ob selbst geschrieben oder durch einen zusätzlich verpflichteten Autor, war mir überlassen. Ich hatte ein Bühnenbild hinzustellen, musste Schauspieler engagieren, die Experten für Ton, Licht und Regie verpflichten, hatte allerdings keine festgelegte Arbeitszeit. Es ging um das Ergebnis, nicht darum, mich eine bestimmte Zeit an einem bestimmten Ort aufzuhalten. Ich war während der Spielsaison auch nicht jeden Tag im Theater, es lief ja alles.

Im ersten Jahr brachte Pierre Brice ein fertiges Buch mit, das wir ein wenig umschrieben. Im zweiten Jahr verfasste er eines gemeinsam mit seiner Frau Hella. Auch in den folgenden Jahren basierten die Aufführungen auf Vorlagen des Winnetou-Darstellers.

Bereits mitten in der 88er-Saison bemängelte er die Wahl des Regisseurs. Ich hatte Manfred Seide verpflichtet, den ich sehr gut kannte und der bereits viele Serien gedreht hatte. Und er legte 1988 für »Winnetou – der Apache« auch eine ordentliche

Regie hin. Aber Pierre mochte ihn nicht, meinte, er würde Sergiu Nicolaescu bevorzugen. Zumindest schien es so, als wollte unser neuer Hauptdarsteller ausschließlich mit dem Rumänen arbeiten.

In Bad Segeberg kannte niemand Nicolaescu. Ich allerdings schon, denn ich hatte mit ihm bereits zu DDR-Zeiten gedreht.

Berühmt geworden war er Anfang der Sechziger mit einer Nominierung bei den Filmfestspielen in Cannes. Danach sahen sich auch die Rumänen gezwungen, ihn große Sachen umsetzen zu lassen, weshalb er 1966 »Kampf der Titanen um Rom« drehen konnte. Bei diesem Film hatte er sich Pierre Brice für die Hauptrolle ausgesucht.

Willi Zander und ich hatten in der DDR für zwei Nicolaescu-Produktionen die Pferde zur Verfügung gestellt und die entsprechenden Szenen betreut. Schon in dem ersten Streifen hatte er mir eine kleine Sprechrolle gegeben und mich später zu einem Western eingeladen, an dem ich jedoch nicht teilnehmen konnte, weil mich die DEFA wegen eines immer wieder hinausgeschobenen Filmprojektes terminlich blockierte.

Ungefähr nach der 15. Vorstellung in Bad Segeberg kam Pierre zu mir und meinte, er wolle im Jahr darauf einen neuen Regisseur haben.

Ich diskutierte nicht herum, rief in Rumänien an und hatte auch gleich Serge – so nannten wir ihn – am Telefon. »Möchtest du nächstes Jahr die Regie in Bad Segeberg übernehmen?«, fragte ich ihn.

»Oh, Peter, komme ich sofort«, sagte er in seinem gebrochenen Deutsch. »Flugticket bezahle ich von Rumänien. Ist billiger.«

Schon kurze Zeit später reiste Serge an. Ich ging mit ihm in Pierres Zimmer, in dem sich der Schauspieler während der Pause zwischen zwei Vorstellungen hinlegen und relaxen konnte.

»Pierre, ich habe Besuch für dich«, sagte ich und ließ Serge eintreten. Da fiel der Franzose fast aus dem Bett.

Ich vermute, Pierre Brice hatte damals schon vor, die Regie selbst zu übernehmen, und nicht im Traum daran gedacht, dass wir den berühmten Sergiu Nicolaescu für »Karl May« verpflichtet bekämen.

Später, beim »Vermächtnis«, hat Pierre dann Regie geführt. Jedoch nur dieses eine Mal. Er wird gemerkt haben, wie aufwendig und aufreibend eine derartige Arbeit sein kann.

1988 allerdings konnte unser Winnetou-Darsteller nicht mehr Nein sagen, als Serge Nicolaescu in der Tür stand, hatte er doch schon überall offiziell verkündet, dass der sein Traumregisseur für die Karl-May-Spiele sei.

Warum kommt kein Geld?

1990 bekam ich einen Anruf von Christian Wölffer. Zusammen mit seinem Bruder Jürgen war er im Bereich der Privattheater eine Hausnummer. Die Brüder betrieben »Die Komödie« und das »Theater am Kurfürstendamm« in Berlin, das »Winterhuder Fährhaus« in Hamburg und die »Komödie« in Dresden.

»Herr Hick, wir möchten im Osten ein Theater in der Größenordnung von Bad Segeberg aus der Taufe heben. Können wir uns mal über Wirtschaftlichkeit und Organisation solch eines Projektes mit Ihnen unterhalten?«

Wir verabredeten uns. Wölffer tat sehr geheimnisvoll und fragte mich nur ab. Als er mich allerdings um eine Kalkulation bat, gab ich ihm zu verstehen, dass ich durchaus genauere Eckdaten über das Vorhaben benötigte: Ist schon ein Theater da, gibt es eine Bestuhlung? Ist es ein Steinbruch, ist es eine Wiese? Was ist es überhaupt?

Dann ging es darum, wie man den Betrieb eines solchen Theaters starten müsste. Fängt man mit fünf Pferden an und schraubt die Anzahl danach höher? Wie aufwendig gestaltet man anfangs die Kulissen? Welche materielle Ausstattung ist notwendig?

Irgendwann wurde mir offenbart, dass es sich um die Naturbühne in Ralswiek auf Rügen handelte und es eine Gruppe von Initiatoren gebe, zu der neben Christian Wölffer dessen Bruder Jürgen, der Schauspieler Reiner Scheibe und Bodo Sturhaan gehörten. Die wussten, dass es dort zu DDR-Zeiten Störtebeker-Aufführungen gegeben hatte – die Rügenfestspiele. Daran wollten sie anknüpfen. Allerdings war ihnen langsam bewusst geworden, dass ihr Vorhaben mit Theater im klassischen Sinne nichts zu tun haben würde. Sie suchten jemanden mit Open-Air-Erfahrungen. Und da waren sie auf mich gekommen.

Es kam zu einigen Gesprächen, bei denen sie feststellten, dass ihnen für solch ein großes Theater und eine entsprechend große

Aufgabe einfach das Knowhow fehlte. Im Frühjahr 1991 kam schließlich die zu erwartende Frage: »Peter, wie ist deine vertragliche Situation? Hättest du nicht Lust, für uns diese Bühne aufzubauen?«

Ich sprach mit meiner Frau, die die Idee ebenfalls sehr spannend fand: »Wer kann schon von sich behaupten, ein Theater aufbauen zu dürfen?«

Ich sagte zu und bekam die Möglichkeit, mir allein einen Vertrag zu schreiben, der aber auf fünf Jahre begrenzt war. Außerdem sollte ich am Gewinn beteiligt werden. Ruth und ich durften an der noch zu gründenden GmbH Gesellschafteranteile in Höhe von 20 Prozent erwerben. Neben meinem Honorar war die Aussicht – sollte Gewinn gemacht werden –, noch einmal 20 Prozent vor Investitionen zu erhalten, ein sehr attraktives Angebot.

Ich hatte ja bei »Karl May« studieren dürfen, was man besser machen konnte, und war fest davon überzeugt, dass das neue Unternehmen schnell in die Gewinnzone zu bringen sein würde.

Eine Unterschrift von Christian Wölffer hat dieses Papier allerdings nie gesehen. Schon zu dieser Zeit hätte ich hellhörig werden müssen. Denn Jürgen hatte zweimal gefragt, wie er das Ganze finanzieren solle. Christian hatte dann immer etwas von oben herab geantwortet: »Lass das mal meine Sorge sein.« Trotzdem war eine Unsicherheit zu spüren. Mit einer Vertragsunterzeichnung hätte man Wölffer in persönliche Haftung nehmen können.

Meine Kündigung in Bad Segeberg musste ich Hals über Kopf vornehmen, da sich mein Vertrag bei »Karl May« mit Ablauf des 31. Mai automatisch ein Jahr verlängert hätte.

Ich wurde immer wieder gefragt, wie ich als erfolgreicher Intendant ein derart renommiertes Theater wie Bad Segeberg ohne gültigen neuen Vertrag verlassen könne. Zum Zeitpunkt des Wechsels herrschte jedoch Wende-Aufbruchsstimmung. Hinzu

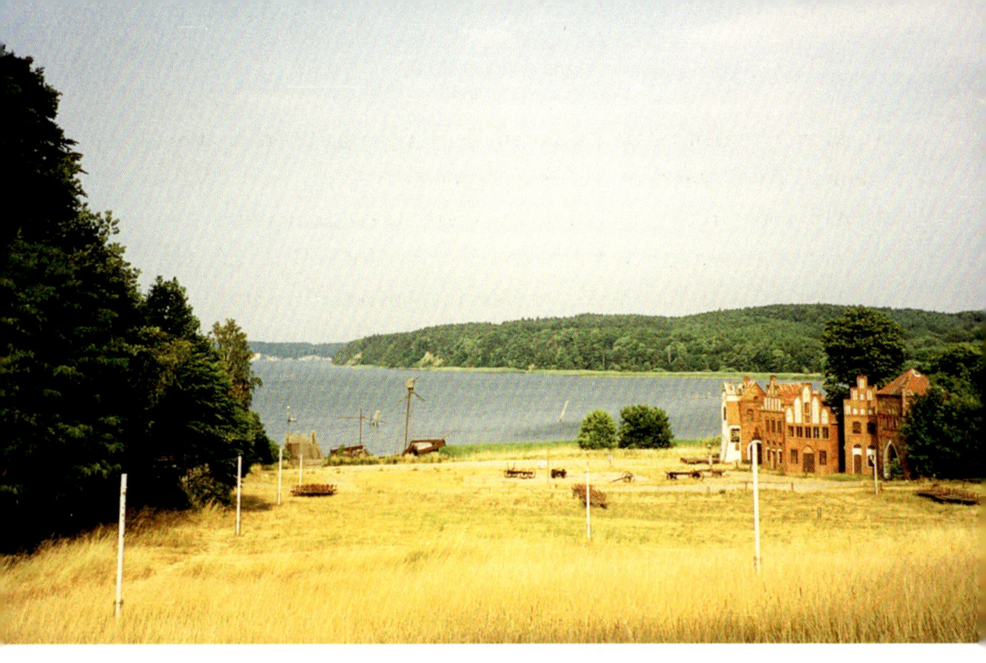

So sah das Gelände der Freilichtbühne aus, als wir zum ersten Mal nach Ralswiek kamen – noch mit Kulissen der Aufführungen zu DDR-Zeiten.

kam der klangvolle Name der Wölffers. Christian führte mir die Berliner Theater vor, die bis dahin immer ausverkaufte Vorstellungen gegeben hatten. Sie waren aus Glas und Chrom, das alles auf dem Prachtboulevard von Berlin, dem Kurfürstendamm. Ich musste den Eindruck gewinnen, dass es sich hier um einen Familienbetrieb in Christians Besitz handelte. Da war ich jedoch einer Täuschung erlegen, hatte mich blenden lassen.

Nach meiner Kündigung in Bad Segeberg wurde ziemlich schnell offensichtlich, dass es zu keiner Gründung einer GmbH kommen werde. Ich hatte angefangen, in Ralswiek Vorbereitungen zu treffen. Ich sollte laut Christian Wölffer alle Ausgaben und Auslagen dokumentieren. Dazu gehörten Tankquittungen, Hotelkosten und Gebühren. Als ich dann aber im Herbst 1991 Geld für die Vermessung des gesamten Bühnengeländes von über 30 000 Mark benötigte, hieß es erneut, dass erst einmal die GmbH gegründet werden müsse. Zu diesem Zeitpunkt war ich schon mit mehr als 70000 Mark in Vorkasse gegangen.

Also suchten wir zur Gründung dieser Gesellschaft mit beschränkter Haftung den Rechtsanwalt und Notar Dr. Michael Malorny auf. Alle Anwesenden setzen ihre Unterschrift unter den vom Juristen ordentlich und fair aufgesetzten Vertrag. Als wir uns schließlich alle bedankten und beim Notar verabschiedeten, zog der mich an seiner Bürotür zur Seite: »Herr Hick, seien Sie bitte vorsichtig. Sie sind der Einzige, der von diesem Metier Ahnung hat.« Ich war beeindruckt.

Am nächsten Tag wies ich in Hamburg die Sparkasse an, meinen Anteil – er betrug 10000 Mark – in die GmbH einzuzahlen. Kurz vor Ablauf der Einzahlungsfrist, in der es möglich war, sein Geld aus der Gesellschaft wieder rauszuholen, fragte ich – die Warnung des Anwalts im Hinterkopf – bei meiner Bank nach, ob denn die anderen ihre Anteile ebenfalls beigebracht hatten. Ich war der Einzige.

Bald stellte sich heraus, dass die in Aussicht gestellte Finanzierung nicht möglich war. Ich stand alleine da. In den ersten Tagen, nachdem mir dieses deutlich geworden war, lief ich wie Falschgeld durch die Gegend. Bis Ruth nach einer Woche des Hin und Her fragte, ob ich das Ganze nicht gleich selbst in die Hand nehmen und eine Finanzierung auf die Beine stellen wolle.

Mein erstes Gespräch zu diesem Thema führte ich mit Nissan Motor Deutschland, mit denen ich als Stuntman bereits seit vielen Jahren zusammenarbeitete. Nicht nur, dass Nissan mein größter Sponsor war. Durch den Autokaufrausch nach der Wende im Osten ging es dem Unternehmen hervorragend.

Also rief ich den Presse-Chef Michael Köhler an. Wir kannten uns schon sehr lange. Ich glaube, Köhler, der mal für Benz in Amerika tätig gewesen war, hat das Product Placement ins deutsche Kino gebracht. Denn für Stunts hatte er mich gezielt mit Nissan-Modellen ausgestattet. Ob »Tatort«, »Guldenburgs« oder

»Schwarzwaldklinik« – ich habe da immer fleißig Autos ins Bild geschoben.

»Herr Hick«, meinte er, »sagen Sie mir doch mal einen vernünftigen Satz, warum wir im Osten Geld verbrennen sollten.«

»Ich denke, es würde einem japanischen Autokonzern, der gerade Importeur-Marktführer ist, gut zu Gesicht stehen, wenn er in den neuen Bundesländern nicht nur seine Autos verkauft, sondern auch etwas zur Erhaltung von Kunst, Kultur und Tradition beitragen würde.«

»Kein schlechter Satz«, sagte er. »Ich denk mal darüber nach.« Nach einer Stunde rief er zurück.

»Ich habe mit dem Direktor Verkauf gesprochen«, sagte Michael Köhler. »Kommen Sie morgen früh in unsere Hauptniederlassung nach Neuss und bringen Sie uns Ihr Konzept mit.«

Am nächsten Tag trug ich den Verantwortlichen eine halbe Stunde lang Konzept und Kalkulation vor. Präsident, Direktor Verkauf, Direktor Finanzen – alle wichtigen Leute waren dabei. Nach einer Zigarettenpause verkündeten die Nissan-Leute, dass sie mit 2 Millionen Mark für mich bürgen würden. Und eine Bürgschaft von einem Automobilkonzern war so viel wert wie Eigenkapital. Mit der Zusage in dreifacher Ausfertigung fuhr ich glücklich wieder nach Hause.

Danach rief ich beim Kultusministerium von Mecklenburg-Vorpommern an, wo man mir ziemlich zeitnah einen Termin gab. Mit der Entscheidung über eine mögliche Förderung ließ man sich dort allerdings Zeit, bis ich schließlich den Bescheid über etwas mehr als eine Million Mark erhielt. Das klingt erst einmal nach einer großen Summe, wenn man aber bedenkt, dass die sieben Theater in dem Bundesland damals eine Fördersumme von rund 146 Millionen Mark pro Jahr erhielten, relativiert sich die Höhe der Zuwendung an uns schon wieder etwas. Allein um das Dach des Schweriner Staatstheaters zu decken, wurden damals 12,8 Millionen Mark als Förderung genehmigt.

Mit meiner Bürgschaft über zwei Millionen und dem Zuwendungsbescheid vom Kultusministerium ging ich zur Bank. Die Direktoren der Sparkasse Rügen, Herbert Ostermoor und Sönke Reimers, nahmen sich meiner an. In der Nachwendezeit, einer Phase des Aufbruches, genügten 30 Prozent gesicherten Kapitals, um eine Finanzierung zu erhalten. Zudem kam mir entgegen, dass Herbert Ostermoor keineswegs nur der kühle Bankier war, sondern sich sehr für Kunst und Kultur interessierte und einsetzte. Die beiden Herren stellten eine Finanzierung zusammen und holten dazu die Nord LB ins Boot. 7 Millionen Mark stellten auch für eine Sparkasse schon eine größere Einheit dar.

Zu Herbert und Sönke – wir duzten uns später, als Störtebeker mehr als nur eine Handbreit Wasser unter dem Kiel hatte – entwickelte sich ein freundschaftliches Verhältnis. So etwas ist zwischen Kreditnehmer und Bank nicht unbedingt alltäglich.

Mit der Finanzierung im Rücken schlossen sich konkrete Verhandlungen mit der Kommune an, und kurz vor Weihnachten konnte ich für das Areal am Großen Jasmunder Bodden den Pachtvertrag unterschreiben. In die gesamten Gespräche und Verhandlungen hatte ich die ursprünglich vorgesehenen Gesellschafter nicht mehr mit einbezogen, waren doch Ruth und ich die Einzigen, die tatsächlich Geld in diese Unternehmung gesteckt hatten.

Ruth war die Alleingesellschafterin der GmbH geworden, saß in Schleswig-Holstein und musste mir vertrauen, dass ich ihr nicht das existenzielle Grab schaufelte. Und ich war ständig auf Achse und habe organisiert. Unsere Kommunikation lief vor allem über das Telefon, da ich die gesamte Woche über in Ralswiek blieb. Erst Freitagabends fuhr ich zurück nach Hause.

Schon in der Anfangszeit befand sich das Büro genau an jener Stelle, auf der heute das Verwaltungsgebäude für die Störtebeker Festspiele steht. Damals war es noch ein unansehnlicher Flachbau.

Um in Ralswiek agieren zu können, brauchte ich eine Unterkunft. Aber niemand wollte mir im Sommer auf Rügen eine Wohnung zu einem annehmbaren Mietzins geben. Wenn, dann sollte ich den saisonal üblichen Preis einer Ferienunterkunft bezahlen. Und der lag in einer Woche so hoch wie sonst für eine Wohnung in einem ganzen Monat. Ich hätte 60 bis 80 Mark pro Tag zahlen müssen. Hochgerechnet auf vier Wochen wären das um die 2000 Mark gewesen. Folglich musste ich nach einer Alternative Ausschau halten. Ich fuhr nach Harburg zu einem Händler, der Wohnwagen anbot. Dort guckte ich mir einen Doppelachser an, 13 Meter lang. Das große Schiff sollte 36000 Mark kosten. Ich ging zum Inhaber ins Büro: »Den großen Wohnwagen da hinten, den würde ich gerne haben.«

»Haben Sie auch den Preis gelesen?«, fragte er mich.

»Ja, aber ich denke, Sie könnten mir doch 50 Prozent Rabatt geben.«

»Nun, ich sehe da draußen gerade – Sie haben einen sehr schicken Sportwagen. Kann ich den auch mit 50 Prozent Rabatt kaufen?«

»Darf ich mal telefonieren?«

Ich klingelte wieder den Nissan-Presse-Chef an und fragte, ob ich einen 300 ZX Twin Turbo mit 50 Prozent Rabatt bekommen könnte.

»Moment«, antwortete Michael Köhler. Es folgte ein Rascheln und ein paar Sekunden später hörte ich: »Ja, können Sie haben.«

»Ich reich mal den Hörer weiter, und sagen Sie das bitte dem Herrn hier neben mir, dass er es glaubt.«

Michael Köhler bestätigte dem Wohnwagen-Verkäufer die Rabattierung für ein Pressefahrzeug, das bisher lediglich 8000 Kilometer gelaufen und ein knappes halbes Jahr alt war. Dadurch kostete er bei einem Neupreis von 96000 Mark jetzt nur noch rund 48000.

Daraufhin bekam ich den Wohnwagen für 16000 Mark.

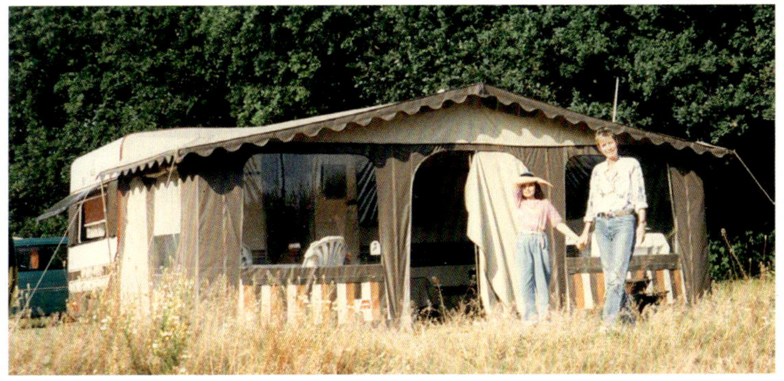

Unser zwischenzeitliches Heim auf dem Campingplatz in Lietzow

Auf dem Campingplatz in Lietzow, gleich vorn neben den Toiletten und Duschen, fand ich einen Stellplatz. Ich installierte mir auf dem Dach eine Satellitenschüssel und baute mit unseren Jungs vom Bühnenbau das Vorzelt an. Dann zimmerten sie mir einen Fußboden. Zuerst wurden Sperrholzplatten verlegt und danach ein grüner Rollrasen ausgebreitet. Dadurch bekam ich noch einmal 30 Quadratmeter zusätzliche Fläche. Auf die ich nicht nur Gartenstühle stellte, sondern auch ein paar kleine Möbel.

Jeden Morgen stieg ich mit einem Aktenkoffer in meinen Sportwagen und fuhr nach Ralswiek oder zu Terminen in andere Orte. Ich stellte schon eine etwas skurrile Erscheinung auf diesem Campingplatz dar.

Im Sommer gesellten sich Ruth und unsere kleine Tochter Anna zu mir. Wir hatten dort ein richtiges Familienleben.

Aber als es kalt wurde, sehnte ich mich dann doch nach einer festen Behausung, weshalb ich wieder auf Wohnungssuche ging. Mir wurde eine kleine Ferienwohnung für 1 500 Mark angeboten. Sie war im Herbst, wie die meisten Urlauberdomizile, nicht mehr leicht an den Mann zu bringen, weil kaum noch ein Tourist auf die Insel kam. Ich verließ mein Domizil auf dem Campingplatz, wohnte nun für einige Monate am Ortseingang von Sagard.

Ich kaufe dieses Haus

Wir hatten sehr viele Angebote von Leuten und Unternehmen, die bei uns das Catering übernehmen wollten. Da gab es zum Beispiel einen Herrn, der mehrfach mit einem dicken schwarzen Mercedes vorfuhr und dessen Visitenkarte erklärte, dass er »Bevollmächtigter« sei. Er betrieb nicht nur diverse Imbissbuden, sondern hatte von der HO* auf der Insel bereits 17 Objekte gepachtet, unter anderem die Gaststätte bei uns im Winkelbau, in der sich heute das Restaurant »Zum Störti« befindet. Damals ein völlig marodes Gebäude. Ich gab ihm zu verstehen, dass ich die Gaststätte benötigen würde, weshalb er mir den Pachtvertrag vorlegte. Wir verhandelten miteinander, kamen aber nicht mehr zu einem Abschluss.

Für alle seine Läden hatte er sich die Waren liefern lassen. Als nach einigen Monaten die Lieferanten ihr Geld immer dringlicher einforderten, er auch keine Ware mehr bekam, verschwand der »Bevollmächtigte« über Nacht– und ward nie wieder gesehen.

Unter weiteren Bewerbern rückte Harald Schewe in den Focus. Dem gehörten unter anderem die »Villa Salve«, das »Fischerhus« in Glowe und die »Moritzburg«. Als ich ihn aufsuchte, saß er gerade noch mit zwei Herren und einer Dame von der Treuhand zusammen. Es lag mir fern zu stören, deshalb wollte ich mich woanders niederlassen. Aber sie holten mich dazu und erzählten, dass sie Harald Schewe gerade ein Haus verkauft hätten.

»Ich würde auch gern ein Haus kaufen«, sagte ich.

»Können Sie kriegen. Vielleicht nicht ganz so schön, denn das von Herrn Schewe hat Villencharakter. Aber in der Nachbarschaft sind noch zwei Mitarbeiterhäuser zu haben, die sind auch recht hübsch.«

Diese Eigenheime befanden sich in der Ringstraße in Juliusruh – Fertighäuser mit circa 80 Quadratmetern Grundfläche und 1 200 Quadratmetern Land samt altem Kiefernbestand. Trat man vor die Haustür, konnte man in 200 Metern Entfernung den Strand sehen.

Ich sagte blind zu, war ich doch dankbar, mit meiner Familie nicht in die Platte zu müssen. Die Delegation der Treuhand verabschiedete sich ebenso glücklich, hatte sie doch gleich zwei Häuser an den Mann gebracht.

Nach der Verhandlung zum Catering fuhr ich nach Juliusruh und fotografierte mit einer Polaroid das Haus. Zumindest nahm ich an, dass es das Haus sei. Beim nächsten Vorort-Termin stellte ich aber fest: Ich hatte das daneben liegende Gebäude in Bildern festgehalten. Ruth nahm es gelassen, da beide Häuser ziemlich identisch aussahen.

In dem Bau, den ich kaufen wollte, wohnte noch ein Mann zur Miete, der jedoch fällige Zahlungen nicht geleistet hatte. Deshalb hatte bereits die Treuhand eine Räumungsklage angestrengt. Allerdings war mir klar, dass solch eine Vorgehensweise mit allen bürokratischen Hürden und Behördengängen Monate dauern konnte, was für mich nicht in Frage kam. Ich brauchte für meine Familie eine feste Bleibe. Und das ziemlich schnell.

Ungefähr sechs Wochen, bevor wir für die erste Störtebeker-Saison mit den Proben anfangen wollten, traf ich mich mit dem Mieter.

»Ich kaufe jetzt dieses Haus und habe dringenden Eigenbedarf«, sagte ich ihm.

»Da können Sie aber noch lange warten, bis ich hier ausziehe«, entgegnete er mir.

»Damit habe ich gerechnet. Darum biete ich Ihnen Folgendes an: Bis zum Beginn der Proben sind es noch eineinhalb Monate. Für jeden Tag bekommen Sie 500 Mark, sobald Sie ausziehen. Das wären jetzt 30 000 Mark. Für jeden Tag, den Sie später gehen, ziehe ich wieder 500 Mark ab. Und wenn die Probenzeit beginnt und Sie sind immer noch hier, habe ich keine Zeit mehr umzuziehen, weshalb ich dann in Sellin ins Cliff-Hotel gehe. Ich denke, für 3000 bis 4000 Mark im Monat bekomme ich dort eine Suite, die ich durchgängig mieten werde. Von dem Geld, dass ich Ihnen dann ja nicht gegeben habe, kann ich mir gut ein halbes Jahr diese Hotelwohnung leisten – Frühstück und Schwimmbad inklusive.«

Schon wenige Tage später konnten wir beginnen, das Haus für uns herzurichten. Es dauerte keine Woche, da erfolgte der Umzug von Schleswig-Holstein nach Juliusruh auf Rügen.

Unser Haus in Bad Bramstedt war gut doppelt so groß gewesen. Die vorhandenen Möbel bekamen wir in der neuen Bleibe natürlich nicht unter, sodass wir einen Großteil einlagern mussten. Als die Umzugsfirma vor unserem neuen Zuhause stand, fragte mich der Chef: »Können Sie mir sagen, warum Sie aus Ihrem schönen Haus in diese kleine Hütte ziehen?«

»Zwischen Rügen und Schleswig-Holstein sind es rund 350 Kilometer, und wir können einfach nicht beständig hin- und herfahren.«

Wir wollten auf die Insel. Denn wir hatten schnell mitbekommen, dass es den Menschen suspekt erschien, wenn man auf Rügen tätig war, aber nicht hier wohnte.

Vermisst haben wir in dem Haus in Juliusruh nichts. Denn die meiste Zeit arbeiteten wir ohnehin in Ralswiek.

Mit dem Einfamilienhaus als Basis konnte ich in Ruhe auf Rügen nach etwas Neuem suchen. Und ich wurde schließlich fündig, als ich auf ein Objekt traf, das von der BVVG* in Neuendorf verkauft werden sollte.

Es war ein ehemaliges Ferienheim des Bauhofs Grimmen in exponierter Lage, mit Blick auf das Wasser. Darauf bewarb ich mich. Alle anderen, die ein Gebot abgaben, wollten aus dem Anwesen einen Hotelkomplex machen und zudem ein 100-Bettenhaus auf dem Grundstück bauen. Das angrenzende Biosphärenreservat ließ all diese Pläne platzen. Trotzdem erhielt ich dreimal eine Absage. Das ganze Procedere zog sich weit über ein Jahr hin.

Jedem ablehnenden Bescheid war der Hinweis beigegeben, ich könne mich wieder bewerben – was ich auch tat. Ich musste nur ein neues Datum einsetzen und schickte mein Gebot dann wieder an die BVVG.

Zwischenzeitlich hatte ich Thomas Wuitschik kennengelernt, der zusammen mit seiner Partnerin Christina – genannt Tini – ebenfalls neu auf der Insel war und in Nippmerow wohnte. Thomas hatte als Pressesprecher von Jürgen Rüttgers, damals CDU-Fraktionschef in Nordrhein-Westfalen, gearbeitet, Christina Schemm als Chefsekretärin des Geschäftsführers des Bertelsmann Verlages. Willi Plattes, Großinvestor auf der Insel, wollte das Blatt »Der Rüganer« herausbringen und hatte Wui – wie ihn alle nannten – dafür als Macher von Rüttgers abgeworben.

Wir suchten alle ein Zuhause für die Zukunft. Und so taten wir uns zusammen und planten Erwerb, Ausbau und Nutzung des Gebäudekomplexes in Neuendorf gemeinsam. Für uns allein, als Familie Hick, wäre das Gebäude ohnehin zu groß gewesen. Mit Tini und Thomas hatten wir ideale Partner gefunden.

Noch einmal erhielt ein anderer Anbieter den Zuschlag. Doch einmal mehr hatte die BVVG kein so glückliches Händchen, denn auch der diesmal Ausgewählte kaufte das Haus letztlich nicht.

Nun wurde mit uns verhandelt. Ruth und mir, zudem Thomas und Tini. Als es eine Einigung gegeben hatte, mussten noch Restitutionsansprüche geklärt und beglichen werden. Nachdem all diese bürokratischen Dinge erledigt und der Ausbau erfolgt waren, zogen wir im September 1997 ein. Eine Woche vor Ruths Geburtstag.

Wir wollen, dass Sie verschwinden

Als wir mit Ralswiek begannen, wollte ich die Familie versorgen und ein Unternehmen aufbauen, dass funktionierte, überlebensfähig war. Es ging darum, gute Leute zu verpflichten, ein ordentliches Stück zu schreiben. Primäres Ziel war es nicht, Ralswiek als einen Festspielort zu etablieren. Darüber würden ohnehin die Leute entscheiden: Blieben sie noch nach der Aufführung, kamen sie schon vorher, würde sich ein Stammpublikum bilden? Welche Angebote nahmen sie an, was erwarteten sie?

Natürlich musste ich groß denken, konnte nicht mit fünf oder sechs Pferden anfangen, 1500 Stühle hinstellen und erwarten, dass das Theater nach fünf Jahren auf 6000 Plätze wachsen würde und wir uns dann 15 Pferde leisten konnten. So funktioniert das grundsätzlich nicht.

So kaufte ich im ersten Jahr schon über 20 Pferde ein, ließ zwei Schiffe bauen und genau 8802 Sitzplätze installieren.

Wenn man heute das Theater mit all seinen Nebenangeboten sieht, darf man nicht vergessen, dass damals quasi nichts vorhanden war. Alles musste neu gebaut werden: Von der Bühne mussten 4,50 Meter Erdreich abgetragen werden, Sanitäranlagen gab es nicht, der Winkelbau war völlig verfallen …

Und dann wurden wir permanent behindert.

Bevor ein Bauvorhaben von der Größe unseres Theaters realisiert werden konnte, mussten Personen, Vereine, Institutionen, Behörden gehört werden, deren Interessen von der Errichtung dieser Kulturstätte gestreift werden konnten. Dafür war eine Liste der Träger öffentlicher Belange abzuarbeiten, die ihre Zustimmung oder Bedenken äußern konnten.

Am Anfang waren es elf, mit der Zeit wurden es mehr und irgendwann kamen wir bei 17 an. Dieses Procedere sorgte für immense Verzögerungen, da es für jeden einzelnen Vorgang Fristen gab. Vor allem: Immer, wenn es schien, dass alle ihre Einschätzung abgegeben hatten, tauchte noch ein neuer Träger öffentlicher Belange auf – und alles fing noch einmal von vorne an. Als es mir zu bunt wurde, ging ich sogar in eine Kreistagssitzung, bat darum, mir das Wort zu erteilen. Ich redete Klartext.

Es wurde gemauschelt und geschoben, Anträge waren angeblich bei den Behörden nicht angekommen und angeblich abgegebene Erklärungen trafen wiederum bei mir nicht ein. So sah ich schließlich nur den Ausweg, bei allen Behörden und Institutionen, deren Statements laut Liste erforderlich waren, persönlich vorstellig zu werden. Ich legte die Unterlagen auf den Tisch und sammelte sie nach einiger Zeit selbst wieder ein. Und das nicht nur, um den Vorgang zu beschleunigen, sondern weil permanent Schriftstücke verloren gingen, was dann wiederum für weitere Zeitverzögerungen sorgte.

Es gab Widerstände, selbst von der Kulturabteilung des Kreises: »Das Schloss Ralswiek hat für die Insel Rügen Anziehungskraft genug. Aus diesem Grund lehnen wir eine Wiederbelebung der Festspiele ab.«

Das Schloss stand damals zum Verkauf. Zu den Interessenten gehörte auch ein ehemaliger hochkarätiger DDR-Kader, der das Schloss als medizinisches Schulungs- und Kongresszentrum etablieren wollte. Natürlich hätte aus dieser Sicht ein Theaterstandort zu Füßen dieser Einrichtung überhaupt nicht gepasst.

Und auch die Denkmalpflege favorisierte eine Weiternutzung des Schlosses, das sie wie einen Renaissance-Bau behandelte. Der bei mir als Bau-Chef angestellte Armin Jäger vertrat dazu eine ganz andere Ansicht, machte deutlich, dass es hier um einen Renaissance-Nachbau gehe, »der 1923 fertiggestellt wurde und somit mit der eigentlichen Renaissance nichts zu tun hat«. Das Schloss sehe zwar schön aus, sei aber eben nur eine Replik.

Armin Jäger, meist in Lederjacke und abgewetzte Jeans gekleidet, war ein äußerst kompetenter Mann. Er hatte fünf Jahre Museologie studiert und zu DDR-Zeiten unter anderem die gesamte katholische Kirche im Thüringischen bei kunsthistorischen Fragen betreut. Er war in Weimar an der Sichtung und Auswertung des kulturhistorischen Archivs beteiligt gewesen, als die DDR mal wieder auf der Suche nach Helden aus der Vergangenheit für eigene Propagandszwecke war. Man brauchte historische Figuren die als Vorbild für den sozialistischen Menschen dienen konnten, wobei sie dem Volk der Arbeiter- und Bauernklasse entsprechend präsentiert werden mussten.

So geschah es auch bei Thomas Müntzer. In der DDR galt er als heroischer Bauernführer. Armin Jäger wusste aber aus den Weimarer Archivquellen, dass der Reformator bei der Schlacht von Mühlhausen 25 Kilometer hinter dem eigentlichen Geschehen in einem Wagen mit vollgeschissenen Hosen gefangengenommen worden war. Da er offenbar nicht der Held gewesen war, den man als systemstabilisierenden Leitstern brauchte, verbannte man das bedenkliche Dokument in die hinterste Ecke eines Aktenkellers.

Ähnlich ging es Klaus Störtebeker. Er nahm den Reichen und gab den Armen: Das genügte Kurt Barthel – Künstlername KuBa –, um ihn als Streiter für die Gerechtigkeit und als Vorkämpfer des Sozialismus auferstehen zu lassen. Da von diesem Klaus Störtebeker wenig historisch Verbrieftes existierte, gab es reichlich Interpretationsmöglichkeiten.

Aber zurück zu den Denkmalpflegern.

Von der entsprechenden Landesbehörde, einer der Träger öffentlicher Belange, war ich nach Schwerin eingeladen worden. Es gab Gesprächsbedarf bezüglich der Baupläne und der Gestaltung unserer sanitären Einrichtungen. Ich wusste, dass sie gegen die Wiederinbetriebnahme des Theaters waren – und bekam dieses hier auch offen bestätigt, bis hin zu der Bemerkung »Wir wollen dass Sie von der Insel verschwinden.«

Daraufhin marschierte ich ins Kultusministerium, dem die Bodendenkmalpflege damals zugeordnet war und das uns eine große Summe an Förderung hatte zukommen lassen. Die Ablehnung der Bodendenkmalpflege hätte also nicht nur uns getroffen, sondern sich auch gegen das Kultusministerium gerichtet und dazu geführt, dass viele Steuergelder verbrannt worden wären.

Der Referentin der Kultusministerin Steffi Schnoor erklärte ich, sie solle der Ministerin mitteilen, »dass ich mit der Bodendenkmalpflege nicht mehr zusammenarbeiten werde«. Auf ihre Entgegnung, dass dies nicht ginge, erzählte ich ihr von dem dort eben geführten, von mir genau protokollierten Gespräch, worauf die Frau erbleichte.

Nach diesem Erlebnis fuhr ich zurück auf die Insel, in der Hoffnung, dass sich auf den Fluren der Landesregierung nach diesem Affront etwas bewegen werde.

Steine vor die Füße

Eine mir auferlegte Maßnahme war, einen Bodendenkmalpfleger anzustellen. Denn der Bereich, in dem sich heute Ralswiek befindet, war im Mittelalter ein Hafen gewesen. Das Dorf selbst erstreckte sich am Hang. Archäologische Funde belegen, dass Ralswiek einmal das größte slawische Handelszentrum im osteuropäischen Raum gewesen sein muss und es einen direkten Zugang zur Ostsee hatte.

Um das Jahr 1000 hatte es eine gewaltige Sturmflut gegeben. Der gesamte Hafen von Ralswiek war von Schlamm zugedeckt worden. Für die Bodendenkmalpflege eine wahre Schatzgrube voller im Schlick gut konservierter Schiffe und Boote. Mit zum wirtschaftlichen Niedergang von Ralswiek trug auch die Schaabe bei, die sich als Nehrung zwischen die offene See und den einst bedeutenden Hafen legte. Bald war der Handelsplatz dem Vergessen anheimgegeben.

In meiner Nachbarschaft lebte Günther Bovensiepen. Er war ein bedeutender Denkmalpfleger auf der Insel Rügen, betätigte sich diesbezüglich aber vor allem in seiner Freizeit.

Mein Misstrauen gegen die Denkmalpflege in Schwerin ging so weit, dass ich diesen Leuten zutraute, auf unserem Bühnengelände Münzen, Tonscherben oder Waffenteile zu finden, die da vorher gar nicht gelegen hatten.

Ich erkundigte mich bei Bovensiepen, ob er noch bei der Bodendenkmalpflege angestellt sei.

»Nein«, sagte er. »Mit mir will deren oberste Leitung in MV nichts zu tun haben.«

Auf meine Frage, ob er Unterlagen hätte, die seine Qualifikation nachwiesen, antwortete er: »Ich habe alles, aber auch alles, was man an Qualifikationen nur haben kann.«

»Gut«, entgegnete ich. »Dann suchen Sie jetzt Ihre ganzen Papiere zusammen, die ich mir dann kopiere. Inzwischen schreibe ich Ihnen einen Vertrag, der Ihnen Tag und Nacht freien Zugang zum Betriebsgelände gewährt. Dann können Sie eigenverantwortlich arbeiten.«

Kaum zwei Stunden später hatte ich einen Bodendenkmalpfleger angestellt, zu dem ich Vertrauen haben konnte.

Am nächsten Tag fingen wir an zu bauen. Vier Stunden später stand das Bauamt des Kreises mit zwei Landesdenkmalpflegern im Schlepptau in meinem Büro. Aus der Aktentasche zogen sie einen gelben Zettel hervor, mit dem ein Baustopp ausgesprochen wurde.

»Sie bauen ohne Bodendenkmalpfleger«, warf mir der Herr vom Bauamt vor. »Das ist aber eine unumgehbare Auflage, der Sie nachzukommen haben.«

»Da haben Sie vollkommen Recht«, erwiderte ich. »Bitte, hier ist der Vertrag mit einem Bodendenkmalpfleger.« Und ich schob die Vereinbarung mit Günther Bovensiepen und seine gesamten Befähigungsnachweise über den Tisch.

Meinen ungebetenen Gästen fielen die Unterkiefer herunter. Sie sackten ihren Zettelkram ein und zogen wieder ab.

Eine Stunde später klingelte mein Telefon, an dem sich der Leiter des Amtes für Bodendenkmalpflege, Dr. Friedrich Lüth, aus Wiligrad zu Wort meldete.

Er warf mir in einer Schimpfkanonade vor, mit der Nichtverpflichtung seiner Mitarbeiter Tatsachen schaffen zu wollen. Das werde er zu verhindern wissen. Als er plötzlich still war, fragte ich in die Pause hinein:

»War das jetzt alles?«

Er legte auf.

Ich protokollierte das Gespräch. Danach legte ich das Geschriebene aufs Fax und schickte es an das Kultusministerium. Es dauerte keine Stunde, bis von dort ein Anruf einging. Ich bestätigte noch einmal das von mir Festgehaltene.

Zwei Tage später wurde mir schriftlich mitgeteilt, dass in allen Fragen der Bodendenkmalpflege ein neuer Mitarbeiter für uns zuständig sei. Ich hatte nicht mehr direkt mit den leitenden Personen des Amtes zu tun, auch wenn sie natürlich im Hintergrund weiter ihre Fäden zogen.

Wir hatten Anfang September 1992 und waren gerade dabei, das Bühnengelände für die Zuschauertraverse zu planieren, als 14 Tage nach dem unschönen Telefonat mit Dr. Lüth mal wieder Vertreter des Landratsamtes bei mir im Büro standen. Das Bauamt hatte von besagtem oberen Bodendenkmalpfleger eine Anweisung aus Schwerin bekommen: Das gesamte Gelände des Theaters stehe ab sofort unter Bodendenkmalschutz, weshalb ein Baustopp zu verhängen sei.

Gut, dass ich Günther Bovensiepen an meiner Seite hatte, denn der wusste von Untersuchungen und einem entsprechenden Gutachten, erstellt von Professor Dr. Dr. Schuldt, einem der bedeutendsten Archäologen der DDR. Dieser hatte vor Ausrichtung der ersten Rügen-Festspiele 1959 das gesamte Gelände untersuchen lassen. Fazit: Der Bühnenbereich bestand aus Schwemmsand und alles, was eventuell eingespült hätte werden können, war bestenfalls 500 Meter entfernt im Bodden zu finden.

An dieses Gutachten, das bei der Denkmalpflege in Stralsund liegen sollte, kam ich jedoch anfangs nicht heran. Notgedrungen mussten wir die Bauarbeiten auf der Bühne abbrechen und gingen an die Sanierung unserer Wirtschaftsgebäude, für die wir keine Genehmigungen benötigten.

Ich hatte in der Kreisverwaltung aber auch Befürworter. Einer rief mich nach einem halben Jahr an und lud mich zu einem Kaffee in sein Büro ein. Dort legte er mir eine Kopie des Gutachtens von Professor Dr. Dr. Schuldt auf den Tisch.

Am nächsten Morgen fuhr ich nach Schwerin ins Kultusministerium. Der Einzige, den ich dort antraf, war Staatssekretär Thomas de Maizière – später Bundesinnen- und Verteidigungsminister. Seine Sekretärin hörte sich freundlich mein Ansinnen an und trug es weiter. De Maizière bat mich zu sich, und ich legte den verfügten Baustopp sowie das Gutachten auf den Tisch. Dann erzählte ich ihm von einigen Ereignissen der zurückliegenden Wochen.

»Das kann doch wohl alles nicht wahr sein«, sagte er kopfschüttelnd. »Bitte, nehmen Sie noch einmal draußen Platz.«

Während ich wartete, diktierte er einen Brief, der zum Inhalt hatte, dass den Störtebeker Festspielen mit sofortiger Wirkung jegliche Baufreiheit zu gewähren sei.

Am nächsten Tag – es war der 9. März 1993 – haben wir wieder angefangen, das Theater zu errichten. Und es wurde höchste Zeit, denn wir hatten noch keine Fundamente, auf denen wir auch nur eine einzige Stuhlreihe hätten installieren können. Dabei sollte am 3. Juli die Premiere stattfinden.

Ich hatte noch an weiteren Fronten zu kämpfen, denn auch die Grünen begleiteten unsere Baumaßnahmen sehr »leidenschaftlich«. Immer wieder hagelte es Anzeigen wegen angeblicher Umweltsünden.

Es hieß unter anderem, wir würden im Gelände einfach Diesel ablassen. Das war natürlich völliger Unfug, den brauchten wir für unsere Lkw. Vielmehr handelte es sich um einen Sabotageakt, wurden mit einem Zimmermannshammer von unten Löcher in die Tanks geschlagen, so dass der Diesel herauslief und im Erdreich versickerte. An einem anderen Morgen konnten wir die Lkw nicht starten, mussten die Batterien neu aufladen, da jemand über Nacht Eisen auf die Pole gelegt und sie kurzgeschlossen hatte. Als Nächstes gab es Anzeigen, in denen behauptet wurde, wir hätten angeblich Batterien vergraben.

Deshalb kam mehrfach ein Herr von der Umweltbehörde nach Ralswiek, der den entsprechenden Hinweisen nachgehen sollte. Auch bei seinem dritten Besuch sagte ich ihm wieder: »Schauen Sie sich um. Mir ist es zu dumm, mitzulaufen. Sie haben freie Hand, sehen Sie sich jede Ecke und jeden Winkel an. Lassen Sie es mich wissen, wenn Sie etwas finden, das gegen Umweltauflagen verstößt.«

Er ging los und inspizierte das Gelände. Nach einer geraumen Zeit kam er zu mir zurück ins Büro und bat darum, mein Telefon benutzen zu dürfen.

Das Handy-Zeitalter war damals noch nicht richtig angebrochen. Ich hatte trotzdem eines. Das war von Siemens, riesengroß und in einem Koffer verstaut. Kostenpunkt: 8 000 Mark. Es nannte sich auch nicht Handy, sondern Mobiltelefon.

Der Mann von der Behörde wählte eine Nummer und sagte der Person am anderen Ende: »Wenn Sie mich noch einmal nach Ralswiek schicken, bekommen Sie von mir eine Dienstaufsichtsbeschwerde. Ich bin jetzt wegen irgendwelcher Anschuldigungen zum dritten Mal hier und wieder entspricht nichts der Wahrheit.«

Dafür kam als Nächstes eine Anzeige wegen Schwarzarbeit bei Störtebeker.

Wir hatten ab März 1993 nach Wiederaufnahme der Bautätigkeit viele Leute auf dem Platz, die bei Tag und Nacht arbeiteten, und waren soeben dabei, die Bestuhlung zu montieren. Damit hatte ich die Schweizer Firma Nüssli beauftragt. Deren Inhaber war gerade aus der Schweiz mit einem dicken Benz vorgefahren und ihm wie aus dem Ei gepellt in einem teuren Anzug entstiegen.

In diesem Moment erschien der Zoll und riegelte alles hermetisch ab: Ausweise, Arbeitsgenehmigungen, Sozialversicherungs-Mitgliedschaften waren vorzulegen. Mehr als einen halben Tag ruhte unsere Arbeit. Am Ende gab es nichts zu beanstanden. Der Einzige, der keine Arbeitsgenehmigung besaß, war Unternehmens-Chef Nüssli.

Seine Firma war weltweit eines der innovativsten Bestuhlungsunternehmen, und er wollte eben mal nach seinem deutschen Ableger schauen. Dafür hatte er sich die Insel Rügen ausgesucht.

Nüssli bat, seinen Botschafter in Berlin anrufen zu dürfen, und wurde dort sofort durchgestellt. Kurz schilderte er den Sachstand im gemütlichen Schweizer Dialekt, was nicht ganz unlustig war. Dann übergab er dem Chef der Zollfahndung den Hörer. Dieser nahm während des Gesprächs mehr und mehr militärische Haltung ein, sagte alle 30 Sekunden nur noch kurz »Ja!« und schließlich: »Das habe ich verstanden!«.

Er entschuldigte sich kurz bei Herrn Nüssli, hatte für uns aber kein Wort des Bedauerns übrig – weder in Bezug auf die ausgefallene Arbeitszeit noch angesichts der Kosten, die der Stillstand verursacht hatte.

Der Junge bringt keinen Ton zustande

Tag und Nacht bauten wir. Wirklich rund um die Uhr war bei uns Betrieb auf der Baustelle. Zeitweise waren bis zu 150 Leute auf dem Gelände tätig.

Für die Sitzgarnituren brauchten wir Streifenfundamente, die, da die Publikumstraverse ziemlich groß ist, aneinandergereiht mehrere Kilometer ergeben hätten. Dafür gab es aber keine Schalung, in die wir den Beton hätten gießen können. In ganz Mecklenburg-Vorpommern war so etwas nicht aufzutreiben. Wir mussten eine andere Lösung finden.

Unser Bauleiter, Armin Jäger, kaufte in Polen Hohlblocksteine. Dort waren sie weitaus preiswerter. Wenn ich mich recht erinnere, kosteten sie umgerechnet etwa 60 Pfennige pro Stück, während man in Deutschland drei Mark mehr berappen musste. Trotz der zusätzlichen Transportkosten rechnete sich das Ganze am Ende.

Armin ließ das Gelände planieren, so dass nur noch der blanke Kies zu sehen war, und die Schräge nivellieren. Die Hohlblocksteine wurden aufgeschichtet, dazwischen brachten die Arbeiter die Stahlarmierung ein. Da das geräuscharm erledigt werden konnte, passierte es nachts. Tagsüber wurde die Konstruktion verfüllt. Eine Schalung war damit nicht mehr nötig, da der Beton in die Steine hineinfloss. Indem wir am Ende alles mit Kies anreicherten, bekamen wir unser Fundament für die Bestuhlung.

Als wir damit gerade fertig waren, setzte ein wirklich unheimlicher Regen ein, der uns den Sand aus der Konstruktion wieder raus und runter auf die Bühne spülte. In der Nacht standen Armin und ich dort unten bis über die Waden im patschigen Sand – eigentlich war es schon Schlamm – und blickten auf die Bescherung.

»Peter, wie viel Geld hast du noch?«, fragte Armin. »Wir müssen die gesamte Oberfläche pflastern, damit das Regenwasser abgeleitet wird und uns nicht die Fundamente freispült.«

Währenddessen wurde das Bühnenbild errichtet. Die Bühne selbst erhielt eine Drainage, befand sie sich doch quasi auf Schwemmsand und war permanent feucht. Darum setzten wir große Einlaufringe ein, die wie Brunnen funktionierten, verlegten 200er-Entwässerungsrohre zum Bodden, brachten Kies darauf. Eine Pflasterung, wie sie 1959 bei den ersten Rügen-Festspielen der Regisseur Hanns Anselm Perten veranlasst hatte, kam für uns nicht infrage. Wir wollten mit Pferden arbeiten, für die solch ein Untergrund auf Dauer Gift gewesen wäre. Auch planten wir Szenen, in denen jemand vom Pferd stürzen sollte. Ein harter Untergrund hätte das Verletzungsrisiko erhöht. Stunts hatte es bei den Rügen-Festspielen zu DDR-Zeiten nicht gegeben.

14 Tage vor der Premiere veranstalteten wir unsere erste Pressekonferenz. Da hatte es bereits geregnet, und dieses Wetter sollte sich dann durch den gesamten Sommer ziehen. Den Weg vom Eingangstor bis hinunter direkt vor die Bühne hatten wir mit Euro-Paletten ausgelegt, damit die Fotografen und Journalisten trockenen Fußes in die erste Reihe kamen. Nur dort hatten wir es bis zu diesem Zeitpunkt geschafft, Sitze zu montieren.

Doch nicht nur das Wetter machte es uns schwer. Wir hatten auch Probleme mit dem Ton. Der, der ihn realisieren wollte, schaffte es nicht. Schon nach kurzer Zeit kam unsere erste Inspizientin – die ich von Bad Segeberg mitgenommen hatte – zu mir, und sagte: »Peter, wir bleiben auf der Strecke. Der Junge bringt keinen Ton zustande.«

Also telefonierte ich herum und verpflichtete am Ende Leo Tartler. Er war ein richtig guter Tonmensch, hatte diesbezüglich unter anderem die Welttournee von »Cats« begleitet. Im ersten Jahr war er für unseren Sound verantwortlich.

Weil er 1994 nicht konnte, holte ich mir einen neuen Mann, wechselte dann noch einmal – und schließlich kam Wolfgang Rummler, der geblieben ist.

Zustande gekommen war der Kontakt über die Firma Bose. 1995 saßen einige Firmenvertreter im Publikum, die mich nach der Vorstellung ansprachen: »Herr Hick, wir haben bei Ihnen zugehört und finden, dass der Ton nicht optimal ist. Wir würden Ihnen mal jemanden schicken, der das ganze System auf ein höheres Niveau hebt.«

Eines Tages stand Wolfgang Rummler vor unserer Tür. Er zog sich zwei, drei Stunden ins Theater zurück, checkte die Beschallung und stellte uns dann das Ergebnis seiner Arbeit vor: Der Sound war um 100 Prozent besser geworden.

Rummler gehörte nicht zu Bose. »Die haben mich nur verpflichtet, weil ich in der Beschallungsbranche tätig bin, große Konzerte betreue. Bose hat mich gebucht und beauftragt, bei Ihnen den Ton einzustellen.«

Daraufhin fragte ich ihn, ob er nicht Lust hätte, bei uns einzusteigen. Er hatte. Einzige Bedingung: vernünftiges Equipment. Nicht unbedingt Bose, die sich per se auch den Namen bezahlen ließen. Wolfgang konnte mir gleich mehrere gute Firmen nennen, die ebenfalls Qualität lieferten. Es war ihm wichtig, in die Lage versetzt zu werden, vor Branchenkollegen einen ordentlichen Sound produzieren zu können. »Ich möchte mich bei denen auf keinen Fall blamieren«, sagte er.

Ich verhandelte erst einmal mit Bose über die technische Ausstattung. Als sie die ursprünglich veranschlagte Summe freundlicherweise etwas senkten, schloss ich die Vereinbarung. Bose hatte sich dabei ausbedungen, die Störtebeker Festspiele als Referenzprojekt verwenden zu dürfen. Dagegen hatte ich natürlich nichts einzuwenden. Ich bot sogar an, dass Interessenten jederzeit kommen könnten, um sich den Sound auf der Naturbühne anzuhören.

Wolfgang hat in den darauffolgenden Jahren ununterbrochen am Ton gearbeitet. Immer wieder gab es kleine Baustellen, war noch etwas zu verbessern. Bis heute bin ich bei Bose-Technik geblieben.

Zwischendurch kamen lediglich ein paar Lautsprecher eines anderen Fabrikats als klangliche Ergänzung hinzu. Dabei handelte es sich um Boxen, die punktuelle Schallwellen senden konnten. Es gab nämlich auf unserer großen Bühne ein paar Stellen, an denen es fürs Publikum schwierig war, alles zu verstehen. Das waren sogenannte Toträume.

Entwickelt hatte das System ein französischer Atomphysiker, der sich aus seinem eigentlichen Beruf zurückgezogen hat und heute ein großer Lautsprecherfabrikant ist. Er kam zu uns, hörte sich das Problem an und konnte es mit seiner Technik komplett lösen.

Peter, ich möchte mich bei dir entschuldigen

Die Schauspieler für unsere Störtebeker-Premiere »Wie einer Pirat wird« wählten der Regisseur Roland Oehme, Ruth und ich gemeinsam aus. Meist jedoch fuhren Roland und Ruth durch die Gegend – sahen sich permanent Inszenierungen auf anderen Bühnen an, um eine gute Besetzung für unser Theater zusammenstellen zu können.

Zahlreiche Rollen besetzten wir mit renommierten Namen aus dem Osten. Ich kannte die Leute meist noch aus meinen DEFA-Zeiten. Im Laufe der Jahre wurden es mehr und noch berühmtere Größen.

Das hatte durchaus auch psychologische Gründe. Für die Menschen in Ralswiek, auf Rügen und für das Publikum war ich ein Wessi. Vielleicht sogar ein typischer – mit meinem dicken Sportwagen, knallgelb, 300 PS. Der damalige Landrat, Klaus Eckfeld, hatte sein Scherflein zu diesem Eindruck beigetragen.

Auf einer Kreishandwerkertagung war er von einem Handwerksmeister gefragt worden, warum es denn so wenig finanzielle Unterstützung von Land und Kreis gebe. Im Beisein des NDR antwortete er vor laufender Kamera: Weil in Ralswiek jemand den Winnetou reiten lassen wolle und dafür einen Haufen Fördergelder bekomme, die am Landkreis vorbei gingen. Mit dieser Aussage konfrontierten mich NDR-Journalisten. Meine erste Reaktion war, dass ich mir das gar nicht vorstellen könne. »Der Landrat sitzt im Kreditausschuss und Verwaltungsrat der Sparkasse und kennt meine Kreditierung. Bevor ich hier jetzt etwas dazu sage, möchte ich mit ihm Rücksprache halten.« Am Ende stellte sich raus, dass er sich tatsächlich so geäußert hatte, was mich zwar enttäuschte, damals aber zu seiner eher ablehnenden Haltung gegenüber unserem Vorhaben passte.

Man muss dieses Verhalten allerdings in Relationen setzen: Wie ich bereits erwähnte, gab es zu jener Zeit große Pläne für das

Schloss. Dazu passten die Störtebeker Festspiele nicht unbedingt. Der Landrat war am Ende der Einzige, der – nach fünf, sechs Jahren – seinen Irrtum eingestand. Denn wir wuchsen ja ziemlich schnell und galten schon bald als eines der Sommer-Highlights auf der Insel Rügen.

»Peter, ich möchte mich bei dir entschuldigen«, sagte Eckfeld eines Tages. »Ich habe die Situation damals völlig falsch eingeschätzt.«

Diese Geste rechne ihm hoch an.

Ansonsten war es geradezu absurd, wie sich anfangs in allen Bereichen – Politik, Wirtschaft, Kultur und Gesellschaft – im Umgang mit den geplanten Störtebeker Festspielen Gräben auftaten. In der Quintessenz hatten wir unter den Entscheidungsträgern aber mehr Befürworter als Ablehner.

Es wäre für die gesamte Situation nicht gut gewesen, hätte ich als Quasi-Wessi irgendwelche Westschauspieler mitgebracht. Ein paar wichtige Leute waren aus dem Westen, wie unsere Spielleitung. Oder der Lichttechniker Udo Neumann, der hatte auch schon mit mir in Bad Segeberg gearbeitet.

Aber neben diesem psychologischen Aspekt nutzte uns auch der Umstand, dass die Ostschauspieler exzellent ausgebildet waren. Das steigerte die Qualität der Aufführungen immens und hob uns gegenüber anderen Open-Air-Theatern deutlich ab.

In der Bundesrepublik existierte eine Vielzahl privater Schauspielschulen, an denen oft nicht unbedingt die besten Leute ihres Fachs unterrichteten. Die bildeten dann eine Prüfungskommission, die ihren Schützlingen am Ende der Ausbildung bescheinigte, sie seien Schauspieler. Qualität hatten die meisten allerdings nicht.

Die DDR-Stars stellten sich zudem als ziemlich unkompliziert heraus. Sie waren kaum mit Star-Allüren behaftet und untereinander uneitel. Viele waren unseren Besuchern bekannt.

Von Anfang an hatten wir viel mehr Publikum, das aus den neuen Bundesländern stammte. Das hat sich bis heute nicht wesentlich geändert. Circa 20 Prozent kommen aus Mecklenburg-Vorpommern, circa 50 Prozent aus den anderen ostdeutschen Ländern, die restlichen 30 Prozent aus den alten Bundesländern.

Roland Oehme von der DEFA war also unser Regisseur und das Buch schrieb Rudi Strahl – ebenfalls eine literarische Größe in der DDR. Von ihm stammte zum Beispiel das Skript für »Ein irrer Duft von frischem Heu«, eine Komödie, die Oehme 1977 mit Ursula Werner in der Hauptrolle erfolgreich verfilmt hatte. Rudi war mit einem lockeren, humorvollen Schreibstil ausgestattet und genoss im Osten große Beliebtheit.

Das Buch für »Wie einer Pirat wird« wollte ich trotzdem so, wie es von Rudi geschrieben worden war, nicht umsetzen. Über allem schwebte ein Hauch von Sozialismus. Die Helden – Vorkämpfer der Arbeiter- und Bauerngesellschaft und dem geknechteten Volk zugetan. Die Obrigkeit – Kaufleute, Ratsherren und Adelige –, alle, denen es besser ging, waren fiese Typen und schreckliche Ausbeuter. Nuancen gab es nicht wirklich. Das gefiel mir nicht. Weil es so nicht stimmte. Krupp hatte auch schon Werkswohnungen für seine Arbeiter gebaut, damit die ihm nicht davonliefen. Und es gab weitere Unternehmer, die es noch besser gemacht, Krankenhäuser, Sozialstationen gebaut haben.

Hinzu kam, dass mir der Sinn für die Action fehlte, mir die Szenen zum Teil für eine Theatervorführung nicht geeignet erschienen. Da gab es diese Idee, Klaus Störtebeker in der Einstiegsszene nass aus Richtung Bodden auf die Bühne kriechen zu lassen, danach sollte er einen goldenen Kelch hochhalten – noch nicht als Klaus Störtebeker, sondern als Klaus von Alkun. Für mich stand aber fest, dass das Publikum beim ersten Auftritt des Titelhelden sofort verstehen musste, dass es sich um den künftigen Klaus Störtebeker handelte.

Es gab lange Diskussionen und diverse Überarbeitungen, die dazu führten, dass ich eine eigene Fassung schrieb. Die wiederum las sich Rudi Strahl durch, woraufhin er sich von dem neuen Buch distanzierte.

»Rudi, wir sollten das in Frieden klären«, schlug ich ihm vor. »Dein volles Geld bekommst du ja.« Genauso hatten wir es auch vertraglich festgeschrieben. Außerdem schlug ich ihm vor, das Buch mit »frei nach einer Geschichte von Rudi Strahl« auszuweisen.

»Sollte das Stück ein Misserfolg werden, kannst du dich immer darauf zurückziehen, dass du ja eigentlich etwas ganz anderes geschrieben hattest.«

»Es sind doch höchstens noch drei bis fünf Prozent von mir«, beklagte sich Rudi.

Das stimmte zwar, aber ich hatte ein paar ganz markante Sätze von ihm behalten, die ich richtig gut fand. »Und nirgendwo war das Land ärmer als in Mecklenburg«, war so ein Satz. Oder wenn es am Ende heißt: »Für einen Wimpernschlag der Geschichte.« Das ist auch von Rudi Strahl.

Das fertig inszenierte Stück sah er sich drei- oder viermal an, bevor er zu mir kam und feststellte: »Jetzt weiß ich, was du meinst.«

Es war sehr schwer, einen DEFA-Regisseur zu finden, mit dem ich reden konnte. Jemand, der aus der Störtebeker-Geschichte keine eigene Interpretation machte und den Titelhelden nicht seiner künstlerischen Freiheit unterwarf.

Ich habe immer gesagt, dass es bei uns wie in Amerika zugehen wird: Der Produzent hat das Sagen. Er bezahlt das Geld und ist im Risiko.

Wir brauchten einen Mann auf dem Regiestuhl, der einen Störtebeker inszeniert, wie wir ihn uns vorstellten. Und solch einer war Roland Oehme.

Natürlich kam er zwischendurch mal zu mir und verkündete: »Peter, ich schmeiß das alles hin.«

Da beruhigte ich ihn dann: »Roland, wir sind jetzt drei Wochen in den Proben. Trink mal einen Fernet, und wenn die Pause vorbei ist, machst du einfach weiter.«

Während Roland Oehme bei den »Reparaturen« an Rudi Strahls Texten und auch an meinen Versionen immer erst überarbeitend eingegriffen hatte, bat er mich im dritten Jahr, mal eine Erstfassung schreiben zu dürfen. Nach zwei Monaten rief er mich an: »Du Peter, ich bekomm das nicht hin.«

Also übernahm ich die Aufgabe wieder. Und das behielten wir die ersten zehn Jahre bei. So lange Roland da war.

Nun lief es immer so, dass wir uns mit entsprechenden Bemerkungen und Änderungen meine Urfassung viermal hin- und herschickten. Dann nahmen wir uns einen Tag Zeit, Roland kam zu uns nach Hause und wir gingen das Stück Satz für Satz noch einmal durch. Auch dabei gab es noch die ein oder andere Anpassung.

Durch des Teufels Neid ist der Tod gekommen

Klaus Störtebeker hat sich mit großer Wahrscheinlichkeit in Ralswiek aufgehalten. Er ist im Ostseeraum groß geworden. Mit dieser Authentizität konnte man punkten, dieser historische Hintergrund hatte mit den frei erfundenen Geschichten von Karl May nichts zu tun. Mein Eindruck war, dass wir im Vergleich zu Bad Segeberg die viel bessere Ausgangssituation hatten. Natürliche landschaftliche Gegebenheiten, die Eigenarten der Menschen, Handlungen in real existierenden Orten oder Gegenden – das alles war und ist viel besser, als wenn man etwas aufführt, dass irgendwo im fernen Wilden Westen spielt.

Ich musste nur bedenken, dass ich die Piraten nicht in ihrem eigentlichen Zuhause, auf den Schiffen und dem Meer, zeigen konnte. Also galt es, Kompromisse zu finden. Die Kämpfe an Land und zu Pferde sind eben zum Teil andere als die auf hoher See.

Karl May umzusetzen, war streckenweise schwierig gewesen, weil man sich nicht sehr weit von den Handlungen in den Büchern oder Filmen entfernen konnte. Klaus Störtebeker bot da weitaus mehr Freiheiten bei der Auswahl der Episoden und der Erzählweise.

Störtebeker forderte mich heraus, in die Tiefe zu gehen. In jungen Jahren hatte ich viel in der Bibel gelesen, in den Jahrzehnten danach sie nicht mehr in die Hand genommen. Das änderte sich jetzt. Das Christentum bestimmte im Mittelalter alle Bereiche des gesellschaftlichen, politischen und kulturellen Lebens. Außerdem ließen wir in unseren Stücken neben der weltlichen Obrigkeit auch Pfaffen und Bischöfe auftreten. Die sprachen nicht nur anders, als es heute der Fall ist, sondern führten auch immer wieder biblische Zitate im Mund. Wie also das Passende finden?

Es gibt zur Bibel eine Wortkonkordanz, in der alle wichtigen Wörter mit den dazugehörigen Aussagen und Zitaten verzeichnet sind. Zu »Regen« zum Beispiel finden sich Stellen wie »Ein Regen kam auf Erden 40 Tage«, »Dem Regen vom Himmel wurde gewährt« oder »Es soll weder Tau noch Regen kommen«. Teufel eignet sich auch gut: »Durch des Teufels Neid ist der Tod gekommen«. Noch mehr Kraft und Wertigkeit konnte eine Szene bekommen, wenn der Geistliche sogar zu sagen wusste, auf welcher Seite der Bibel etwa »Einer von euch ist ein Teufel« stehe. Durch die Konkordanz war es möglich, Zitate zu finden, die zu der jeweiligen Situation passten, um sie dann von den Schauspielern rezitieren zu lassen.

Über mehrere Jahre spielte Mircea Krishan bei uns, mit dem wir die markante Pfaffen-Figur Bercolo entwickelten. Ihn haben die Zuschauer richtiggehend geliebt. Bercolo warf mit Bibelsprüchen nur so um sich. Für die entsprechenden Szenen aber auch immer die passenden Worte aus der Heiligen Schrift zu finden – da brauchte es für einzelne Sätze manchmal Stunden.

Bei allem Erfinderreichtum mussten wir mit den Handlungen im historischen Kontext bleiben. Dabei half uns eine Zeit lang der damalige Leiter des kulturhistorischen Museums in Magdeburg, Professor Dr. Matthias Puhle, der eine Art Beraterfunktion innehatte. Seine Doktorarbeit über die Vitalienbrüder war für unsere Geschichten so etwas wie ein Leitfaden zu wirklichen historischen Gegebenheiten. Es ist das einzige Buch, das wir durchgehend bei uns im Theater im Verkauf hatten.

Nach der Jahrtausendwende rief Puhle mich an und echauffierte sich über eine Fernsehverfilmung des Störtebeker-Stoffes: »Als ich das gesehen habe, standen mir streckenweise sämtliche Haare zu Berge«, sagte er. »Ihr gebt Euch so viel Mühe, authentisch zu sein, und dann bringt das Fernsehen sowas. Das Mittelalter rutscht ohnehin schon aus der Wahrnehmung der meisten. Ihr seid eines der ganz wenigen Theater, die versuchen, das Mittelalter so realitätsnah wie möglich wach zu halten.«

In dem Film hatten sie gezeigt, wie Schiffe der Hanse dem Ufer entgegenstreben, um Visby niederzubrennen. Die Filmproduktion

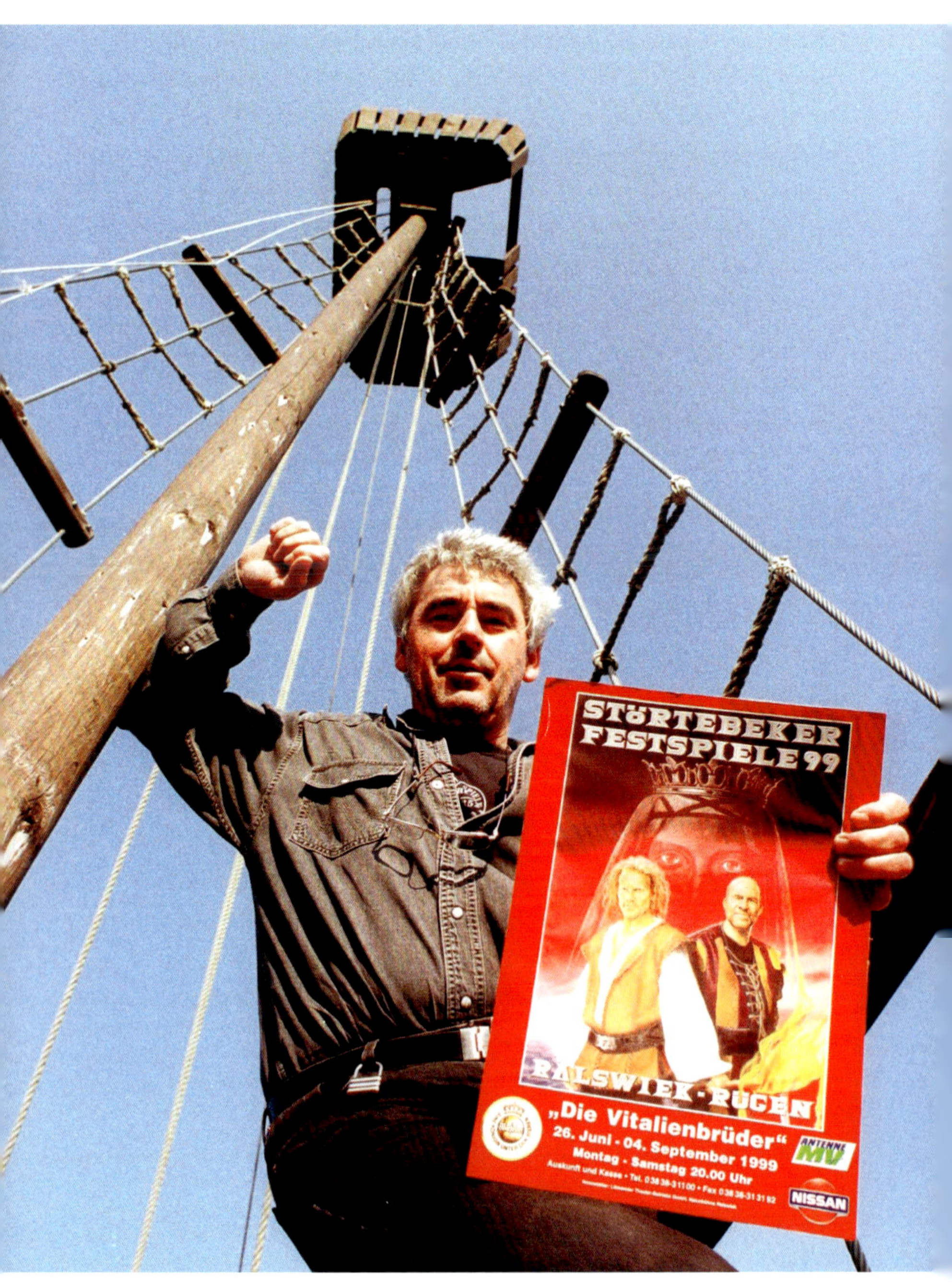

Mit dem Plakat für die Festspielsaison 1999

hatte dafür ein paar rohrgedeckte Katen irgendwo an den Strand gesetzt und gemeint, dass reiche, um ein Bild von dem zentralen Ort auf Gotland zu erzeugen. Allerdings war Visby schon damals eine florierende, befestigte Stadt gewesen und kein kleines Kaff am Strand, und nicht die Hanse, sondern der Deutsche Ritterorden war über Visby hergefallen. Darüber hinaus wurden animierte Schiffe gezeigt, was die Frage aufwarf, warum man nicht auch die Stadt animiert hatte.

Wir haben von Anfang an sehr viel recherchiert, haben originale Waffen nachbauen lassen, wie jene Kanone, die aus zwölf Abschussrohren bestand und auf einer Achse mit Rädern von einem Durchmesser von 1,80 Meter montiert war. Eine Beschreibung dieser Konstruktion konnte man in einem Buch mittelalterlicher Waffenkunde nachlesen. Darin fand ich eine Kanone, bei der man 40 Abschussrohre auf eine Achse montiert hatte. Eine frühe Stalinorgel sozusagen.

Oder unsere Bombarde. Die wurde von vielen gemeinhin für einen Gag gehalten, obwohl wir ihre Herkunft im Programmheft erläutert hatten. Denn auch dieser Nachbau hatte ein historisches Vorbild – nämlich den Pumhart von Steyr. Der wurde um 1400 gebaut, wog acht Tonnen und verschoss 690 Kilogramm schwere Steinkugeln. Diese konnten dann vielleicht nur alle zwei Tage abgefeuert werden, hatten dafür jedoch auch eine durchschlagende Wirkung.

Wenn man nach Sachen sucht, die außergewöhnlich und womöglich unbekannt sind, erzielt man automatisch einen dramatischen Effekt und setzt einen Höhepunkt – wie das Abfeuern der Bombarde und der Einschlag in der Festung. So etwas prägt sich dem Publikum ein.

Helden müssen aufs Pferd kommen

Ich wusste, dass es auf der Felsenbühne im sächsischen Rathen einen großen, schlanken, blonden Schauspieler gab, der sich unter Umständen als Klaus Störtebeker eignen könnte. Sein Name: Norbert Braun.

Regisseur und Schauspieler Jürgen Haase, der in Rathen arbeitete, sagte mir, Braun sei in Neustrelitz engagiert. Also fuhren Ruth und ich dorthin, um uns das Stück »Was ihr wollt« anzuschauen. Damit war Norbert auf der Bühne. Nebenbei fiel uns auch Dietmar Lahaine auf, der die Rolle eines versoffenen Adligen spielte. In der Kantine saß schließlich Roland Seidler. – Wir haben einfach gleich alle drei unter Vertrag genommen.

Norbert wurde Störtebeker, Dietmar spielte lange Zeit unseren Goedeke Michels und Roland über Jahre die Gegenspieler des Titelhelden. Alle drei waren markante Figuren und starke Persönlichkeiten. Roland war obendrein ein sehr gut aussehender Mann, dem die Ostsee-Zeitung gar attestierte: »Keiner stirbt so schön wie Roland Seidler.«

Als wir Norbert für uns entdeckten und ich ihn zu uns einlud, waren wir noch nicht umgezogen und wohnten in Schleswig-Holstein.

Dort gingen wir gemeinsam zum Reiterhof der Karl-May-Spiele, auf dem die Pferde des Theaters untergebracht waren.

Ich ließ Norbert auf ein Pferd steigen, um zu sehen, was er konnte. Das war nicht so viel. Auf der kleinen Felsenbühne in Rathen war Tempo und ein satter Galopp gar nicht möglich gewesen. Von dort hatte Norbert nichts mitnehmen können. Also stieg ich in den Sattel und ritt ihm vor, was ich mit Reiterei auf der Bühne meinte.

»So ungefähr stelle ich mir deine Reitkünste vor«, sagte ich, als ich wieder abgestiegen war. Da war er dann doch etwas verunsichert.

»Keine Sorgen«, sagte ich. »Du bist ein guter Typ. Und deine Reitstunden bekommst du von uns bezahlt.« Bei allen, die wir verpflichteten, haben wir es gehalten wie die Amerikaner: Zuerst waren da die Anforderungen, und dann schufen wir die Voraussetzung, damit jeder das Abverlangte erfüllen konnte.

So war es auch bei Bastian Semm, der von 2013 bis 2017 unseren Klaus Störtebeker spielte. Bastian konnte nicht richtig kämpfen, hatte keine Distanz. Dafür konnte er von allen bisherigen Störtebekern am besten reiten. Er war von Hause aus ein Naturtalent und kam mit unseren Friesenhengsten hervorragend zurecht. Das war Liebe, heiß und innig.

Um Körperlichkeit für Kampfszenen zu schulen, bot ich ihm an, Tanzstunden zu nehmen oder Tennis zu spielen. Einige der besten Schauspieler, die in Kampfszenen brillieren, haben vorher eine Tanzausbildung erhalten. Dadurch entwickelt man eine exzellente Körperbeherrschung, die ein angemessenes Distanzverhalten mit einschließt.

Man sieht das oft, wenn Leute am Strand Volleyball spielen. Nach einem Aufschlag kommt der Ball im hohen Bogen angeflogen, einer der Mitspieler stürzt los, merkt nach fünf Schritten, dass ihn der Ball überfliegt, legt den Rückwärtsgang ein und versucht dann fuchtelnd die Kugel noch zu kriegen. Diese Menschen sind nicht darauf getrimmt, Distanzen einzuschätzen.

Bastian entschied sich für Tennis. Der abspringende Ball fordert einem unentwegt ab, mit räumlichen Abständen richtig umzugehen und darauf zu reagieren. Das beginnt schon damit, beim Aufschlag mit dem eigenen Schläger den Ball zu treffen.

Wir kauften Bastian Semm eine Tennisausrüstung, zahlten die Platzmiete, engagierten einen Tennislehrer – und er ging dreimal hin. Dann hatte er nie wieder Zeit dafür. Zu viel lenkte ihn ab, die große Liebe zur Schauspielerin Claudia Gaebel, das Zusammenziehen, ein Heiratsantrag, dann wieder eine zeitweise Trennung – da blieb keine Zeit, die Körperlichkeit zu verbessern.

Alexander Koll, der nach zwei Jahren das Handtuch geschmissen hat und nicht mehr Störtebeker sein wollte, tat dies wegen des Reitens. Er fürchtete sich einfach vor den Pferden, da half all unsere Unterstützung nichts. Wobei es für ihn bei seiner Größe und dem Gewicht natürlich auch schwieriger war, die Balance zu halten.

Bei uns perfekt reiten gelernt hat Mario Ramos. Er kam vom Tanz her, war ein sehr starker Schauspieler. Im ersten Jahr – 2009 – verkörperte er Marcello da Pinci, einen Kunstmaler aus Genua.

Auf der Bühne intensiv agierend, blieb er ansonsten zurückhaltend. Während der Saison kam er zu mir.

»Sag mal, Peter, was muss ich tun, um bei Euch größere Rollen zu bekommen?«

»Reiten lernen«, entgegnete ich. »Sonst spielst du nur Kaufleute, die mit der Kutsche kommen, und nie einen bösen Gegenspieler, der Kämpfe bestreitet und das Publikum polarisiert.«

Von da an ist er jeden Tag reiten gegangen. Und bis zur nächsten Saison beherrschte er es richtig gut. Zudem hatten wir für ihn noch ein bestens passendes Pferd, einen schicken Andalusier-Hengst mit Namen Ninjo.

Bei Andreas Euler lief es anders. Er spielte von 2013 bis 2017 neben Bastian Semm den Goedeke Michels. Nach einer geraumen Zeit sagte ich zu ihm: »Andreas, Helden müssen irgendwann auf der Bühne aufs Pferd kommen. Die sollten nicht mit einer Trittleiter aufsteigen. Du verkörperst einen Helden.«

Im ersten Jahr haben wir versucht, zu improvisieren. Das Pferd wurde mal so gestellt, dass er vom Podest aufsteigen konnte. Oder zufällig stand ein Fass neben seinem Tier, und dahinter noch ein Tritt, damit er überhaupt erst auf das Fass kam.

Ich bat ihn anzufangen zu trainieren, um fitter zu werden. Beginnen könnte man mit einem Liegestütz, einer Kniebeuge und einem Klimmzug pro Tag – damit man vielleicht nach zwei Jahren sein eigenes Körpergewicht so weit bewegen konnte, um ohne

Probleme auf ein Pferd zu kommen. Leider waren wir allerdings auch nach fünf Jahren in dieser Hinsicht keinen Schritt vorangekommen.

Die Schauspieler, die wir engagieren, müssen sich für unsere Art Theater interessieren. Macht es ihnen keinen Spaß, sind sie nicht gezwungen, weiterzumachen. Oder es gibt eine andere Rolle, weil sie Talente jenseits des Reitens oder Fechtens haben. Vielleicht ist einer urkomisch. Da muss er nicht reiten können. Obwohl – wenn er es dann trotzdem kann, wird es natürlich noch lustiger. Dann braucht er nicht ständig zu Fuß hinterherzurennen.

Norbert Braun hat reiten gelernt. Und er war ein hervorragender Störtebeker. Nicht umsonst trauern ihm viele Fans nach. Auch deshalb ist es gut, dass er in unterschiedlichen Rollen immer noch Bestandteil des Störtebeker-Ensembles ist.

Für sehr viele – und da schließe ich mich mit ein – war Norbert Braun der herausragende Störtebeker. Seine dynamische Art zu kämpfen, die Art, wie er der Sprache eine eigene Diktion gab, seine Sportlichkeit – er war einfach ein Sympathieträger.

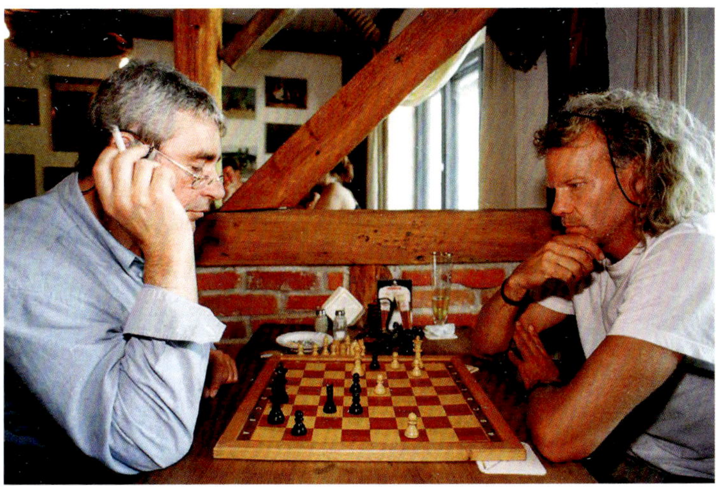

Beim Schachspiel mit Norbert Braun, 1996

Dann hast du eben mal ein paar größere Hände

Sascha Gluth, der nach Norbert Braun kam, war ebenfalls ein guter Schauspieler. Er brachte etwas mit ein, das Norbert weniger lag: Humor. Und er hatte einen Hang zur Zweitrolle, zu Verkleidungen und Maskerade.

Da, wo Norbert alles mit Pathos und ernster Miene vortrug, hatte Sascha den Schalk im Nacken. Das war eine andere Farbe und bot Möglichkeiten, den Stücken neue Handlungsnuancen zu verleihen.

Sascha hat wie Norbert für zwei Zyklen auf der Bühne gestanden, bevor er den Platz des Titelhelden räumen musste. Diese Wechsel waren vor allem eine Frage des Alters. Beide zählten über 50, als sie aufhörten. Und Störtebeker war gerade mal 40 Jahre alt, als er hingerichtet wurde. Da machte es keinen Sinn, den Piraten auf der Bühne bis ins Rentenalter das Schwert schwingen zu lassen.

Zufälligerweise fehlte uns auch gerade der Regisseur, als Sascha seinen Abgang hatte. Da er als Schauspieler immer schon sein Interesse an der Regiearbeit gezeigt hatte, er zudem die Bühne mit ihren Tücken und Vorteilen kannte, fanden wir die Idee gar nicht so übel, ihn die Regie machen zu lassen.

Um alles vertraglich zu besiegeln und letzte Absprachen zu führen, luden wir ihn zu uns nach Hause ein. Was ich gekocht habe, weiß ich nicht mehr. Höchstwahrscheinlich Scampi.

Nach dem dritten oder vierten Glas Wein prägte er den Satz: »Ihr müsst mir alle dienen.«

»Du, Sascha, entschuldige mal, aber wir sind die Produzenten«, warf ich ein. »Und auch die Schauspieler müssen dir nicht dienen.«

Wir kamen nicht zusammen.

In den folgenden Jahren hatten wir Probleme mit den Regisseuren. Während wir zu Norbert Brauns Zeiten nur mit Roland Oehme gearbeitet hatten, führte in der Ära Sascha Gluth Holger

Mahlich die Schauspieler. Völlig überraschend sagte Holger uns aus persönlichen Gründen für die letzte Saison mit Sascha 2012 ab. Wir folgten einer Empfehlung aus Bad Segeberg und verpflichteten Krystian Martinek, der dort ein Jahr Regie geführt hatte und nach Aussage von Wolfgang Spahr in dieser Zeit lediglich mit dem Autor in Konflikt geraten sei. Für uns kein Hindernis. Er bedingte sich einen speziellen Regieassistenten aus, der ein netter Mensch war, nur leider aus der Musikbranche kam und vom Theater keine Ahnung hatte.

Nach drei Wochen Proben beendeten wir die Zusammenarbeit. Natürlich hatte ich vorher entsprechende Telefonate geführt, um das Theater abzusichern. Holger Mahlich hatte doch Zeit, half uns aus der Patsche und kehrte für das Jahr noch einmal auf den Regiestuhl zurück.

In den fünf Jahren, in denen Bastian Semm als Klaus Störtebeker auf der Bühne stand, sah der Regiestuhl gleich viermal ein anderes Gesicht. Das erste Jahr übernahm Kai Maertens, ihm folgte Peter Dehler, dann kam für zwei Jahre Thomas Schendel und in der letzten Saison machte Marco Bahr einen guten Job. Marco hatte bei uns schon gespielt, die Bühne von der anderen Seite kennengelernt und genug Erfahrung aus bisherigen Arbeiten als Regisseur. Er wusste, was auf ihn zukam.

Wir sahen davon ab, Bastian Semm für einen zweiten Störtebeker-Zyklus zu verpflichten. Wie bereits erwähnt, war er wenig gewillt, Unzulänglichkeiten auszumerzen, die fünf Jahre lang immer wieder zu Kritik führten. Selbst dann nicht, als sein Gegenspieler nach der Aufführung zum wiederholten Mal hinter die Bühne kam und klagte: »Wir haben heute die 30. Vorstellung – und er hat mir zum 17. Mal auf die Pfoten gehauen.«

Wir rüsteten Mike Hermann Rader mit Motocross-Handschuhen aus, die auf dem Handrücken und den einzelnen Fingern mit Kunststoff belegt sind. Später trug er sie auch in den Vorstellungen.

Mike meinte, sie seien ihm zu groß.

»Komm schon«, sagte ich. »Das sieht man bereits in der dritten Reihe nicht mehr. Dann hast du eben mal ein paar größere Hände.«

Während des Stücks hat er normalerweise ohne etwas an den Fingern gespielt, wenn allerdings eine Szene anstand, in der er gegen Klaus Störtebeker kämpfen musste, trat er mit Handschuhen hinaus auf die Bühne.

Ich denke an John Travolta: Der konnte vor »Saturday Night Fever« nicht tanzen. Die Produzenten schickten ihn zum Tanztraining – und er ist hingegangen, wurde mit dem Film zum Star und zu einer Tanzlegende. Sylvester Stallone ist vor »Rocky« ins Fitnessstudio und zum Boxtraining, hat sich gequält, hat gerackert und sich große Muskelpakete antrainiert.

So etwas verlangen wir gar nicht. Aber wenn für eine Rolle erlernbare Fähigkeiten gefordert sind und wir die nötigen Maßnahmen bezahlen, sollte so viel Interesse daraus erwachsen, an Verbesserungen zu arbeiten.

Wir sind nicht Hollywood, und bei uns wird höchstwahrscheinlich kein zukünftiger Weltstar entdeckt. Aber auch wir haben als Theater Qualitätsansprüche. Wir wollen unserem Publikum professionelle Schauspieler, spannende Action und eine gute Geschichte auf der Bühne präsentieren. Die Störtebeker Festspiele sollen ein Erlebnis sein.

Der liebe Gott ist mit uns

1993 war ein besonders spannendes Jahr. Wir hatten etwas aufgebaut, und das hatte Kraft gekostet. Wir waren voller Zuversicht, aber wir wussten eben nicht, ob es funktionieren würde.

Der Tag der Premiere war voller bemerkenswerter Ereignisse.

Nachdem der Regen den Kies aus den Streifenfundamenten gespült hatte und wir diesen Bereich pflastern mussten, hatten wir noch stärker die Zeit im Nacken. Und so kam es, dass erst am Premierentag der letzte Pflasterstein gelegt wurde. Die Zaunanlage im Eingangsbereich direkt neben der Kasse war aber immer noch nicht geschlossen.

Als ich mir das ansah, meinte einer der Zaunbauer zu mir: »Herr Hick, wir machen jetzt Feierabend. Der Rest muss offen bleiben.«

»Entschuldigen Sie, aber das geht nicht«, entgegnete ich. »Die Leute können hier doch nicht rein- und rauslaufen, wie sie möchten. Das bekommen wir doch niemals unter Kontrolle.«

»Wir haben aber kein Holz mehr«, sagte der Arbeiter.

»Na, dann werde ich mal mir Ihrem Chef telefonieren«, meinte ich. »Egal, wo er das Holz herbekommt: Sie machen jedenfalls den Zaun dicht.«

Es war gegen 14 Uhr – die Pflasterer sandeten gerade, denn die Steine mussten verfugt werden –, als es anfing zu nieseln. Da konnte ich nur noch feststellen: »Der liebe Gott ist mit uns, denn der feine Nieselregen verhindert, dass es zu sehr staubt.«

Derweil hatte der Chef der Zaunbauer versprochen, Holz heranzuschaffen, damit die letzte Lücke geschlossen werden konnte. Gleichzeitig erreichte mich per Fax die Nachricht, dass entgegen aller Pläne die Kultusministerin von Mecklenburg-Vorpommern, Steffi Schnoor, die erste Klaus-Störtebeker-Saison nicht eröffnen würde. Ärgerlich. Vor allem wegen der Kurzfristigkeit der Absage.

Ich setzte mich erst einmal ins Auto und fuhr nach Juliusruh. Ich brauchte unbedingt eine frische Dusche und neue Klamotten.

Zurück in Ralswiek, begab ich mich gegen 17 Uhr in das Festzelt von Mövenpick – einer unserer damaligen Sponsoren. Da fand gerade ein Empfang mit Sekt und Häppchen statt. Ich nutzte die Gelegenheit und sprach den Landrat an, ob er nicht in drei Stunden die Saison eröffnen möchte.

Er sagte zu, und ich hatte auch dieses Problem geklärt.

Als es soweit war, gingen Ruth und ich rechtzeitig hoch ins Theater, wo unter allen Beteiligten mittlerweile eine enorme Aufregung herrschte.

Dann kam der Moment, in dem ich auf die Bühne musste. Ich hatte mir einen Zettel gemacht, auf dem ein paar Namen derer standen, die ich persönlich begrüßen wollte. Zum Beispiel den Präsidenten von Nissan, drei, vier Bürgermeister, den Landrat …

Inzwischen hatte es sich eingeregnet. Es nieselte längst nicht mehr, vielmehr waren die Himmelsschleusen geöffnet.

Das wurde dem Ralswieker Bürgermeister Herbert Knüppel zum Verhängnis. Als er nach vorn kam, um eine Rede zu halten, zog er aus seiner Jacke einen Packen Zettel aus einem DIN A5-Kinderschreibheft hervor. Darauf hatte er sich mit einem Füller einen Text vorgeschrieben. Er legte sich die Blätter zurecht, die schon ordentlich nass geworden waren, und verlas die auf dem ersten Zettel stehenden Zeilen:

»Sehr geehrte Damen und Herren, liebe Störtebeker-Freunde, wir als Gemeinde …«

Dieses Blatt wegzuziehen, um es hinten einzusortieren und den zweiten Zettel zu verlesen, erwies sich als kompliziert. Das Papier klebte aneinander, weshalb Herbert Knüppel gleich mehrere Blätter hin und her schob, was dazu führte, dass die Tinte verwischte und statt geschriebener Worte nur noch blaue Flecken zu sehen waren.

Ein Malheur, das sich allerdings als Vorteil erwies: Herbert Knüppel musste improvisieren. Dadurch fiel die Regenrede etwas kürzer und somit publikumsfreundlicher aus.

Ich bat dann den Landrat auf die Bühne, der eröffnete und es ging los. Die Premiere lief sehr gut. Ganz ohne Pleiten, Pech und Pannen. In der Pause hörte es dann sogar noch auf zu regnen.

Da wir keine Erfahrungen darin besaßen, wie sich solch ein Theaterabend in Ralswiek abseits der eigentlichen Vorstellung entwickeln würde und wir außerdem auch noch keinen Ort zum Feiern hatten, beschlossen wir, die Premieren-Party für Schauspieler, Mitwirkende und Crew-Mitglieder direkt im Theater zu veranstalten. Mit allem Drum und Dran. Dazu gehörte auch ein Ochse am Spieß, den wir schon seit dem Vormittag über dem Feuer hatten.

Nun war die Vorstellung also vorbei, das erste Feuerwerk in den Himmel geschickt worden, warme Abschiedsworte waren gefallen – aber viele machten keine Anstalten, das Gelände verlassen zu wollen. Gut 1 500 Besucher blieben einfach im Theater. Unser Prokurist Kurt Gehm versuchte, die Menschen freundlich zum Gehen zu bewegen, die meinten aber, dass sie es so schön fänden und gern noch ein wenig verweilen wollten.

»Ach, lass einfach«, meinte ich schließlich. »Wir werden das Büfett eröffnen und sehen, was passiert.«

Es bildeten sich Riesenschlangen, an denen wir die Kollegen vorbeizulotsen versuchten. Das gelang auch einigermaßen. Allein beim Ochsen standen gut 600 Leute an, die alle etwas von dem Tier abhaben wollten. Ruth und ich verzichteten auf eine Kostprobe.

Wenngleich der Ablauf so natürlich nicht geplant gewesen war, erschien es uns peinlich, ans Mikrofon zu gehen und zu sagen, dass Ochse und Büfett für Schauspieler und Mitwirkende seien und die Besucher doch bitte nach Hause fahren sollten. Also ließen wir es einfach laufen.

Für uns klang die Premieren-Feier in der Gaststätte aus, wo wir noch bis spät in die Nacht zusammensaßen.

Zuhause konnte ich nicht schlafen, wälzte mich im Bett und stand mit dem ersten Hahnenschrei schon wieder auf. Dann fuhr ich zurück ins Theater, setzte mich in die Reihe 46 und starrte eine Stunde lang auf die Bühne.

Erst danach fühlte ich mich in der Lage, wieder nach Hause zu fahren und mit meiner Familie Frühstück zu essen.

Später befand sich unter den Briefen zu unserer ersten Störtebeker-Saison das Anschreiben einer Besucherin. Darin kündigte sie an, für 1994 erneut das gesamte Programm für 30 Personen buchen zu wollen: inklusive Sektempfang im VIP-Zelt und Premierenfeier mit Ochsen.

Unabhängig davon zeigte uns der Ablauf des Abends deutlich, dass es für das kommende Jahr doch einiges anders zu organisieren galt.

Angesichts des immer enger werdenden Zeitfensters bis zur Premiere war es uns auch nicht gelungen, das Bühnenbild vollständig fertigzustellen. Anfangs fehlte ausgerechnet noch ein Turm, von dem ein Absturz geplant war. Natürlich blieb das vom Publikum unbemerkt, da niemand wusste, wie das Bühnenbild ursprünglich aussehen sollte. Nach circa zehn Tagen war der Turm jedoch errichtet und wir bauten den Absturz mit ein, erhöhten den Action-Anteil.

Aus kommerzieller Sicht war die Saison nicht sehr erfolgreich, da es sehr viel regnete. Gespielt wurden 63 Vorstellungen in acht Wochen, davon ein großer Anteil am Nachmittag. Insgesamt kamen 75 000 Zuschauer.

Wir lernten in diesem Jahr vieles darüber, wie sie tickten. Wer zum Beispiel verlässt nachmittags bei schönstem Wetter den Strand und setzt sich in die pralle Sonne vor eine Theaterbühne? Auch wirkten in den Nachmittagsstunden die Spezialeffekte bei weitem nicht so überzeugend wie in den Abendvorstellungen. Und nur diese wurden mit dem Feuerwerk abgeschlossen.

Dass am Nachmittag dieser Höhepunkt fehlte, sprach sich schnell herum. Und manch einen wird es mit Sicherheit davon abgehalten haben, für diese Vorstellung Tickets zu kaufen. Denn wir stellten schon nach wenigen Aufführungen fest, dass die Menschen von dem Feuerwerk restlos begeistert waren.

In Bad Segeberg hatte es das Feuerspiel am Himmel nur zur Premiere und zur letzten Vorstellung gegeben. Für mich war jedoch schon beim Konzipieren der Abläufe klar, dass es dem Publikum in Ralswiek jeden Abend geboten werden musste. Und so ließen wir uns gleich zur ersten Saison einen Katamaran bauen, von dem aus am Ende des Stückes das Feuerwerk abgeschossen wurde.

Während dieser ersten Saison habe ich eine Nachmittagsvorstellung abgesagt. Es hatte schon den ganzen Tag geregnet. Schließlich standen nur 50 Zuschauer am Eingang – das waren weniger Besucher, als Akteure zum Schauspielerensemble gehörten. Da machte es keinen Sinn, die Kollegen bis zu den Knöcheln im Schlamm watend auf der Bühne agieren zu lassen. Ich machte eine Ansage, dass die Karten zurückgegeben oder für andere Vorstellungen umgetauscht werden konnten.

Damals spielte der Kartenvorverkauf noch eine geringe Rolle. Fast alles lief über die Abendkasse. Die Leute kamen auf die Insel, schauten in den Himmel und entschieden, ob sie ins Theater gehen sollten oder eben nicht.

Im Folgejahr strichen wir rigoros Nachmittagsvorstellungen, verlängerten aber die Spielzeit um zwei Wochen, um einigermaßen auf die nötige Anzahl an Vorstellungen zu kommen. Demnach ging die Saison etwas früher los und hörte etwas später auf.

Das Feuerwerk war von Anfang an sehr opulent. Wir nannten uns nun mal Festspiele, also wollten wir den Abend auch festlich beschließen.

Die Medien spielten zu Beginn in Bezug auf die Störtebeker Festspiele keine besonders gute Rolle. Das begann damit, dass ich einer falschen Zahl in der Ostsee-Zeitung aufgesessen war. Da hatte man nämlich geschrieben, dass in der zurückliegenden Urlaubssaison 250000 Menschen den Rasenden Roland benutzt hätten. Ich dachte: ›Wenn so viele mit einem simplen Zug fahren – und es war ja auch nicht billig –, werden wir doch in der ersten Spielsaison 150000 Besucher ins Theater bekommen.‹ Das ging allerdings nicht auf, es kam – wie bereits beschrieben – lediglich die Hälfte. Jahre später erfuhr ich durch Zufall, dass die OZ-Angabe eine Phantasiezahl der Betreiber gewesen war.

Im ersten Jahr berichtete diese regionale Tageszeitung auch nicht über uns. Ihren Machern schien das Sundschwimmen wichtiger zu sein als die Störtebeker Festspiele.

Anfangs dachte ich, es läge an einem unserer Darsteller, der mit der Tochter des Chefredakteurs ein Verhältnis gehabt hatte, aus dem ein Kind hervorgegangen war. Sie lebten aber nicht zusammen. Jahre später wurde besagter Chefredakteur allerdings als einstiger IM der Stasi enttarnt, wodurch mir klar wurde, dass es vor allem an meiner Person gelegen haben dürfte. Denn meine Einstellung zur DDR und den Dingen, die dort geschehen waren, lagen komplett konträr zu denen des Zeitungmannes.

Auch die Umweltschützer blieben uns unfreundlich gesonnen.

Als wir mit der Werbung für unsere erste Aufführung begannen, ließen wir flächendeckend Plakate aufhängen. Schon bald mussten wir registrieren, dass davon immer mehr entwendet wurden. Wir beauftragten unser Plakatierungsunternehmen, dauernd nachzuhängen, was sich mit der Zeit zu einer beachtlichen Größenordnung summierte und hohe Zusatzkosten verursachte.

Wir erstatteten Anzeige bei der Polizei und bekamen im Frühjahr darauf eine Mitteilung der Staatsanwaltschaft Stralsund, dass man über 3000 Schilder von uns am Kap Arkona gefunden hätte, wo der WWF 1993 ein Sommercamp abgehalten hatte. Möglicherweise waren Teilnehmer dieses Treffens nachts über die Insel gefahren und hatten die Werbeschilder abmontiert.

Resultierend aus dieser Geschichte stiegen wir in die Radiowerbung ein. Da konnte uns niemand behindern – höchstens sein Radio abschalten. Für die Spots zeichnete Ruth verantwortlich, von denen die ersten bei dem frisch gegründeten Sender Antenne MV liefen.

Dem öffentlich-rechtlichen NDR schien das gar nicht zu behagen, weshalb über uns anfangs nur sehr sparsam berichtet wurde.

Das Zirpen der Grillen war lauter

In der zweiten Saison, die wir mit einigen Veränderungen angingen, konnten wir die Zuschauerzahlen verdoppeln. Danach ging es in 30000er-Schritten immer weiter nach oben.

Obwohl wir sehr gut gewirtschaftet hatten, stand für die Saison 1994 kaum Geld für Investitionen zur Verfügung. Allerdings glaubten Sponsoren und die Chefetage der Sparkasse, die Direktoren Herbert Ostermoor und Sönke Reimers, an uns, weshalb wir finanziell keine Probleme bekamen. Nissan wandelte die Bürgschaft in eine Direktbezuschussung um – und wir gewannen noch weitere Sponsoren hinzu.

1994 war dann so erfolgreich, dass wir entspannt in die Vorbereitung der nächsten Saison gehen konnten. Wir waren ins Rollen gekommen.

Die Widerstände aus dem Landkreis waren vom Tisch, NABU und Grüne rüttelten nicht mehr an der Rechtmäßigkeit unserer Existenz als Freilichttheater, und wir konnten Jahr für Jahr kontinuierlich daran arbeiten, besser und attraktiver zu werden.

Einen Tiefschlag gab es dann noch einmal, als uns eine Familie verklagte. Eine sehr bizarre Situation, denn eines ihrer Mitglieder spielte bei uns als Statistin mit und war darüber sehr glücklich. Die Frau bewohnte mit ihrer Familie die Hälfte eines Eigenheims am oberen Ende der Zuschauerreihen, und ihren Urlaubsgästen spendierten wir jedes Jahr freien Eintritt zu einer unserer Vorstellungen.

Als die zweite Haushälfte frei wurde, zog der Sohn mit seinem Anhang ein. Ich setzte mich noch dafür ein, dass das Haus vollständig an die Familie ging.

Kaum war der Eintrag im Grundbuch erfolgt, bekam ich per Schreiben eine Anzeige wegen Lärmbelästigung zugestellt. Unterzeichnet von jener Frau, die ich noch am selben Tag über den Vorplatz hatte gehen sehen, nachdem sie sich an unserer Kasse Freitickets für ihre Gäste geholt hatte.

Aber nicht nur dies war bemerkenswert, sondern auch der Fakt, dass die Klägerin gegen angebliche Lärmbelästigung einen Zeitraum angab, in dem sie als Laiendarstellerin mit auf der Bühne gestanden hatte. Wie sollte sie durch Lärm belästigt worden sein, wenn sie gar nicht im Haus war?

Natürlich suchte ich nach einem Kompromiss, bot Auswege an. Vergeblich. Mehr und mehr gewannen wir den Eindruck, dass es hier vor allem darum ging, ein Stück vom Kuchen der Festspiele abzukommen, die erfolgreich vor der eigenen Haustür stattfanden.

Die Angelegenheit beruhigte sich nicht, längst war die Presse aufmerksam geworden. Immer deutlicher kristallisierte sich heraus: Wir würden zahlen müssen. Wir begannen darüber nachzudenken, nicht zu zahlen, sondern den Standort zu verlegen.

Ribnitz-Damgarten bot uns eine der Stadt gegenüberliegende Halbinsel an, auf der sich früher ein Militärstandort befunden hatte. Der Bürgermeister von Stralsund schlug uns vor, in die Hansestadt umzuziehen. Und jemand von der Seenplatte hatte die Idee, die Störtebeker Festspiele an einem der Seen um Waren (Müritz) anzusiedeln.

Parallel überlegten wir, das Theater einfach in Ralswiek selbst zu verlagern, um einen entsprechenden Abstand zwischen dem Haus der Familie und unserem Festspielgelände zu erreichen. Dann wäre die Freilichtbühne ungefähr dort gewesen, wo sich heute unser Pferdehof befindet.

Wir mussten vor Gericht mit allem rechnen. Es hätte ja auch heißen können, die Lautstärke um 50 Prozent zu drosseln – dann hätten wir Explosionen, Feuerwerk und Musik quasi streichen müssen.

Im Herbst saßen wir vor Gericht. Der für den Kauf des Hauses zu bezahlende Betrag wuchs und lag längst um das Vielfache über dem eigentlichen Wert. Als die Kläger während der Verhandlung noch weiter an der Schraube zu drehen versuchten, schob der Richter mit dem Satz »Es ist nun gut« einen Riegel vor. Laut Urteil hatten die Kläger nach Auszahlung der veranschlagten Summe bis zum 31. März das Gebäude zu verlassen.

Wir bauten das Haus um, machten Ferienwohnungen daraus und installierten auf dem neu hinzugekommenen Land weiteres Catering und einen zusätzlichen Nebenausgang.

Unser Tonchef Wolfgang Rumler rüstete unsere Beschallungsanlage mit den Jahren derart auf, dass die Schallwellen der Dialoge in den Zuschauerbereich gehen und sich darüber hinaus nicht weiter verbreiten. Wenn kein Wind herrscht, hört man im Dorf meist gar nicht, dass wir spielen. Natürlich nimmt man die Explosionen und das Feuerwerk wahr, das Theaterstück selbst ist aber kaum zu vernehmen.

Trotzdem hat ein Mann aus Polchow – das liegt fünf Kilometer von der Bühne entfernt auf der anderen Seite des Jasmunder Boddens – versucht, eine ähnliche Lärmbelästigungsklage anzustrengen. Ich bekam ein Schreiben, in dem er erklärte, sein Sohn würde aus dem Schlaf aufgeschreckt. Und wenn bei uns etwas explodiere, würden bei ihm in den Regalen die Gläser klirren. Da habe ich die Akustikzentrale in Rostock – eine sehr integre Fachfirma – angerufen und darum gebeten, vor dem Haus des potenziellen Klägers eine Schallschutzmessung vorzunehmen.

Als der Akustiker abends nach Hause fuhr, rief er mich an. »Herr Hick, soll ich noch mit den Messprotokollen bei Ihnen vorbeikommen?«

»Ach, erzählen Sie mir erst einmal, was sich ergeben hat«, entgegnete ich.

»Das Zirpen der Grillen neben mir war lauter als die Geräusche von der Freilichtbühne.«

Nach dieser Messung war sofort Ruhe. Von dem Mann haben wir nie wieder etwas gehört.

Ich möchte aber Ninjo haben

In der Zeit, in der Roland Oehme unser Regisseur war, schrieb ich – wie bereits kurz erwähnt – prinzipiell die Erstfassung des jeweiligen Buches. Danach las Roland und schrieb Änderungen hinein. Daraufhin kam das Buch zu mir zurück, damit ich die Änderungen beurteilen und weitere Ideen einbringen konnte. Dann schaute Roland wieder darauf und danach trafen wir uns, um strittige Passagen zu diskutieren.

Als Holger Mahlich kam, war ich die ersten zwei Jahre weiterhin für die Urfassung des Buches verantwortlich. Dann bot sich Holger an, mal eine erste Version zu verfassen. Dafür war ich sehr dankbar, denn drüberschreiben ist einfacher als das Ganze mit all den Figuren und Handlungssträngen zu entwickeln. Wenn ein Plot vorliegt, kann man Ungereimtheiten oder Fehler gut erkennen.

Als Holger die Erstfassung vorlegte, ging es mit dem Hin-und-Her-Geschicke genau anders herum als bei Roland Oehme.

Erst in den zurückliegenden Jahren hat unsere Tochter Anna damit begonnen, die Bücher für die Stücke abzuliefern.

Sie fragte mich irgendwann: »Kann ich das Buch schreiben?« Das gefiel mir natürlich.

Sie trifft wohl ziemlich genau die Bedürfnisse des heutigen Publikums. Auch beim Freilichttheater haben sich die Sehgewohnheiten geändert.

Zu Roland Oehmes Zeiten waren wir sehr historisch behaftet. Bei Holger Mahlich kam schon so richtig Shakespeare rein. Wir hatten zwar die geschichtlich authentischen Handlungsorte, Holger hat aber in der Literatur gewildert, sich Inspirationen geholt.

Heute sind die Sehgewohnheiten stark durch TV-Serien geprägt. Das beginnt schon bei der Sprache, die jetzt eben nicht mehr so kompliziert klingt.

Der Action-Level in ihren Stücken hat sich auch nicht verringert, hat Anna doch mit ihren Lebenspartner Balázs einen Mann an der Seite, der als Stuntman arbeitet. Allerdings verpasst sie der Handlung einfachere Strukturen. Wenn ich an einige Stücke von Roland Oehme oder Holger Mahlich denke, dann war manchmal schon ein gewisser Denksport gefragt. Um jedes Detail zu verstehen, musste man die Handlung auseinandernehmen. Allein die Namen: Wenn etwas in England spielte, hatten die Akteure noch voll ausgesprochene Namen, die sich der Zuschauer manchmal gar nicht merken konnte. Erst recht nicht, wenn es in einer Aufführung mehrere derartige Figuren gab.

Ich glaube, dass ich die Festspiele als Intendant nicht durchweg mit harter Hand geführt habe. Ich konnte sehr umgänglich sein. Natürlich hatte ich auch unpopuläre Entscheidungen zu fällen.

Den unmittelbaren Kontakt zu den Schauspielern in der Erarbeitungszeit des jeweiligen Stücks hatte immer der Regisseur, dem ich als Intendant einen gewissen Freiraum gewähren musste. Die Linie der Produktion gaben aber wir als Familie vor.

Ruth saß zum Beispiel jeden Abend in der Vorstellung und achtete darauf, dass es über die gesamte Spielsaison keine Abstriche bei der Qualität gab – wenn man so will, machte sie jeden Tag die Abendregie.

Mit der Veränderung des Ensembles, der Zunahme an Mitarbeitern und Schauspielern aus den alten Bundesländern, wandelte sich auch der Befindlichkeitslevel. Es war nicht gravierend – aber es veränderte sich.

Eine Renate Blume oder ein Klaus Peter Thiele hatten keine Starallüren – obwohl sie Stars waren. Affektiertes Gehabe war im Osten verpönt. Die Kollegen aus dem Westen gebrauchten da schon manchmal ein wenig mehr die Ellenbogen – bei aller Freundlichkeit.

So kam einmal eine Schauspielerin auf mich zu und sagte: »Peter, ich habe ja in dem Stück meinen ersten Auftritt zu Pferd. Der Stallmeister hat aber keines für mich.«

»Wieso?«, fragte ich. »Oben in der Anlage stehen mindestens noch zwölf Pferde im Stall. Davon kannst du dir eines aussuchen, um für deinen Auftritt einmal über die Bühne zu reiten.«

»Ich möchte aber Ninjo haben«, beharrte sie, ohne dabei zu berücksichtigen, dass ausgerechnet dieses Pferd der Hauptdarstellerin, der Geliebten von Störtebeker, zugeteilt worden war.

»Mach an dieser Stelle mal einen Punkt«, entgegnete ich. »Du kannst dir von den zur Verfügung stehenden Tieren gern eines aussuchen, aber die Kollegin behält ihr Pferd. Und wenn du keins im Stall findest, das dir passt, musst du eben zu Fuß gehen.«

Sie räusperte sich kurz: »Wenn du das so siehst, dann gucke ich bei Rainer noch einmal«, und das Thema war vom Tisch.

Eine harte Hand war das gewiss nicht. Eine klare Linie musste aber sein. Vor allem in den späteren Jahren, da mit den Westschauspielerinnen die gegenseitigen Animositäten bei uns Einzug hielten.

So wie die sich verändernde Besetzungsstruktur bei den Schauspielern für neue Herausforderungen sorgte, blieb der organisatorische Aufwand über die Jahrzehnte ungebrochen hoch.

Jedes Jahr standen wir neu vor der Überlegung, wie bringen wir all die Akteure auf der Insel unter. Das war kein leichtes Unterfangen in einer Region, die im Sommer voll und ganz auf Urlauber ausgerichtet ist. Diesem Problem begegneten wir unter anderem damit, Ferienwohnungen immer dann und dort auszubauen, wann und wo sich die Gelegenheit dazu bot. Auch die Errichtung des Pferdehofs mit seinen zahlreichen Unterkünften diente vor allem dazu, über den Sommer einer Reihe von Mitwirkenden eine vernünftige Unterbringung zu bieten.

Regelmäßig musste neue Technik angeschafft werden, die wiederum auch die Art der Aufführungen beeinflusste. Nach zehn Jahren kamen zum Beispiel Mikro-Ports mit einer Umschaltfunktion dazu. Solch eine Anlage kostete dann mal eben 200 000 Euro.

Oder der Theaterhafen. Den gab es anfangs gar nicht. Im Frühjahr 1993 hatten wir aus NVA-Beständen 16 Kraz-Lkw mit Panzerpontons gekauft. Die waren Pioniereinheiten zugeordnet, die damit auf die Schnelle eine schwimmende Brücke über ein Gewässer legen konnten. Mit diesem Gerät errichteten wir dann unsere erste Hafenanlage. Die Lkw, die wir nach dem Erwerb von Peenemünde nach Ralswiek gefahren hatten, wurden nach der Demontage bei uns auf der Wiese geparkt. Als die Russen aus Deutschland abzogen, verkauften wir ihnen die Laster für je 1000 Mark und sie nahmen sie freudig entgegen.

Den richtigen Hafen mit dem Hauptsteg bauten wir erst später. Ein Steg existierte bereits aus den Zeiten von Hanns Anselm Perten, der hier die Rügenfestspiele veranstaltet hatte. Dieser Anleger war aus russischem Bohrgestänge gefertigt worden, das jedoch über die Jahre beim winterlichen Eisgang beschädigt worden war und wegrostete. Da musste etwas Neues her. Wir errichteten einen Steg mit dicken Röhren aus zwölf Millimeter Manganstahl. Den alten beräumten wir – und waren dann auch gleich mal eine halbe Million Mark los.

Oder die Bestuhlung. So richtig zufrieden waren wir damit nicht. Wir hatten anfangs in der unteren Hälfte Sitzschalen, deren Lehne nur bis auf Nierenhöhe gingen. Die waren von Nissan gesponsort worden. Und oben standen Holzbänke. Als wir das veränderten, kamen die Sitzschalen nach oben und für unten kauften wir neue, deren Lehne aber sehr stark federte. Also wechselten wir die Bestuhlung ein weiteres Mal gegen stabile Klappsitze aus, wie sie auch im Stadion von Dynamo Dresden verbaut wurden. Die stammten aus der Slowakei.

Witzig: Ich bin aus Bad Segeberg weg und wir haben seitdem bei uns in Ralswiek die dritte Bestuhlung, während dort die Besucher immer noch auf den Holzbänken von 1976 sitzen.

Das sind solche Geschichten, bei denen man immens viel Geld in die Hand nimmt. Aber wir hatten immer die Prämisse, die Qualität des Theaters verbessern zu wollen.

Vielleicht Boxbeutel, ein bisschen verdünnt

Die Formel 1 ist faszinierend – ohne Frage. Und vielleicht entstand in meinem Bekanntenkreis sogar der Eindruck, ich sei ein Fan dieses Sports, da ich immer mit schnellen Autos unterwegs war. Das lag aber lediglich daran, dass ich einen großzügigen Sponsorenvertrag mit Nissan Deutschland hatte. Auch beruhten meine Besuche bei diversen Formel-1-Rennen immer auf Einladungen. Nie bin ich auf die Idee gekommen, mir dafür eine Karte zu kaufen.

Die Tickets, die ich bekam, hatten im Schnitt 2 500 Dollar gekostet. Sie galten für Qualifying und Rennen am Sonnabend und Sonntag und berechtigten zum Zutritt in den Paddock Club. Darunter befinden sich die Boxen, in denen getankt wird oder die Räder gewechselt werden.

Eingeladen war ich zu den Formel-1-Veranstaltungen dreimal von Warsteiner, zweimal bekam ich Karten über Renault. Mal habe ich Holger Mahlich eingeladen, mal Thomas Wuitschik, dann war ich mit Ruth dort und einmal habe ich unsere Tochter Anna Theresa mitgenommen.

Fasziniert haben mich an diesem Sport die wahnsinnige Beschleunigung und das unglaubliche Bremsvermögen der Autos. Und beim Rennen ist es dermaßen laut, dass es einem in den Ohren schmerzt.

Wirklich gern spiele ich Tennis. Ich habe es allerdings nie professionell gelernt. Als ich anfing, geschah es lediglich, weil ich etwas für meinen Körper tun musste.

Da ich nach meinem Abschied vom Stunt-Geschäft die intensive Bewegung gegen den Bürostuhl tauschte, bekam ich Rückenprobleme. Mein Hausarzt Eberhard Schenk – ehemals DDR-Meister im 100-Meter-Hürdenlauf und selbst Tennisspieler – meinte, ich solle mir eine sportliche Betätigung suchen und schlug mir Tennis vor: »Das kannst du bis ins höhere Alter machen.«

Mit meiner Wirbelsäule hatte ich ohnehin schon länger zu tun, nachdem mich 1984 bei einem Karl-May-Gastspiel auf der Waldbühne in Berlin das Pferd eines Kollegen überritten hatte. Er konnte gar nichts dafür, da sich das Tier einen Nagel in den Vorderhuf eingetreten hatte und vor lauter Schmerzen durchging. Ich stand mit dem Rücken zur Situation, realisierte die Gefahr jedoch und wollte noch ausweichen, bekam den Vorderhuf aber trotzdem gegen den Kopf – und mit einem Hinterbein stellte sich das Pferd in meinen Rücken.

Nach dem Unfall ging ich erst einmal in den Waschraum. Aus der Nase und aus dem Mund kam Blut. Im Spiegel überzeugte ich mich davon, dass meine Zähne noch vorhanden waren, denn, nachdem mich der Huf im Sprung erwischt hatte, war mein ganzer Unterkiefer taub.

Darauf begab ich mich auf die Toilette und pinkelte Blut. Bedenklich. Allerdings hatte ich in dem Stück noch einen Absturz aus einer Höhe von 15 Metern zu absolvieren. Das wollte ich mir in dieser Situation aber nicht antun und sagte der Abendregie Bescheid, dass ich ihn nicht machen würde.

Der Rettungswagen brachte mich in eine Klinik, wo erst einmal geprüft wurde, ob meine Niere gerissen war. Dem war glücklicherweise nicht so.

Es stellte sich schließlich heraus, dass die Dornenvorsätze von drei Wirbeln weggebrochen waren. Also musste ich ein paar Tage in der Klinik verbringen, was ein recht schöner Aufenthalt wurde.

Der Arzt meinte gleich zu Anfang, dass ich ordentlich viel trinken müsste.

»Was soll es denn sein?«, fragte ich.

»Völlig egal«, entgegnete der Mediziner.

»Kann ich mir auch einen Frankenwein genehmigen? Vielleicht Boxbeutel, ein bisschen verdünnt …«

»Na klar. Und wenn Sie noch einen Kühlschrank brauchen, dann besorge ich Ihnen den auch noch.«

Also bekam ich einen Kühlschrank, mein Freund Willi besorgte mir eine Kiste Boxbeutel – und ich habe immer schön viel getrunken. Gleich nach dem Frühstück ging es los. Da war man dann tagsüber beständig gut gelaunt. Alle, die mich im Krankenhaus besuchten, fanden es ausgesprochen nett bei mir. Gab ja immer ein Gläschen Wein.

Nach vier Tagen konnte ich das Krankenhaus verlassen. Willi fuhr mich mit meinem Auto nach Hause. Damals hatte ich einen Nissan 300 ZX mit einer Art Luftfederung. Die konnte man ganz weich einstellen, sodass man wie in einem amerikanischen Straßenkreuzer dahinschwebte.

Der Arzt hatte gemeint, ich müsse mit der Heilung Geduld haben. Und wenn die Dornenvorsätze nicht wieder anwachsen würden, könne man sie im Nachhinein noch entfernen. Sie wuchsen aber wieder an. Und ohne Schmerzen und Bewegungseinschränkungen konnte ich nach drei Wochen fast wieder normal arbeiten.

Da es allerdings zu einer Verengung der Nervenkanäle gekommen war, meldete sich die einstige Verletzung in jener Zeit, in der ich nicht mehr ständig in Bewegung war, durch die Schmerzen zurück.

Wenn ich heutzutage aufstehe, mache ich noch vor dem Frühstück Dehnübungen, um die Nervenstränge freizuziehen. Dann habe ich mit meinem Rücken kaum mehr Probleme.

Nach der Saison verbrachten wir immer zwei, drei Wochen auf Mallorca. Wir wollten ein wenig Abstand vom Festspielbetrieb finden, gut essen. Und ich begann dort das nächste Stück zu schreiben.

Da ich mich grundsätzlich nachts an die Geschichte machte, fielen jeden Tag noch drei Stunden Tennisunterricht ab. Jedenfalls halte ich mich bis heute damit einigermaßen fit.

Ich spüre aber, dass es mir guttut, nicht mehr jeden Tag von morgens bis abends Vollgas geben zu müssen. Deshalb bin ich unendlich dankbar, dass unsere Tochter Anna mittlerweile eine derart gewichtige Rolle in unserem Unternehmen eingenommen hat.

Es ist ja nicht nur so, dass sie seit 2018 die Stücke schreibt. Das ganze Drumherum ist ebenfalls nicht gerade einfacher geworden. Allein die Verträge mit den Schauspielern haben an Umfang enorm zugenommen, werden immer vertrackter. Da geht es um Bildrechte, um Rechtsschutz, um Datenschutz. Was sollen diese Datenschutzreglements beim Theater und beim Film? Sie hemmen vehement vorher praktizierte und aus Erfahrung gute Abläufe.

Wenn gearbeitet wurde, hatte man am Anfang eine Stabliste mit allen Telefonnummern angefertigt, damit jeder, der gerade gebraucht oder gesucht wurde, angerufen werden konnte – um schnell etwas zu koordinieren, um einen Schauspieler, der kurz vor der Probe oder einer Aufführung noch nicht erschienen war, umgehend heranzuholen. Diese schnelle Kontaktmöglichkeit musste man haben. Und so hing eine Telefonliste bei der Spielleitung, in der Maske, an allen relevanten Orten. Sie war Bestandteil eines reibungslosen Ablaufs. Jetzt darf man solche Listen nirgends mehr hinhängen. Und alle werden zum Schweigen verdonnert, weil es sonst gegen die Datenschutzbestimmungen verstößt.

Würde es unsere Tochter Anna nicht geben, hätten wir das Unternehmen nicht behalten können und es verkaufen müssen. Irgendwann muss man unausweichlich über eine Nachfolge nachdenken. Und da kann man sich glücklich schätzen, dass die Tochter, die von Anfang an mit dabei war, dann zur richtigen Zeit bereit ist, die Verantwortung zu übernehmen.

Studiert hat Anna Marketing und Kommunikation, was in gewisser Weise gut zu einem Theater passt, denn wir sind kein staatlich subventioniertes Haus, weshalb wir es unentwegt gezielt vermarkten müssen. Das macht sie schon seit Jahren ausgezeichnet. Sie kann sehr gut mit den Medien umgehen.

Mit der künstlerischen Komponente ist sie quasi aufgewachsen. Im Alter von zehn Jahren stand sie neben Störtebeker-Darsteller Norbert Braun schon auf der Bühne. Meine Frau spürte instinktiv, was unsere Tochter damals konnte. Da sie in ihren Rollen sehr natürlich blieb, war das, was sie auf der Bühne tat, sehr glaubhaft. Ich war sehr stolz auf sie und ich erinnere mich gern an diese Zeit.

Mit der Pubertät ging ihre kleine Schauspielerkarriere zu Ende. Anna übernahm mit einem kleinen Stand den Verkauf von Plakaten, Programmheften und Video-Kassetten. Je älter sie dann wurde, umso mehr wuchsen ihre Aufgaben. Sie ging in die Spielleitung, und bei Regisseur Holger Mahlich machte sie erste Schritte als Regieassistentin. Das war die Zeit, in der sie noch in Berlin studierte und sich parallel umschaute, wo unter Umständen ihre berufliche Zukunft sein könnte. Eines Tages kam sie auf uns zu und meinte, sie würde am liebsten »Störtebeker« machen – und das war gut so.

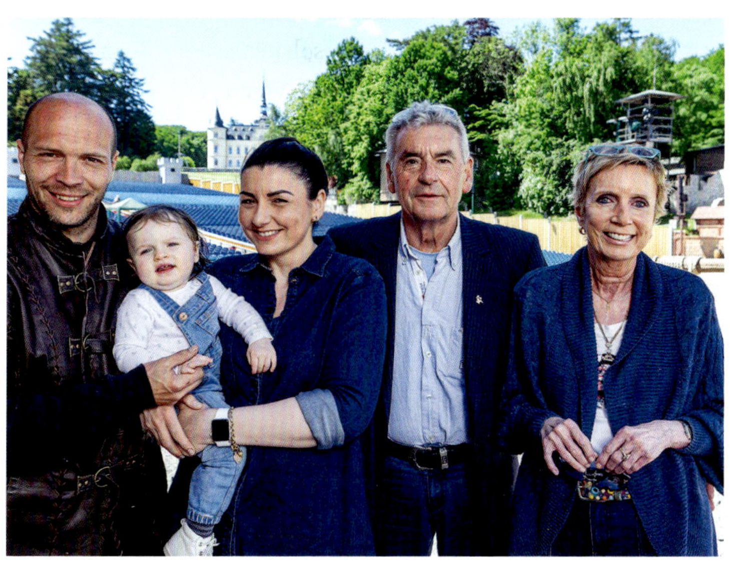

Die Störtebeker Festspiele – ein Familienbetrieb

Der mit dem Wolf tanzt

Musik spielte bei den Störtebeker Festspielen von Anfang an eine bedeutende Rolle.

Eigentlich war sie ein Überbleibsel aus meiner Zeit in Bad Segeberg, als Pierre Brice als Apachen-Häuptling mit der Melodie aus den »Winnetou«-Filmen einritt. Zudem kam ich ja vom Film, bei dem die Bilder und Sequenzen dramaturgisch mit Musik unterstützt werden. Unser erster Regisseur Roland Oehme, der vor seinem Engagement bei »Störtebeker« im Wesentlichen Filme gedreht hatte, griff die Idee mit der Musik sehr gerne auf.

»Sail Away« von Hans Hartz stand schon fest, da waren wir erst am Anfang der Planung für die erste Geschichte. Wie sollte man einen Theater-Abend beschließen? »Sail Away« ist wie ein Abschied, die Schiffe fahren hinaus auf den Bodden, auf den Hecks wird rotes Licht entzündet, und wenn der erste Refrain vorbei ist, befinden sie sich auf Position. Man kann sie nicht ohne Musik hinausfahren lassen, da es gut und gerne 50 bis 60 Sekunden dauert.

»Sail Away« bot sich auch deshalb an, weil es damals ein echter Hit war und textlich – er ist sehr freiheitsbezogen – vortrefflich zum Störtebeker-Thema passte.

Dann folgte die Überblendung in das orchestrale »Also sprach Zarathustra« von Richard Strauss – prinzipiell eine tolle Feuerwerksmusik. Dadurch wird das Feuerwerk deutlich attraktiver, die Raketen werden auf diese Weise nicht ohne Begleitung in den Himmel geschossen. So schön sie Fred Bräutigam auch abfeuern mag, ohne die dramatischen Klänge von Richard Strauss würde nur ein Bruchteil der Wirkung erzielt werden – wobei Fred die Höhepunkte des Feuerwerks sehr gekonnt synchron zu den musikalischen Spannungsbögen setzt.

Ein ähnliches dramaturgisches Schwergewicht haben wir auch für den Anfang der Aufführung entwickelt.

Das erste Stück der Festspiele bezog sich auf historische Quellen, die besagen, dass Störtebeker nicht gleich Störtebeker war, sondern aus dem verarmten Adel stammte und Klaus von Alkun hieß. Er soll irgendwo bei Barth aufgewachsen sein.

Und dieser Klaus von Alkun ritt praktisch eine Stunde über die Bühne und hatte noch nichts mit Störtebeker zu tun. Wenn das Publikum es nicht vorher im Programmheft gelesen hatte, konnte es sich bestenfalls denken, dass diese Figur da unten der Störtebeker sein musste.

Da meinte meine Frau: »Wir müssen etwas machen, um dem Helden von Anfang an eine Plattform zu geben.«

Daraus wurde die Idee entwickelt, noch vor Beginn der eigentlichen Handlung den Hauptdarsteller im Nebel über die Bühne reiten zu lassen und dazu in das Stück einführende Sätze einzuspielen.

Dafür bauten wir quer über die Bühne eine Nebelrinne ein. Aus ihr steigen die weißen Schwaden auf, in denen ein Reiter auf einem Pferd sichtbar wird. Verhalten schreiten sie die gesamte Breite der Bühne ab, während aus dem Off zu hören ist: »Sein Leben ist Legende. Er taucht aus dem Nebel der Geschichte auf ... « Die Zuschauer wissen sofort: Der da vorne ist Klaus Störtebeker.

Wir haben mit diesen sich immer wiederholenden Elementen eine Art Bilderrahmen geschaffen.

Markant wurden schließlich auch die Songs des Balladen-Sängers, der von Wolfgang Lippert dargestellt wird. In den ersten Jahren hatte ich dafür immer die Texte geschrieben, die inhaltlich zum Stück passten. Komponiert wurden die Lieder von Rainer Oleak, der sie so aufbereitete, dass sie unseren Background-Musiken, die Soundtracks berühmter Hollywood-Filme entstammten, in Nichts nachstanden.

Später hat Anna ein neues musikalisches Feld aufgetan – Balladen, die sie im Fundus der ostdeutschen Rockmusik entdeckt hatte. Natürlich konnte man das Material nicht eins zu eins übernehmen. Es musste stilistisch angepasst werden, was ebenfalls Rainer bewerkstelligte.

Es ist sicher nicht auf Teufel komm raus gewollt gewesen, durch dieses Fokussieren auf Ostrock-Balladen das Ost-Element weiter zu betonen. Einen schönen Nebeneffekt haben die Lieder aber trotzdem, da die meisten unserer Besucher tatsächlich aus dem Ostteil Deutschlands kommen.

Die Wahl der Lieder hängt auch damit zusammen, dass es eine solche Art von Musik in dieser Intensität im Westen nicht gab. Diese melancholischen Balladen mit Texten, die Geschichten erzählen, findet man vor allem in dem Schaffen ostdeutscher Gruppen oder Sänger. Karat zum Beispiel. »Albatros« ist ein Monumentalwerk maritimen Inhalts, das aber in erster Linie die Freiheit besingt – »Er sprengt alle Ketten und breitet seine Schwingen«. In der DDR wurde auf lyrische Art die Freiheitssehnsucht formuliert, wie sie direkt geäußert nie durch die Zensur gekommen wäre.

Bevor wir mit Rainer Oleak zusammenarbeiteten, hatten wir stark auf Soundtracks großer amerikanischer Filme zurückgegriffen. Roland Oehme war da immer ganz Ohr. Wenn er Musik hörte, dachte er auch immer gleich an Störtebeker und notierte sich Passendes, das wir dann auf CD kauften.

2017 meinte die GEMA*, uns mit aller Wucht das Leben schwer machen zu müssen. Wir hatten über die Jahre eine gleichbleibende Einstufung, bekamen aber nun ein Schreiben, das uns darüber informierte, dass wir zukünftig einer anderen Berechnungsmodalität unterliegen würden. Nun sollte die GEMA prozentual am Kartenverkauf beteiligt sein, was uns über Nacht quasi einen Gebührensteigerung von 30000 Euro auf 750000 Euro bescherte. Mit der GEMA als Monopolist konnte man nur schwer reden. Wir hatten den Medienanwalt Dr. Carsten Markfort an unserer Seite, mit ihm konnte die Steigerung von 3000 auf 1000 Prozent gedrückt werden – aber auch diese Steigerung halte ich für sittenwidrig.

Es ist absurd: Die staatlich subventionierten Theater könnten ohne die Förderungen nicht überleben, weil sie über die Ticketeinnahmen nicht genug Geld verdienen. Von der GEMA werden die Subventionen aber nicht als Einnahmen betrachtet. Und wir, die den gesamten Betrieb fast ausschließlich über unsere Einnahmen am Laufen halten, werden in vollem Umfang zur Kasse gebeten und dadurch behandelt wie Veranstalter von Rock-Konzerten.

Das sind wir natürlich nicht. Auch wenn im Sommer bei uns oft Konzerte stattfanden – hoffentlich auch weiter stattfinden –, wir waren nie die Veranstalter.

Geht es um meinen Musikgeschmack, so würde ich mich als Altrocker bezeichnen. Ich mag Joe Cocker, Tina Turner, Rod Stewart oder Brian Adams – raue Stimmen halt. Nur höre ich sie selten. Nicht einmal im Auto, weil ich mich da lieber durch den Deutschlandfunk oder NDR Info auf dem Laufenden halte. Erst wenn die Sender über den Tag anfangen, sich ständig zu wiederholen, greife ich auf Musik zurück.

Ich empfinde das stundenlange Sitzen im Auto als vertane Lebenszeit. Es ist lediglich die Überbrückung der Strecke von A nach B, die ich möglichst schnell absolvieren möchte. Da bleibt dann nur die Information oder der USB-Stick mit den Oldies.

In meiner Kindheit und Jugend war ich mehr in der Literatur unterwegs als in der Musik. Notgedrungen, denn erst, als ich etwa zwölf Jahre alt war, gab es in unserem Haushalt ein Radio. Aber das machte mir nichts aus, denn ich habe sehr gern gelesen. Im Störtebeker-Alltag hatte sich das etwas verloren. Aber jetzt, nachdem ich mehr und mehr Verantwortung aus den Händen gebe, hoffe ich, dass auch wieder mehr Zeit bleibt, um ein gutes Buch zu lesen.

Dann sind da noch die Filme. Auch wenn man selbst an Hunderten mitgewirkt hat und weiß, wie vieles, was auf der Leinwand zu sehen ist, in der Entstehung funktioniert, bleibt meine Faszination für dieses Medium erhalten. Und es gibt einige Filme, die ich mehrfach gesehen habe. Einer davon ist »Der mit dem Wolf tanzt«. Den habe ich zum ersten Mal mit Ruth in der Schweiz mit Untertiteln gesehen. Als ich aus dem Kino kam, sagte ich zu meiner Frau: »Ich mache nie wieder Kino.« Was Kevin Costner da produziert hat, auch gegen die Widerstände der Studios, das erscheint mir schier unglaublich. Der Western war out, niemand hat auf dieses Genre noch einen Pfifferling gegeben. Und dann kommt dieser Schauspieler und erzählt vor einem historischen Hintergrund eine zutiefst anrührende Geschichte.

Oder ich denke an »Der Pate« oder »Der Clou« mit Paul Newman und Robert Redford – echte Klassiker. Selbst »Das Boot« von Petersen habe ich mir mehrfach angesehen, weil da eine tiefgehende Geschichte erzählt wird. Die Neuverfilmung kann da nicht heranreichen.

Großbrand bei Störtebeker

2006 war ein einschneidendes Jahr. Eine Kogge sank, eines unserer Pferde brach tot zusammen, und am Ende brannte auch noch der »Störti« – unsere Gaststätte – ab.

Zuerst passierte das mit dem Pferd, einem Shire Horse. Ein gigantisches Tier, schwarz mit weißer Blesse auf der Stirn und weißen Beinen, mit einem Stockmaß von 1,86 Meter. Wir hatten 2006 einen sehr heißen Sommer. Die Kaltblüter mussten in dieser Zeit immer wieder mit Wasser bespritzt werden, damit ihnen diese Temperaturen nicht so sehr zu schaffen machten.

Das Shire Horse gehörte zu einem Gespann, das während der Aufführung in den Hafen fuhr, um dort eine Kartaune abzuladen, die auf eines der Schiffe gebracht werden sollte. Als das erledigt war, bewegte sich das Gespann wieder zurück hinter die Bühne. Eines Abends, als es dort zum Stehen kam, fiel das Pferd plötzlich um und war auf der Stelle tot.

Glücklicherweise war das nicht auf der Bühne passiert. In solch einer Situation wären im Publikum 7000 Handys in die Höhe gegangen, die alle das verendete Pferd gefilmt hätten. Der hinzugeholte Tierarzt stellte ein geplatztes Aneurysma fest.

Am Tag, als es die Kogge traf, hatten wir Windstärke 12 aus Richtung Osten. Wir besaßen für spezielle Szenen eine versenkbare Kogge, die uns von der Firma REAN in Sassnitz gebaut worden war.

Und die fuhr an jenem stürmischen Tag aus dem Hafen heraus, drehte sich quer in den Wind und wurde links hinten am Heck von einer enormen Welle bei einer gleichzeitigen Böe erwischt. Dadurch legte sie sich in der Hafeneinfahrt auf die Seite.

Dieses Schiff ist sehr stabil konstruiert und hat eine Reihe von Sicherheitsvorkehrungen, da auf ihm zahlreiche Explosionen gezündet wurden.

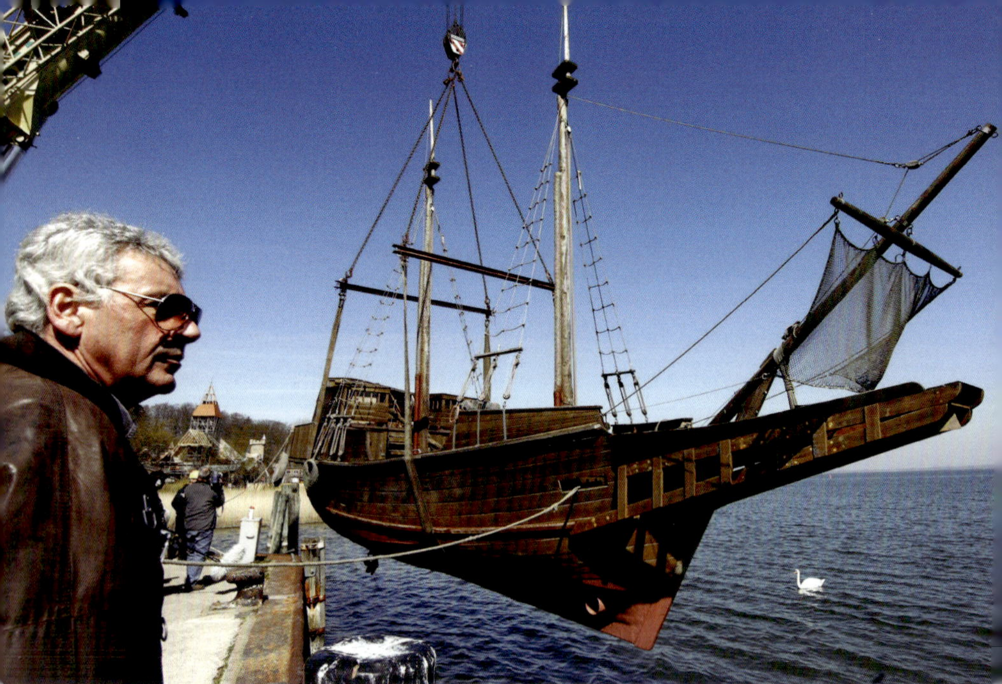

Zur Naturbühne in Ralswiek gehören auch der Große Jasmunder Bodden und die ihn befahrenden Koggen.

Als es kippte, befand sich noch ein Mann darauf, den wir aber ohne Blessuren schnell retten konnten. Er sprang selbst sofort in den Bodden und zwei weitere Crew-Mitglieder gingen von Land aus ins Wasser, um ihm herauszuhelfen.

Da wir bis zur Vorstellung keine Maßnahmen zur Bergung ergreifen konnten, blieb die Kogge erst einmal in der Hafeneinfahrt liegen. Ich bestellte derweil aber schon einmal einen 100-Tonnen-Kran und einen Tatra*-Vierachser mit Seilwinde, der bis zu 100 Tonnen Gewicht ziehen konnte. Das Fahrzeug hatte unterm Boden die Winde, auf der sich ein 32er-Stahlseil befand.

Am nächsten Tag traf das Gerät ein. Ein Taucher befestigte das Seil unter dem Wasser an der Kogge. Nur hatte sie die ganze Nacht bei Sturm und Wellen gelegen und sich im Boddenschlamm richtig festgesaugt – ähnlich, wie wenn man mit Gummistiefeln im tiefen Modder versinkt und die Beine dann nicht mehr ohne Weiteres herausziehen kann. Der Tatra ließ die Seilwinde anlaufen. Es gab aber keine Möglichkeit, den Zug zwischendurch zu stoppen, sodass ununterbrochen eine enorme Kraft auf das Stahlseil wirkte. Dies wissend, hatten sich vor der Prozedur schon mal alle aus dem »Schussfeld« begeben.

Mit einem Mal knallte es wie ein Schuss, das dicke Stahlseil peitschte durch den Hafen und der Tatra machte einen Satz von 1,50 Meter. Das war's.

Also rief ich unseren Freund, den Großbauern Peter Carstens an, der uns zwei Traktoren zur Verfügung stellte. Von der Seilwerkstatt in Sassnitz bekamen wir zwei Stahlseile, die wir an die zwei John-Deere-Traktoren befestigten. Wieder ging der Taucher runter. Der Kran fuhr seinen Ausleger auf Maximalhöhe, damit sein Seil auf Spannung blieb. Die Zugkraft beschränkte sich dadurch lediglich auf acht bis zehn Tonnen.

Nach circa einer halben Stunde sagte der Kranfahrer: »Bei mir geht die Last raus.« Also wurde nachgezogen, die Spannung erneuert. Dann rauchten wir noch eine Zigarette und bemerkten, dass die Kogge einen kleinen Ruck vollführte. Also erhöhten Kran und Traktoren den Zug, so dass das Schiff sich mit dem Bug langsam Richtung Hafeneinfahrt drehte und ans Ufer gezogen werden konnte.

Anschließend wurde umgeflanscht, und der Kran richtete die Kogge auf. Nachdem wir am Steg das restliche Wasser herausgepumpt hatten, war sie zumindest wieder schwimmfähig. Allerdings zeigte sie sich ziemlich verbeult.

Später brachten wir das Schiff in eine Halle der REAN Service Gesellschaft in Mukran, wo es wieder auf Vordermann gebracht wurde.

REAN hatte die Kogge einst nach unserer Vorstellung konzipiert und hergestellt. Als sie damit fertig geworden waren, wollten sie sie auf Schienen durchs Rolltor hinausbefördern und stellten fest, dass das Schiff an beiden Seiten circa fünf Zentimeter zu breit war. Ich meinte zum Firmen-Chef Rainer Kähning: »Du hättest die Kogge doch ruhig 20 Zentimeter schmaler bauen können. Das wäre für uns völlig unerheblich gewesen. Aber zumindest hätte sie durch dein Rolltor gepasst. Wieso habt ihr da zwischendurch nicht mal gemessen?«

»Peter, frag mich nicht«, entgegnete er.

Jedenfalls mussten sie das ganze Tor ausbauen.

Jetzt hatten sie dort in Mukran alles wieder hergerichtet, das Tor eingesetzt und die betroffenen Bereiche neu verputzt, da kam das Gefährt bereits zur Reparatur zurück.

Rolltor wieder raus. Kogge wieder rein. Rolltor provisorisch davorgestellt, da das Schiff dort bis zum Frühjahr bleiben sollte.

Wir ließen diese versenkbare Kogge aber prinzipiell nacharbeiten, verringerten die Höhe der Kastelle und des Bugs. So wurde das Gefährt etwas kleiner, war damit schwimmfähiger und nicht mehr so windanfällig. Die alte Ausführung hatte einfach zu große Dimensionen gehabt und mit ihrer Erscheinung die anderen Schiffe bei den Aufführungen zu sehr dominiert.

Die Versicherung zahlte für den Schaden 40000 Euro, und wir packten für den konstruktiven Umbau noch einmal die gleiche Summe dazu.

Und dann kam eine Woche später der Brand. Das war am 9. August.

Am Tag, als es geschah, fuhr ich gegen 11.30 Uhr in Bergen gerade hoch in Richtung Marktplatz, als von links ein Geländewagen angebraust kam und mir die Vorfahrt nahm.

Ich hupte noch und sah im gleichen Moment: Das ist ja Klaus Tiedtke, unser Bau-Chef.

Über die Freisprechanlage klingelte ich ihn sofort an.

»Klaus, was ist denn los?«, fragte ich.

»Es brennt«, entgegnete er aufgeregt.

»Na klar«, sagte ich. »Es geht ja die Sirene. Aber was hat das mit uns zu tun?«

»Peter, es brennt bei uns!«

Wir rasten mit Vollgas Richtung Ralswiek und ich sah schon die Feuersäule, als ich hoch zum »Störti« fuhr.

Die Feuerwehr war noch nicht da, so dass ich erst einmal organisierte, dass der Parkplatz vor der Gaststätte geräumt wurde. Mitten auf der Fläche hatten wir auf einem Podest einen Nissan stehen. Der war dort für die Besucher zur Präsentation aufgestellt worden. Den bekamen wir nicht ohne Weiteres weg.

Dann trafen die Feuerwehren ein. Die Löscharbeiten gestalteten sich schwierig, da es von innen heraus brannte. Immer, wenn es im Dachbereich einen Knall gab und ein Teil davon einstürzte, hatten die Feuerwehrleute die Möglichkeit, durch das Loch die Schläuche hineinzuhalten. Hielten sie hingegen von außen auf das Reetdach, nutzte das wenig, da das Wasser quasi abperlte und einfach herunterlief.

Klaus Tiedtke holte den Teleskopradlader und riss an den äußeren Rändern des Gebäudes das Dach auf, damit das Feuer nicht auf das nächste Haus überschlagen konnte. Als er das jedoch tat, schlugen an der Stelle sofort riesige Flammen hoch, obwohl sich der eigentliche Brandherd 40 Meter entfernt befand.

Währenddessen hatten Crew-Leute Kostüme herausgeholt, der Tonmann rettete die Mikroports, Volker Walther, Chef aller Greifvögel, übernahm spontan das Kommando der Jugendfeuerwehr, die mit ihren Schläuchen im Biergarten wartete.

»Jungs, warum haut ihr nicht den Hahn auf? Warum kommt kein Wasser?«

»Weil das Kommando der Wehrführer gilt«, entgegneten sie.

»Ich bin jetzt Euer Wehrführer«, rief Volker. »Wasser marsch!« Unsere Hauptkassiererin Claudia Lößner erlitt derweil einen Schock. Der Notarzt versorgte sie in unserem Bürogebäude.

Dann brach eine Kellnerin zusammen. Sie war völlig verzweifelt, weil sie ihre ganze Zukunft zusammenstürzen sah. »Störti« weg, Job weg.

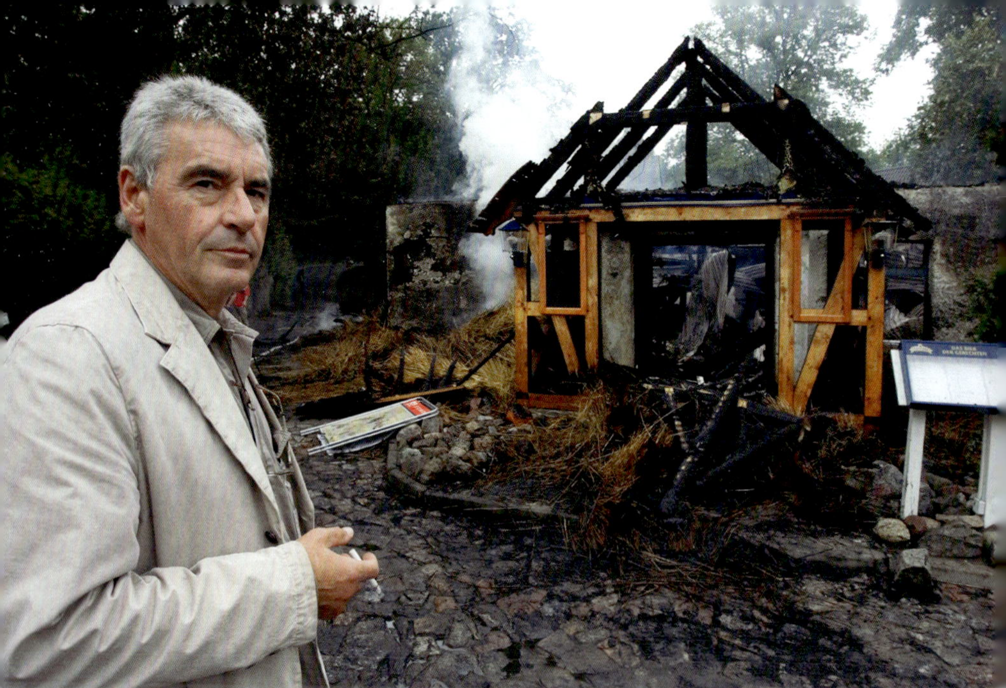

2006 abgebrannt, längst wieder neu aufgebaut: der »Störti«

Zwischenzeitlich stand die Feuersäule 20 bis 25 Meter hoch. Die Pappeln, die sich auf der Seite zum Gutshaus befanden, bekamen dabei so viel Hitze ab, dass sie im nächsten Jahr eingingen.

An jenem 9. August wehte Gott sei Dank kein Wind, sodass das Feuer nicht auf das alte Gutshaus übergriff. Die Feuerwehrleute hielten aber vorsichtshalber ab und zu mit dem C-Schlauch auf dessen Dach.

Der Nissan Terano auf dem Podest war äußerlich heil geblieben. Als wir ihn dort herunterholten, merkten wir allerdings, dass das Fahrzeug zwischendurch vor Hitze geglüht haben musste. Trotzdem sprang es noch an, die Kabelbäume im Motorraum hatte es aber alle verschmolzen.

Der ganze Vorplatz war ein einziger See. Die Feuerwehren hatten gut 16 Schläuche im Einsatz.

Während der Löscharbeiten habe ich zugeschaut und mich nicht eingemischt. Es gibt Filmaufnahmen, auf denen ich zu sehen bin, wie ich am Rande stehe und eine rauche.

Gegen 14 Uhr rief ich unseren Architekten Klaus Eckfeldt an. Da brannte es noch lichterloh.

»Was machst du heute Abend, wenn Vorstellung ist«, fragte ich ihn.

»Wie … was mach ich heute Abend?«

»Bei uns brennt gerade der ›Störti‹ ab«, sagte ich. »Zur nächsten Saison brauchen wir einen neuen. Kannst du um 20 Uhr kommen, damit wir darüber reden? Ich mache dir eine Handskizze. Wir werden die Gaststätte in den gleichen Maßen wieder aufbauen, aber um eine Etage erhöht.«

»Alles klar, ich komme.«

In den Nachrichten der Radio-Sender lauteten die Meldungen: »Großbrand bei Störtebeker«. Daraufhin rief ich alle an und teilte ihnen mit, dass wir zwar einen Großbrand hätten, der aber nicht das Theater tangiere.

Klaus Tiedtke organisierte sofort Müll-Container und einen Absperrzaun. Den Jungs von der Feuerwache, die auch über Nacht den Brandort beaufsichtigten, bot ich an, ihre Weihnachtsfeier zu bezahlen. Als Anerkennung. Dafür spülten sie uns den ganzen Vorplatz sauber.

Um 16.00 Uhr war der Brand gelöscht, und als die Festspiel-Besucher kamen, war alles so weit beräumt und gereinigt, dass sie sauberen Fußes ins Theater gehen konnten.

Ich würde keinen Tag meines Lebens streichen wollen. Egal, was passierte – irgendetwas habe ich dabei immer gelernt. Und wenn ich manche Dinge nicht erlebt hätte, wären einige Entscheidungen von mir später nicht so ausgefallen, wie ich sie getroffen habe.

Ich habe jedem Abschnitt meines Lebens Positives abgewinnen können. Denn alles war im Fluss, was ich anpackte, vieles gelang und wuchs. Sicher hatte ich manchmal Widerstände zu überwinden, gab es Unannehmlichkeiten oder fühlte ich mich ungerecht behandelt. Es überwog jedoch das Gute.

Betrachte ich mich heute hier, wo ich lebe, dann scheint mir die Sonne ins Gesicht. Ich schaue aus meinem Wohnzimmer hinaus auf den Greifswalder Bodden mit der Insel Vilm im Hintergrund. Wer wohnt so schön?

Und wenn ich von meinem Zuhause nach Ralswiek fahre, rolle ich erst einmal 800 Meter am Wasser entlang. Wer hat schon solch einen Arbeitsweg?

Ich konnte mein Leben lang die Dinge tun, nach denen mir der Sinn stand. Ich konnte als Stuntman arbeiten, konnte Theater machen, hatte die Möglichkeit, bei meiner Arbeit Spaß zu haben und damit so viel Geld zu verdienen, dass der Familie ein gutes Leben beschert wurde.

Dafür kann ich nur dankbar sein.

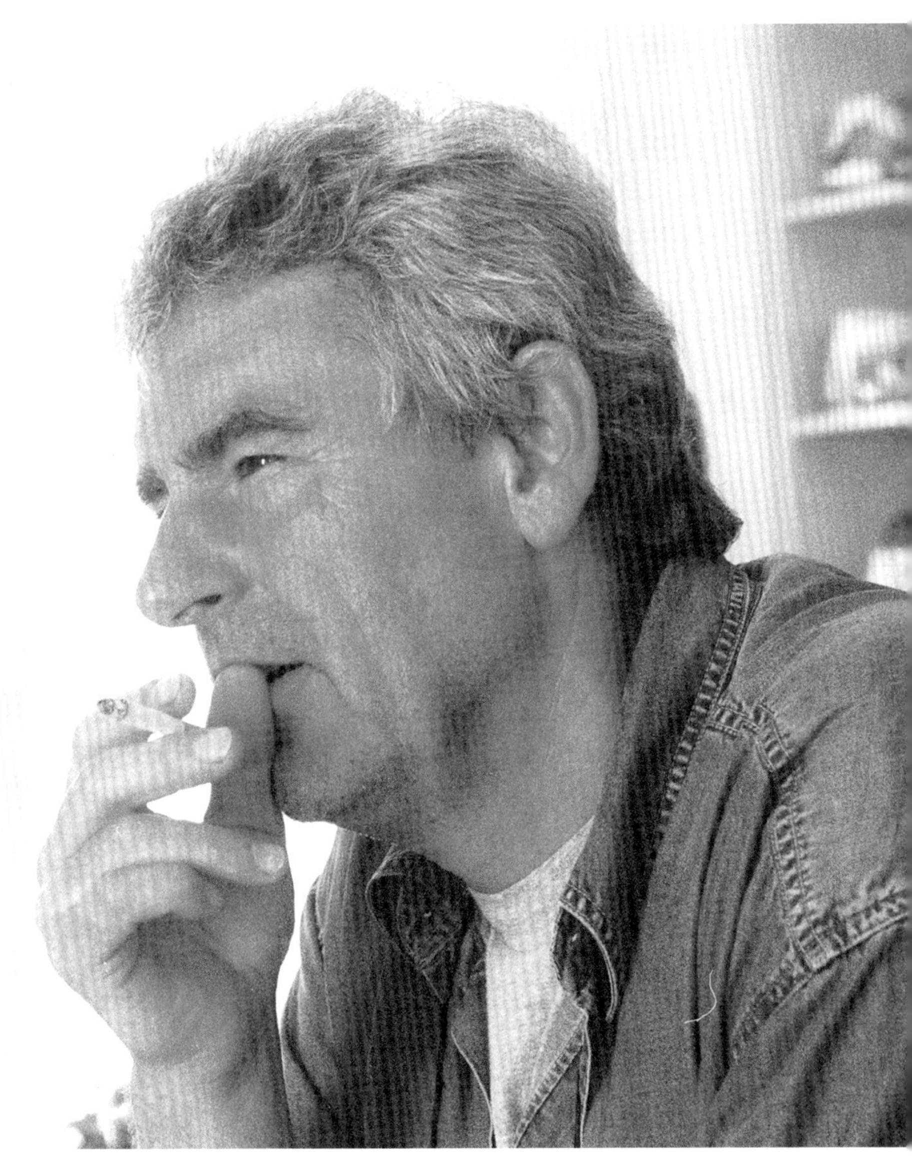

Begriffserläuterungen

BMSR-Techniker – Facharbeiter für Betriebsmess-, Steuerungs- und Regelungstechnik

BVVG – Bodenverwertungs- und -verwaltungs GmbH, staatliches Unternehmen der Bundesrepublik, Nachfolgeeinrichtung der Treuhandanstalt

DEFA – Deutsche Film AG, volkseigenes Filmunternehmen der DDR mit Sitz in Potsdam-Babelsberg

DEUTAG – Internationales Service-Unternehmen für Leistungen im Zusammenhang mit der Erforschung und Produktion von Erdöl, Erdgas und Geothermie

Deutsche Handelszentrale – „Die Deutschen Handelszentralen sind verantwortlich für den Vertrieb von Erzeugnissen sowie für die Versorgung der Wirtschaft mit Erzeugnissen ihres entsprechenden Industriezweiges auf der Grundlage der vom Staatssekretariat für Materialversorgung gegebenen Materialbilanzen, Verteilungspläne und der dazu ergangenen Weisungen“ (aus Gesetzblatt der DDR)

Exquisit – Bekleidungsgeschäfte mit hochpreisigem Angebot, in dem zum Teil Waren aus dem Westen geführt wurden. Es gab auch Accessoires und Kosmetika zu kaufen.

GEMA – Gesellschaft für musikalische Aufführungs- und mechanische Vervielfältigungsrechte

HO – Handelsorganisation, staatliches Einzelhandelsunternehmen in DDR

350er-Jawa – Von der tschechoslowakischen Firma Jawa produziertes Motorrad

Juwel 72 – Eine von Bulgartabac importierte Filterzigarette, die sich in der DDR nur einer sehr geringen Beliebtheit erfreute

Karl-Marx-Stadt – Heute Chemnitz

Kaskade/Kaskadeur – U.a. in der DDR übliche Bezeichnung für einen Stunt und für einen Stuntman

Kraz – Ehemals sowjetischer, heute ukrainischer Nutzfahrzeughersteller

MTS – Maschinen-Traktoren-Station, zentrale Ausleihstationen für landwirtschaftliche Maschinen

PM 12 – Vorläufiger Personalausweis, der an Haftentlassene, Ausreiser, sozial Auffällige und politische Gegner ausgegeben wurde

Robur – Nutzfahrzeug aus dem VEB Robur-Werke Zittau

Soldatensender – Deutscher Freiheitssender 904 und Deutscher Soldatensender 935: propagandistische, geheime Hörfunksender der DDR, die vor allem in den Sechzigern im Stile westdeutscher Rundfunkprogramme politische Inhalte Ostdeutschlands in den Westen sendeten.

Tatra – Einer der ältesten Automobilhersteller mit Sitz in der Tschechischen Republik, 1850 gegründet

Tesla-Gerät – Tesla war ab 1946 ein großer staatseigener Verbund von Elektronikproduzenten in der Tschechoslowakei.

VEB – Volkseigener Betrieb

Jens-Uwe Berndt hat zusammen mit Peter Hick die vorliegende Lebensgeschichte aufgeschrieben. Er wurde 1965 in Pasewalk geboren und arbeitet seit 1990 als Journalist, unter anderem für „Der Spiegel", die „Prager Zeitung", das Rock-Magazin „GoodTimes" sowie für zahlreiche regionale wie überregionale Tageszeitungen, darunter die „Ostsee-Zeitung". Er spielte in einer Rockband und moderierte zehn Jahre lang eine wöchentliche Radio-Show in einem offenen Kanal.

Von Jens-Uwe Berndt sind bereits mehrere Bücher erschienen. Einer seiner bei Hinstorff veröffentlichten Ostseekrimis hat auch mit den Störtebeker-Festspielen zu tun: „Die Toten von Ralswiek".

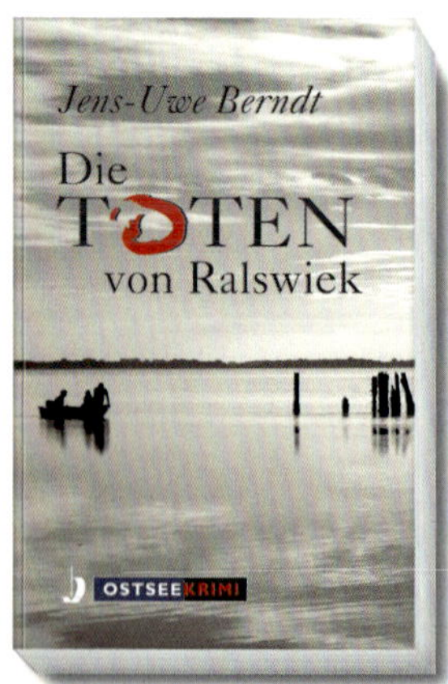

ISBN 978-3-356-02287-2
E-Book: 978-3-356-02313-8

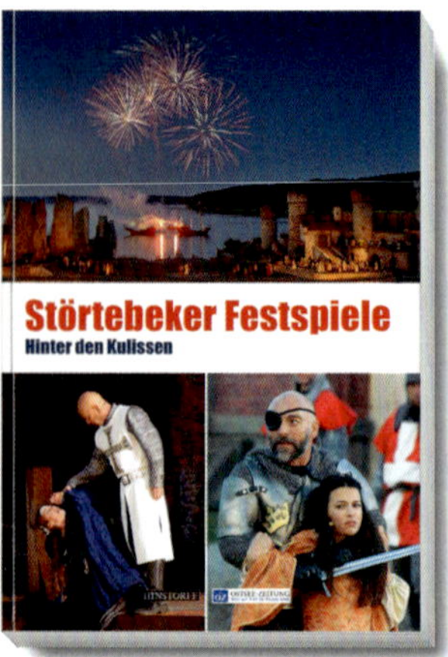

ISBN 978-3-356-02183-7